大相撲史入門

池田雅雄

角川文庫
22307

大相撲史入門　目次

Ⅰ　歴　史
相撲の始まり　九
神事相撲　一七
相撲節会　二五
戦国時代の武家相撲　三八
江戸時代の相撲　四六
勧進相撲の禁止令　五五
明治時代の相撲　七四
大正・昭和時代の相撲　八九
Ⅱ　横　綱
横綱の起源　九九
明石志賀之助が相撲の始祖　一〇八
〝綱〟は注連縄　一一七
横綱土俵入りの〝型〟について　一二三

手数入りとはなんぞや　一三六
なぜ雷電は横綱になれなかったか　一四四

Ⅲ　家　元

吉田追風家とは何か　一五三
「相撲之御家」京都五條家　一七八
謎の式守五太夫　一八七
謎の南部四角土俵　一九七
土地相撲と大相撲　二〇七
セミプロの巡業相撲　二一六

Ⅳ　番　付

大相撲番付の変遷　二三〇
年寄の起源と変遷　二三一
二人の相生松五郎　二三七
関脇に落ちた横綱　二四五

Ⅴ　土　俵

土俵はいつできたか　二五三
相撲絵画による実証　二六六

Ⅵ　相撲と浮世絵

相撲の浮世絵　二七六
奇怪な錦絵の謎解　二八八
おかしなおかしな横綱　二九六

Ⅶ　事件・騒動

越後国地蔵堂力士殺し　三〇二
嘉永の紛擾事件　三〇九
五大紛擾事件　三一三
次郎長相撲三国志　三二五

Ⅷ　こぼれ話

古今珍名・奇名・シコ名くらべ　三四一
相撲と芝居　三五〇
相撲を詠んだ和歌、狂歌　三五八
横綱風土記　三八五
解説　谷口公逸　四一七

I 歴史

相撲の始まり

人間の本能としての相撲

現在の大相撲は、明治四十二年（一九〇九）から〝日本の国技〟と称され、他国にない日本独自の格闘技（スポーツ）とされているが、事実は、世界史的な観点から見ると、古代より世界各国で、相撲の形態に非常によく似たスポーツが盛んに行なわれていた。そもそも相撲を取るという行為は、本能的な動作で、互いに四つに組むか、手で相手を摑んで倒す原始的な形態で、いまの幼少年の子供たちの遊戯にもよく見られる。世界中で行なわれていることで、日本の子供たちに限られたものではない。

それは、大昔から世界中の民族が、ほとんど人間の本能として相撲のような格闘技で力競べをしたことが、いろいろの発掘品や遺品、壁画などによって知ることができる。文明が発達するにしたがい、原始的な打つ、なぐる、蹴るというプロレスのような乱暴な相撲の形も、相手を殺傷しないようなルールができて、時代とともに変わってきた。

ヨーロッパでは、古代ギリシアの一大民族行事であった古代オリンピックが約二千数百年前に開かれ、このとき全裸の男子が相撲のような形で取り組んでいるありさまが、皿や壺の絵に描かれている。これがレスリングとして発達し、また素手の拳だけで闘うボクシング競技も生まれた。中国では拳法（空手）と角力（力競べ）になり、モンゴル、韓国、インド、ソ連（ロシア）、ブラジル、セネガルなどでも、それぞれのルールにしたがって、日本の相撲によく似た格闘技が、現在もなお行なわれている。こうしたことは、これらの競技がいかに古くから世界中の民族によって、素朴な形で闘われていたかを証明するものである。

一九七四年春、上野の東京国立博物館で開催した「ティグリス＝ユーフラテス文明展」に、約四千六百年前の古代メソポタミア初期王朝のトウトウブ（現・カファジェ）の遺跡から発掘した「闘技像脚付双壺」が展覧されて話題を呼んだ。これは花瓶のような壺を頭にいただき、革帯状のベルトを腰に巻いた男二人が、がっぷり右四つに取り組んでいる青銅製の小さな置物で、互いに革帯を引き合っている姿は、日本の相撲にそっくりな形態である。

また、約二千五百年前のエジプト、ナイル河東岸のベニハッサン横穴古墳にある壁面に、相撲かレスリングのような取組の形態をした裸体の男が、数多くさまざまの姿態で描かれている。ちょうど日本の相撲四十八手解説絵のようである。

東洋でも二千五百年以前のインドで、仏教の開祖釈迦がまだ悉達多太子のころ、弟子の阿難陀太子と提婆達多と力競べをし、この二人をつぎつぎ倒して、この勝負に賭けていた美しい姫を嫁に得たという争婚の記事が、釈迦伝記『本行経』の「第十三捔術争婚品」というお経の本の中にある。

古代メソポタミア初期王朝のあったカファジェで発掘

もちろん、中国の仏典はインドのサンスクリット（梵語）を漢訳したもので、その相撲が、日本の相撲に当てはまるかどうかは疑問であるが、これらの経文を読んでみると提婆達多が投げられて悶絶したりして、相撲らしきものであったことは十分想像できる。また釈迦在世中のころ、相撲（力競べ）が盛んに行なわれていたことがこの経文からも窺える。

中国では、周時代（紀元前一〇四六頃〜前二五六）、孔子の原著『礼記』の中に「武を講じ、射御を習し、以て角力す」とあって日本人が奈良時代から昭和初期のころまで長く使われていた「角力」の文字を見るが、これは武術の「力競べ」の意味で、必ずしも相撲を指してはいない。

その八百年後の秦時代（紀元前二二一〜前二〇七）になると、『漢書』の「武帝第五」に「秦の武王、角を好み……」の句がある。この角は角力である。また同書に「角抵（觝）の戯をなす。三百里（日本の五里半）内、皆来観す」とあって、いよいよ相撲に類した武術であることが想像できる。

こうして漢の武帝の時代に相撲が盛んになり、梁時代（五〇二〜五五七）に入ると「相撲」の文字が初めて現われてくる。ところが、この「相撲」の文字は、もともと漢字にはなく、前述した釈迦伝の『本行経』が、四〇九年ごろにインド人の手によって漢訳されたとき、インドの梵字「ゴタバラ（相撲の意）」に、これまで中国で使用されていた「角力、角觝」などを当てず、わざわざ「相撲」という新語を創作したものである。これは、インドのすもうと、中国のすもうの形態が違っているところから、創案したものではないかと考えられる。

一九七五年、東京日本橋の髙島屋において「漢唐壁画展」が開かれ、その絵画に中国河南省密県打虎亭で発掘された後漢末期（二、三世紀）の墓室壁画「角觝の図」があって評判になった。後漢というと、『三国志』の曹操や劉備が中原に覇を争った時代である。日本はまだ弥生式文化時代で、邪馬台国女王の卑弥呼が現われる古墳文化の少し前のことになる。この壁画の力士は、チョンマゲのような頭髪を高く結び、腰には短い袴をたくし上げて、二メートルもあろう壇上に相対している。このような台上で行なう相撲は、十四世紀の『水滸伝』中の挿絵にも見られ、この高台から相手を投げ飛ばせば大ケガをさせることになる。中国の古代相撲は、生死を賭けた決闘であることがこの絵から見てとれる。

『三才図会』に描かれた「角觝之図」

　また、明朝の『三才図会』に描かれた漢時代の「角觝之図」は、角を生やした牛の面をかぶり、長袖の衣裳をつけた二人の男が鉦の音に合わせて舞っている。これは司馬遷の『史記』に「秦の二世甘泉宮にあり、楽、角觝、俳優の戯をなすとあり、その後、漢の武帝この戯を始む」の一文から、このような想像画を描いたものであろうが、漢時代の角觝は、相撲だけでなく、技芸雑戯の総称でもあったと解釈されている。

　さらに、五世紀ごろの古代朝鮮高句麗時代の首都、現在の中国吉林省（東北・旧満州）輯安通溝にある高句麗王の大古墳角抵塚と舞踊塚の中に

古代高句麗の旧都輯安の古墳に描かれた壁画。素足裸で腰に廻しを締めた姿は日本の相撲に似ている

相撲壁画が残されている。力士は上半身が裸で、廻しに近いパンツのようなものをはき、素足で四つに取り組んでいる。舞踊塚の方は、力士が相対して手を差しのべ、突進していく立ち合いの図である。ここに葬られた高句麗王は相撲を好んだためにこのような壁画を墓の中に描かせたというが、高句麗はツングース族の系統で、日本渡来の騎馬民族に関わりがあるだけに、この壁画は注目される。

日本でも太古のころから相撲と同様の競技が行なわれていたことは、千四、五百年前、古墳文化時代の遺跡から発掘された埴輪や土偶の中に、しばしば相撲の形態を見出すことができる。大正時代、岡山県邑久郡鹿忍村字槌ケ谷（現・瀬戸内市牛窓町）で発見された装飾付の祝部土器の中に、子持装飾付脚付壺の肩に土偶がついていて、この小さな人形は二人の男が立ち合って組み打ちしている姿であった（東京国立博物館所蔵）。これは前述したイラクで発見された「闘技像脚付双壺」とよく似ていて興味深い。

一九六九年、和歌山県井辺八幡山古墳から出土した埴輪に、ふんどし（褌）を締めた、素足の裸形の男子像がある。この立像は鉢巻を締め、両足をガニ股のように開き、腕を前方に伸ばしているので、相撲を取る立ち合いの姿が想像できる。この大古墳は六世紀初頭のものと推定され、古墳時代にも盛んに相撲を取っていたことを立証する貴重な発見である。

国内でも、これらの古墳発掘品に相撲の形態を見出すことは、日本の上古時代において、相撲に近いスポーツ（格闘技）が相当に発達していて、豪族の古墳の中に、埴輪の装飾器物として同葬されたものと思われる。

『記紀』にみえる力競べ

日本の相撲の文献としては、まず『古事記』や『日本書紀』に記された、いわゆる神話時代の伝説から始まる。『古事記』には神代の昔、すでに相撲に類した「力競べ」のことが書いてある。それは建御雷神と建御名方神とが、出雲国伊那佐之小浜（現・島根県出雲市大社町の稲佐浜）において、当時の相撲「力競べ」をしたという神話である。

はじめ天孫降臨のときに、大国主命が出雲国に行き葦原中津国（出雲）を占領していて、これを皇孫に譲ることを承知しなかった。そこで天照大神は建御雷神を派遣し帰順を勧めたところ、大国主命の御子建御名方神は勇武を好む神で、建御雷神と「力競べ」によって、事を決めようと申し出て、ここに両神の相撲となったが、建御名方神はついに敗れ、信濃国の諏訪に逃走した。

「――御雷神、御名方神の手を取り、若葦を取るが如く摑みひしぎてこれを投げ離すに、御名方神は逃れ去って科野国州羽の海に至る」とあって、さしもの「国譲り」の難問題も相撲によって交渉がまとまり解決を見ることになる。科野は今の信濃（長野県）、州羽は諏訪で、同地の諏訪湖畔にある諏訪大社は、この建御名方神を祭神として祀ってある。

伝説では、十一代垂仁天皇の七年（三〇〇）に行なわれた野見宿禰と当麻蹴速の相撲が有名である。『日本書紀』に「七年七月乙亥（七日）当麻蹴速と野見宿禰とに捔力せしむ」（原漢文）とあり、天覧のもとに、宿禰が蹴速の脇骨（あばら骨）を蹴り折って殺したことが記されてある。戦前はこの記事が史実として扱われ、宿禰は日本相撲の始祖として祀られている。

以上の二つの話は歴史上の事実ではなく、神話伝説の域を脱することはできない。

まだ暦も文字もない時代に、古くからある「力競べ」という相撲の話が伝承され、相撲好きの日本人が、遠い先祖から語り伝えてきた部族間の争いの話を、相撲の物語に託して伝承されたものであると民俗学的に解釈されている。

宿禰・蹶速の相撲譚（ばなし）は、新たに渡来した民族（大和族）と先住民（出雲族）が争った話に挿入されたものであろうともいわれる。この相撲跡の伝承地は、奈良県三輪山（みわやま）の麓（ふもと）、桜井市穴師の大兵主（おおひょうず）神社入口にあり、三輪山の裏側、初瀬（はせ）川に沿った同市出雲集落には、宿禰の古墳跡伝承地と宿禰を祀った巨大な五輪塔が現存している。また兵庫県たつの市に『播磨国風土記』伝承による野見宿禰神社、さらに宿禰塚といわれる墳墓が四つ残されている。

神事相撲

全国から相撲人をスカウト

日本の相撲が史実として記録されたのは、いまから約千四百年前の皇極（こうぎょく）天皇元年（六四二）からで、この年七月、百済（くだら）（古代南朝鮮の国家）の皇族の使者をもてなすため健児（こんでい）（宮廷の衛士）を招集して相撲を取らせたことが『日本書紀』にある。この健児は全国から集められ諸国に配置された兵士のことで、当時健児を「ちからひと」とも呼んでいることから、体格、腕力ともにすぐれた勇壮な者であったに違いない。ついで七十七年後の元正天皇の養老三年（七一九）には、宮中に初めて「抜出司」を任名している記録が『続日本紀』にあるが、この抜出司は、のちの相撲司のことで、相撲人を選抜して集め監督する役職である。当時すでに朝廷の相撲に関する制度が整えられていたことが立証される。

さらに、四十代天武天皇（六七二〜八六）十一年七月には、宮中において大隅隼人と阿多隼人の相撲があった（『日本書紀』）。隼人は古くから南九州の薩摩、大隅半島にいた異種族で、六年ごとに交替で上京して宮門を守衛し、儀式のあるときは歌舞を奏し、勇壮な「隼人舞」はローカル色濃厚な踊りで、敏捷勇猛のために、ハヤビトまたはハヤトと呼ばれた。この日の相撲は、大隅隼人が勝ったことが記されている。

次の四十一代持統天皇の朱鳥九年（六九五）九月五日にも、大隅隼人の相撲を御覧になった（『日本書紀』）ことが記録されている。

以上略記した相撲史実に関する記録は、宿禰・蹶速の記事以後、『日本書紀』に散見することができるが、相撲記事は非常に乏しい。これは、百済の皇族をもてなす宴会の余興相撲とか、大隅（鹿児島県）、日向（宮崎県）の隼人が上京して献上物を奉った場合というように、ことに記載の必要がある特別な出来事を記録したもので、日常行なわれていた健児の相撲や隼人の相撲を天覧されたようなことは、いちいち記録しなかったものと思われる。しかし、そのことよりもむしろ宮廷では、ますます相撲が重要な武術の鍛錬として、また余興としてしばしば催されたことと推察される。

しかし、四十五代聖武天皇（七二四〜四九）の時代になると、相撲記事は、さらに内容に精彩をおびてくる。

神亀五年（七二八）四月には、諸国の郡司（中古、皇政時代に置かれた一郡の統治者）に対し相撲人を貢進（進んで献上すること）するよう強い命令が出された（『続日本紀』）。この勅令を読み下すと「諸国の郡司らの部下に、騎乗、弓矢、相撲などにすぐれた者がいると王公貴族の家に集め、勅命を出しても隠して出さない。もしこのようなことがあれば、現在の官職を解き郡司を処罰し、違勅の罪で獄に下す」という強硬な布告である。

また、『万葉集』の雑歌に、聖武天皇天平二年（七三〇）相撲部領使を任名し、諸国へ相撲人のスカウトに出したことが記されている。このように神亀・天平のころ、しばしば勅令をもって相撲人を貢進させたことは確実であり、また宮廷以外においても、王公貴族が競って私に相撲人を召抱えていた事実もうかがわれる。

なお万葉集中の「部領使」はコトリツカイと読み、部領は「事執り」の意味で、相撲人を各地から徴発して召出すためのスカウトの役目であって、後には左・右近衛府に所属し各地へ派遣されたものであった。

七夕祭りの儀式に相撲天覧

このような変遷を経て、天平六年（七三四）七月七日に相撲天覧が宮中の南苑で催され、さらに四年後の天平十年にも天覧相撲が行なわれた（『続日本紀』）。記録に見える聖武天皇の相撲天覧はこの二回であるが、しかし実際にはわずか二回だけの天覧であったとは考えられない。

また七月七日に催しが行なわれたことについては、前述した皇極天皇の相撲、また元正天皇の抜出司の任命、天武天皇の隼人の相撲も、すべて七月に行なわれたことをみると、七月のころに朝廷において相撲が催される慣行は、かなり以前からあったように思われる。さらに文武天皇（六九七〜七〇七）のとき、初めて七月七日を節日と定められたと伝えられているが、七月七日の相撲大会が史上に見えた最初はこの聖武天皇再度の天覧である。このように節日が七月七日と選定されたのは、伝承から創作され垂仁天皇七年七月七日の宿禰・蹶速の相撲天覧故事にちなみ、毎年七月七日の七夕祭りの儀式に、宮中紫宸殿の御庭で相撲天覧を行なったことが、もうこのころにはすっかり定着したものと見える。

初めは七夕の日に文人を集めて、七夕の詩を詠ませる儀式の余興として相撲を催したものであって、この相撲天覧をもって、相撲節会（相撲節ともいう）が始まったように解釈されていたが、当時の文献史料にはまだ相撲節の文字はなく、この催しが正式に朝廷公事の文書中に定められたのは、これより八十年後の平安時代のことになる。しかし、儀式として完備したものではないにせよ、かなり組織だった宮中の一つの儀式として、毎年執り行なったことは疑いのない事実である。

七夕の宴の余興として催されていた相撲は、民俗学の観点からいうと、長く全国的に庶民の間で行なわれていた農作の豊凶を占う農耕儀礼の神事相撲が、このころになって天皇家や貴族に愛好されるようになり、宮廷において取り上げられ、やがて大規模な国家的年占いの相撲節会に発展していくわけである。

それは、平安朝の相撲節会当日、まず初めに占手という身長四尺（一二一センチ）以下の少年を左右（東西）から出場させて勝負を決め、この年の吉凶を占ったことにその形をとどめている。

一方、中世以後の各地の主だった大社に、民間の神事相撲が伝承し、宮廷に関係のある島根県の出雲大社、京都の上賀茂神社、奈良の春日神社、大阪の住吉神社などでは相撲節をまねて、儀式を伴う大掛りな神事相撲を行ない、その儀礼の跡をいまに伝えている。

神亀二年（七二五）諸国は干害のため凶作に見舞われ庶民が非常に困窮した。聖武天皇は伊勢の大廟をはじめ、各地方の主だった二十一社に勅使を派遣して、神明の加護を祈願された。その翌年は諸国が豊作になったので、天皇は諸社にお礼参りの幣帛を捧げ、その際神前において相撲を奉納したことが『年中行事秘抄公記』に見える。この相撲をもって神事相撲の始まりと伝えられているが、すでに庶民の間では古く弥生時代から行なわれていた痕跡があると民俗学者が指摘している。

相撲勝負の農耕儀礼

日本の相撲が外国のスポーツと根源において大きく相違する点は、庶民（農民、漁民）の神事として発展して、今日なおその名残りをとどめていることにある。古代ギリシアでは、各都市国家の平和を守り、と災害を除くために、ゼウスの神に捧げる祭典がオリンピックの発祥であるといわれ、ローマ帝国のバッカス神に捧げるブドウ祭りの行事、蒙古のオボ祭りに捧げる相撲など、初めはスポーツを神々に奉納してきたが、日本の庶民の間では単に体育的な勇武を誇るスポーツでもなく遊びごとでもなかった。

太古より、農作物の収穫を祈り占う農民の祭り事として農耕儀礼が盛んになったことは、近年発達した日本民俗学によって明らかにされており、さらに相撲だけでなく、競馬、弓の射術、綱引き、石合戦など、すべて神様の思し召しを伺う意味があった。

相撲の場合は、隣集落と比べてどちらが豊作になり、神の恵みを受けることができるかを占うため、集落の代表選手を選んで勝負させ、その結果によって吉凶を判断したものである。甚だしいのは、近くの村から意を含めた者（まれびと）を呼び、この者は故意に負けることになっており、こうした演出でも今年は豊作だと喜ぶような風習もあった。天候不順、虫害に泣いた農民の必死の生きざまを、農耕儀礼の神事相撲を通して察知することができる。

近年は、農村構造の甚だしい変革から、五穀豊穣を祈願し、神明の加護に感謝する村単位の奉納相撲は全国的に衰微してきたが、しかし、今も各地の農村において、民間信仰の意識は薄くなっても相撲を伴う村の鎮守祭りの習俗が見られる。また一時中絶していた市町村の神事相撲のなかには、大相撲の隆盛に刺激され、農耕儀礼の意味を失った少年相撲の形式で復活する地方が多くなった。

神事相撲の古い形態が今なお伝承されているものに、瀬戸内海の大三島町（愛媛県）大山祇神社の「一人角力」がある。旧暦五月五日の御田植祭、旧暦九月九日の抜穂祭の際、境内の神田（斎田祭場）前で奉仕される。選ばれた力士が土俵に登場し、目に見えない稲の精霊と相撲を取り、神をお慰めし、御田植祭には豊作を祈願し、抜穂祭りには豊作を感謝するためである。奉仕の少年少女による稲苅りのあと（または田植えのあと）三番勝負で初めの一番は精霊が勝ち、二番は力士が勝ち、三番の決勝には稲の精霊が力士を見事に大きく投げて神事相撲は終る。力士二人の所作で取り組

奈良県桜井市江包の御綱祭りの泥相撲

み、さながら相手がいて相撲を取るように見せるため、大変な技巧を要するので、愛媛県の無形民俗文化財に指定されている。

最も原始的な形を残しているのは奈良県桜井市江包（えつつみ）の村で旧暦正月十日に行なう「泥相撲（ドロンコ）」である。二人の男が田圃（たんぼ）の中で相撲を取り、見物人から水を掛けられ、泥が体に沢山つけば一家は豊作と健康に恵まれるという奇祭で、注連縄（しめなわ）による雌雄の蛇体が目合（まぐわ）いをする生殖の祭りが伴い、生産を祈願する信仰をとどめている。

また、毎年九月九日に行なわれる京都上賀茂神社の「烏（からす）相撲」は、少年たちによって、前夜に稽古（けいこ）相撲、当日は盛り砂の前でカラスの鳴き声をまねして飛んだりはねたりする笑いの神事のあと、相撲の取組が始まるという変わった祭りである。さらに茨城県の鹿島神宮、長野県の「国譲り」相撲の主人公建御名方神を祀る、諏訪大社の神事相撲や、石川県の羽咋神社で例年九月二十五日、北陸七州のアマチュア相撲が集まる「唐戸山相撲」も有名である。その他神事相撲の例はまだ多く全国各地で行なわれている。

相撲節会

宮中の重要儀式

奈良朝末期の聖武天皇を中心とした貴族たちによって毎年七夕祭りの余興として催された相撲天覧は、年を追って盛んになり、しだいに相撲は七夕祭りから離脱して、「相撲節会」（相撲節ともいう）という儀式に発展していく。節会というのは、朝廷での節日——季節の変わり目などに祝いを行なう日で、元旦、白馬、踏歌、端午、相撲、重陽、豊明などの行事のある日をいうのである。

平安期に入ると、相撲大会も制度諸式をととのえて、宮中の重要儀式である三度節（射礼、騎射）のひとつとして加わり、ついに基礎の固まった弘仁年間（八一〇～八二四）には、『内裏式』（宮廷の儀式を制定した文書）の中に、「相撲の式」すなわち相撲節という独立した儀式として定められた。射礼は弓術の節会で正月十七日、騎射は馬上から弓を射る儀式で五月五日の端午の節句に行なわれた。これに相撲を加えて、これを三度節といった。

これは国家安泰、五穀の豊穣を祈願し、また農作物の豊凶を占う国家的〝国占(くにうら)〟でもあった。

相撲節が盛んになるにつれ、大会の二、三ヵ月前になると、左近衛府と右近衛府から各地に相撲部領使(ことりつかい)(すもうのつかい)を、南は九州、北は陸奥(むつ)までそれぞれ派遣して、左府と右府は腕力の強い者、相撲の上手(うま)いものを競って探し求めスカウトして歩いた。あるときは一人の相撲人を左右の近衛府が争奪する事件が起きた。白河(しらかわ)上皇に上奏し裁判沙汰(ざた)になったこともある。

相撲節会は端的にいえば、天皇が宮廷において相撲を御覧になり、相撲節に付随した舞楽を演技させ、貴族や臣下を招いて宴会を開く大規模な儀式であるが、節会の儀式であるために、煩雑きわまりない細目にいたるまでの制度を設けていた。

相撲節当日の儀式は一日だけの大会であるが、「召合(めしあわせ)」といって大掛りの設備がととのえられる。かいつまんで述べると、相撲場に当たる式場は主に紫宸殿(清涼殿、宣陽殿、仁寿殿、綾綺(りょうき)殿、神泉苑、武徳殿、冷泉院などでも行なわれた)であったが、この閣庭を掃き清めて砂を一面に敷きつめ、殿上には座をそれぞれ規定通り設けて幕を張り巡らす。場内がすっかり整備されると、楽人が音楽を演奏したあと、相撲関係者は行列を正して式場に参列する。

この行列は相撲人約四十名を従え、およそ三百数十人の堂々たる隊列で、その壮観さと盛大さは、目をうばうような宮廷絵巻を繰りひろげるが、その順序、配列は複雑で、ここでは触れ切れない。

楽人は鉦太鼓、法螺貝を賑やかに打ち鳴らし、舞う者は四十人、そのあとには軽業師、曲芸師などが二十人、宙返りしたり、木の竿に登ったりすれば、数ある玉を空にあげて手玉にとる手品師もいて興をそえる。きらびやかな幡、幟を風になびかせ、鉾を輝かせて進む。相撲人は最後尾につき、この隊列の前後左右には外陣といわれる武官と兵士たちが囲んで庭へ参入するのでおよそ五百人以上の行列になる。

観客は天皇以下公卿高官のみ

相撲節の運営進行の係職員は、大会当日の一カ月前に任命されるが、いずれにも皇族、貴族などの五位以上の高官二十四人（左右十二人ずつ分配）が選ばれる。また五位以下は儀式の雑務に当たらせる。左府、右府の相撲司（総監督）は多く親王が任命されるが、歌人として有名な在原朝臣業平が天長四年（八二七）、三位の筆頭として右相撲司に任命されたこともある。

また相撲節の十数日前には「召仰」という儀式があって、音楽の曲目など、大会準

相撲節会の図

備の細かい打ち合わせがあって、末端の係職員までそれぞれ順序を追って伝達する召仰の儀式がすむと、左右の近衛府はそれぞれ大会の準備に入り、そして各府は相撲(すまい)所(どころ)（稽古(けいこ)場）を開き、稽古相撲に入るが、これを「内取(うちとり)」という。稽古相撲には、二通りあって、「府の内取」といえば左右近衛府の相撲所で行なう稽古、「御前(ごぜん)の内取」といえば仁寿殿か清涼殿の前庭で行なう天覧の稽古相撲である。

この内取の本格的な稽古の前に、相撲人の強弱を判断し、各府の大将をはじめ中将、少将、将監(しょうげん)などの首脳の人びとが相談を重ね、その年の最強者最手(ほて)、次位の脇(わき)（後の大関、関脇）の二役を選び、出場する相撲人の人名簿（後の番付のような順列）を十七番くらいまで作る。

稽古相撲の天覧のとき、相撲人は順次に参入して庭の中に列を作って立ち、近衛大将は相撲人に向かって「右向け」また「正面向け」といって、天皇に御覧に入れることがある。後世の土俵入りもこのような言い伝えから始まったのではあるまいか。

節会相撲と江戸勧進相撲を経て今の相撲で形式上大きく違う点は、土俵がなく行司もいないことである。そのうえ、観客は天皇以下公卿(くぎょう)高官のみで、宮廷に勤める下級官は、のぞき見することも許されなかった。あるとき、好奇心にかられて幕の隙間から覗(のぞ)いていた下級官が見つかって処罰されたことがあり、出場する農民出身の相撲人以外は、全く庶民とは関わりのない世界で行なわれたものである。

また、相撲人(力士)の多くは地方の農民出身で、農繁期に狩り出されて、手弁当で遠くから困難な長旅で上京することは、甚だ迷惑だった。そのため遅刻したり逃亡する者もいて、捕って獄に入れられた話が当時の文書に見られる。しかし、相撲節で名をあげると、免税などの待遇を与えられることもあり、また勝者にそれぞれ褒美(衣類、弓矢、扇)などを給すことが恒例になっていた。

紫宸殿の殿上に、天皇、皇太子が座につき、親王以下参議以上が庭上の列座につくと、いよいよ歌舞音曲を合図に相撲が始まる。

天皇は審判部長

当時は今の行司役はなく、左右から相撲人に付き添って出場する、進行係の「立合」という役が二人ずつ出て東西に相対し、つづいて「籌刺」も二人ずつ出てきて後方に控える。土俵はないから、勝負は広い相撲場の中央で行なわれ、相手を投げ倒し、突き倒すか、手かヒザをつかせるのが決まり手で、外搦み（外掛け）、内搦み（内掛け）、手搦み（小手投げ）など今と同じ技があった。

勝負が一番終るごとに勝ち力士側の舞楽が奏され、勝ち方の籌刺が地上に矢を立て勝数を明らかにする。そして負け方は立合、籌刺を退出させ、新しい者と交替させる。取組が全部（十七〜二十番）終ると、この矢の勝数の合計で左右いずれの陣営が勝ったかを決める。後年の江戸勧進相撲の東西制がこれに当たる。

勝敗は左右に控えている近衛次将が、それぞれ判断して勝ち方は籌刺に指示して決めるが、同体に倒れた場合で、勝負がはっきりしないときは、次将がそれぞれ意見を「出居」に申し立てる。出居はもつれた勝負を審判する役目である。それでも判定がつかないと、上卿が次将を階下に呼び寄せて、それぞれの意見を聞き、あるいは公卿に意見を求めて勝負を判定するのであるが、なおそれでも判定に苦しむときは、天皇に裁断を仰ぎ、この場合天皇は審判部長の立場で、両方の言い分を聞き判定を下す。これは「天判」といって、この最終決定に対して、誰も言い返すことはできないことになっていた。

勝負に対しての物言い、今では物言いというが、当時は「論」といって、勝負の判定に不満があった場合は、左右に控えている近衛次将が出居に「論」を申し立てることができた。また、ほとんど同体で、勝負を預かりにするときは「持」といって、引き分けにすることもあった。

左近衛府から出場する相撲人は、葵の木綿で作った造花を頭髪にさし、右の相撲人は瓠の造花をさし、勝った方はその花を次に出場する相撲人につけさせ、これを「肖物」（あやかること）という。負けた方の陣からは、次の番に出る相撲人は新しい花をつけて出ることになっている。

相撲の進行中に殿上、階下では天皇を中心とした酒盛りの饗宴が開かれるが、この宴会も、諸式万般の規則が微細の点にわたって定められ、きわめて荘重に進行する。相撲節召合の翌日に、抜出（選抜の選手権戦）、追相撲（お好み相撲）の儀式があり、召合の日に勝負のつかなかった一番、あるいは勝負が曖昧の一番など取り直させることもあった。

やんごとなき雲上人というと、管絃や和歌の文弱な世界に溺れていたと思われがちであるが、公卿たちも相撲を取ったことを、当時の文書に見出すことは愉快だ。

仁明天皇が、天長十年（八三三）五月に出された勅令に「相撲はただ単に、娯楽遊戯のためではなく、武力を簡練（鍛錬）するのが、中心の目的である」とあって、各国の国司に、力のある体格のよい者を差し出すように命じている。

しかし、豪華壮麗を誇った相撲節も、高倉天皇の承安四年（一一七四）七月の儀式を最後に、折から源平二氏の台頭、朝廷の衰微もあって、ついに廃絶するに至った。聖武天皇に端を発して四百数十年、時によっては規模の盛衰、天災、事変のために停止する年もあったが、三度節の一つとして、相撲が宮中の重要な儀式として存在したことは、日本の文化史上からいっても見逃せない事実である。

こうした相撲大会を催すようになった由来は、古式の稲作文化に始まる農耕儀礼——今年の稲作は豊作か凶作かを占う農民の切なる願いをこめた「年占」の相撲が全国的に盛んになっていた。これを宮廷でとりあげ、大規模な国家的な「年占」の儀式に発展したものであって、相撲の伝統の根源が、農民の生活にいかに密着したものであったかという本質を、民俗学的に深く考察しないでは、現在のプロ相撲、アマ相撲を問わず、国技相撲の前途も危いものと言えよう。

では、どうして農民の神事相撲を宮廷で取りあげたか、ということになるが、奈良朝時代の天皇家を形成する公卿は、武張ったことが大好きで、天皇家もまた非常に相撲を愛好したことは、諸書の記録に見られる。それでなければ、奈良朝末期から平安朝に及ぶ四百数十年も相撲大会を継続させることはできない。

この長い間に、今日の相撲の基本が定められ、現在とほぼ同一といえる洗練された相撲技の内容と形態が育成されたのである。また同時に、この風潮は各地に正しい相撲の取り方を普及させ、一般庶民の間にも、相撲に対する関心を一層促して、日本民族の根強い伝統となったのである。

平安朝・相撲奇談

平安朝時代に相撲に関する奇談・逸話が『今昔物語』『宇治拾遺物語』などに多く残されているが、『源平盛衰記』に、皇位決定を相撲の勝負によって決めたことが記されている。僧侶の手で創作された霊験記の類であるが、昔から有名な物語として広く伝わっており、これらの物語が、江戸時代の正徳～享保年間の『本朝相撲鑑』『本朝勇士鑑』などに収録されている。

文徳天皇（八五〇～五八）のとき、第一皇子の惟喬親王と第四皇子惟仁親王との間に、皇位継承権の問題がおきて、相撲によって事を決めることになった。惟喬親王には身長七尺（二一一センチ）六十人力の紀名虎、惟仁親王には小男の伴善雄が選ばれて取り組むことになった。大男の名虎は善雄を摑んで一丈あまり遠くへ投げ飛ばしたが、善雄は地上寸前でくるりと返り、すっくと立ち直った。小男の善雄危しの急報をきいた東寺の恵亮和尚は、大珠数をもんで信力祈願をこめると、大威徳が乗り移った

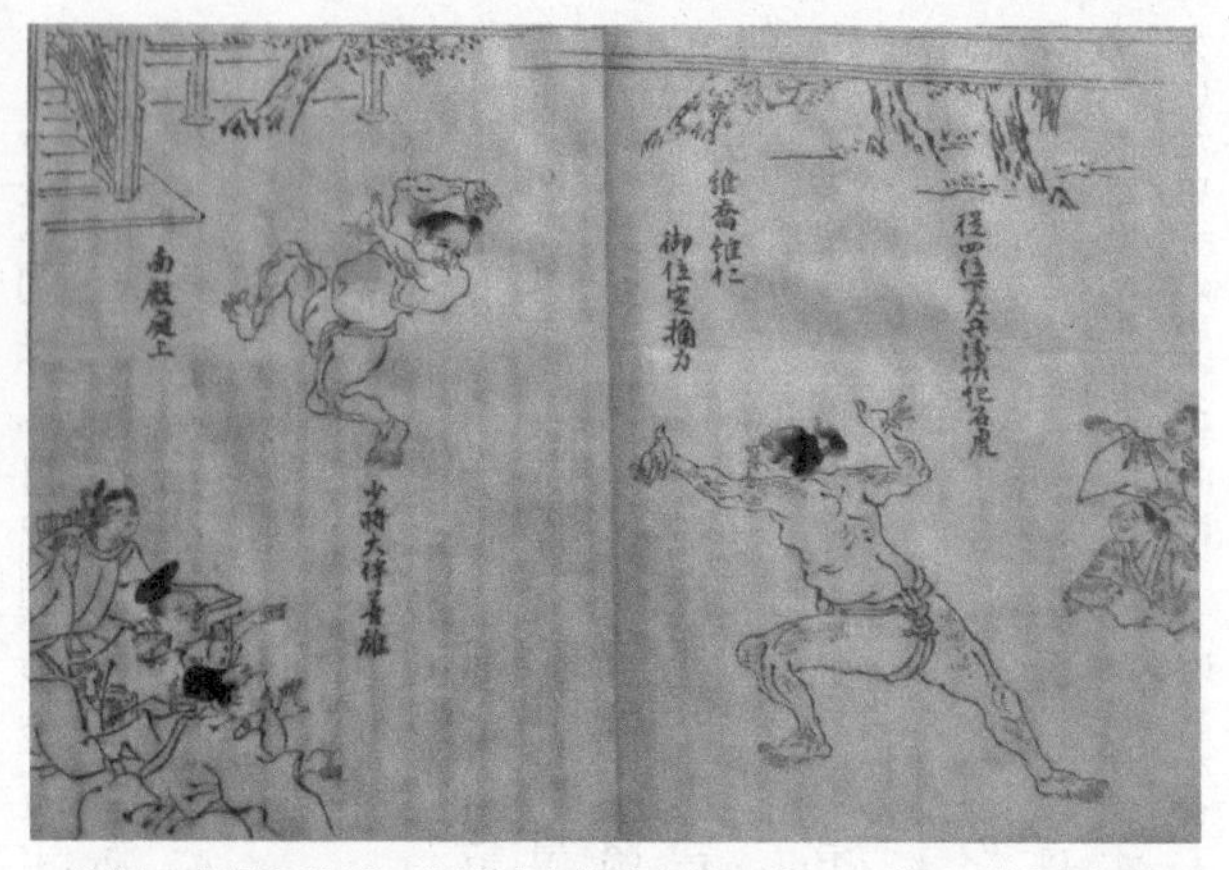

善雄は名虎を投げ、相撲で皇位決定戦に勝った説話（『古今相撲大全』）

大水牛が忽然と現われ、炉壇をめぐりながら宮中の相撲場まで響く声をあげて吠えたてたので、名虎は突然に力が抜け、ついに善雄に投げ倒されてしまった。惟仁親王は後の清和天皇である。

真髪成村という当時屈指の相撲人がある年の夏、常陸国（茨城県）から相撲節に上京し、仲間とともに朱雀門へ夕涼みにいった際、大学の学生寮の東門を通って近道をしようとして、そこの学生たちに監視線を張られた。憤慨した成村たちは翌日、作戦をたてて押しかけ、リーダー格の小男の学生を踏みつぶして通行しようとしたが先頭に立って蹴上げた相撲人は足を取られて軽々と投げ飛ばされてしまった。驚いた成村は逃げ出して式部省の塀を乗り越えんとしたが、追ってきた小男に踵を摑まれてしまった。振りほどいて虎口を脱した成村は、見ると沓の踵と足の皮が刃物で切られたように引きちぎれていた。この事件を聞いた左近衛府では怪力学生をスカウトして相撲人にしようとしたがついに探し出すことができなかった。

この物語は『宇治拾遺物語』『今昔物語』などにあるが、成村は実在した最手（大関）で、円融天皇（九六九〜八四）のころの相撲節に出場している。

宇多天皇と在原業平の一番

藤原氏一門の栄華のさまを歴史物語にした『大鏡』につぎのような話が出ている。宇多天皇が御年十九歳で、まだ皇太子にお立ちにならない殿上人であったころ（仁和元年・八八五）、当時一代の貴公子であり美男子の代名詞にもなった在原業平の中将と、御殿の座敷の中で相撲を取った。

えいや、えいやともみ合ううちに、業平の投げがみごとに決まって、殿上人は脇にあった御倚子（儀式のとき天皇がお掛けになる椅子で、紫宸殿と清涼殿にあった）の上にしたたか体をぶつけられ、そのため椅子の高欄が折れてしまった。

そして、この『大鏡』の書かれたのが、これより約二百年後であるが、このときの高欄の折れ目が未だにそのまま残っていると、この話を結んでいる。

何しろ相撲好きであった若き日の宇多天皇と、油壺から出たようなツルツル肌の優男と伝えられている業平の取組は、まことに興味ある一番だが、この記事で見る限り、業平朝臣もなかなか硬派な一面をもつ青年であったことが推察される。

宇多天皇で思い出したが、若き日の明治天皇は側近の者とよく相撲を取り、あるとき山岡鉄舟が遠慮なく投げ飛ばして、相撲自慢にクギをさしたという話がある。

宇多天皇は二十一歳で父光孝天皇のあとをつがれて、寛平と改元された元年（八八九）の七月、さっそく相撲節を盛大に催したが、このとき左大臣の源　融（嵯峨天皇の皇子）は、「桓武天皇以来、代々の天皇は相撲を皆ことごとく好まれたが貞観（清和天皇・八五九年）以後は、すっかりさびれた相撲節で、ただ形式だけであった。しかし、宇多天皇はご熱心に催されて、相撲を捨て給わぬは、また楽しからずや」といって、彼もまた相撲好きであった面目を語っている。余談になるが、宇多天皇は、藤原氏の専横を抑えて野見宿禰の子孫を称す菅原道真を挙用した。この道真が宿禰の血を引いてか、なかなかの相撲好きで、相撲節の重要な役に任命され、また自から相撲節の記録を『三代実録』の中にも多く書いている。

承徳二年（一〇九八）八月三日、馬場殿の庭内で相撲大会を開くよう堀河天皇から命令があった。この年相撲節が中止になっていたので、相撲好きの天皇は、宮廷の蔵人所衆（天皇の近侍）と、滝口所衆（宮廷警衛の武士）を集め、左方に頭弁基綱朝臣以下、右方は頭中将顕道朝臣以下と相撲係まで任命し、一応相撲節に模した大会を賑やかに、行なうことになり、天皇も出御され、いよいよ取組開始の前奏曲雅楽が演奏された。そのとき、急に白河上皇から使いが来て、公式でない相撲大会は中止にするように命令がもたらされた。いくら上皇の申し付けでも、御年二十歳の血の気の多い堀河天皇には面白くない。

当時藤原家の頼通、教通の両巨頭が死んだあとで、上皇は法皇として初めて院政を執る特例を開いて、威令が強く行なわれ、青年天皇の政治力は飾りもので、藤原摂関時代とあまり変わりのない待遇をうけていた。そうした我慢を重ねている矢先だから、相撲好きの天皇は諦めきれない。

近侍に命じて、夜更けになってから紫宸殿隣りの清涼殿のお庭の南面に、ひそかに集まるよう指令をあたえた。近侍と武士たちは、上皇に気づかれぬよう、三々五々、足音をしのばせ抜け出して集合、雅楽や囃子もない夜相撲を催した。平安京の大内裏は大変な広さだから、鳴物さえなければ、いくら騒いでも上皇のいる御殿には聞えない。夏の一夜を、上皇に対するレジスタンスとして若き天皇は、大いに相撲を楽しんだことが、『古今著聞集』十、「相撲強力」のなかに出ている。

鳥羽天皇（一一〇七〜一一二三）の治世、権中納言藤原伊実は相撲と競馬が飯より好きで、学問に身を入れないのを心配した父の左大臣伊通は、折に触れて意見するが耳を貸さない。そこで一計を案じ、当時都で相撲名人と評判の「腹くじり」を召し出し「これに勝てば相撲を取ることを許す」と伊実に言った。腹くじりは相手の腹へ頭を入れて、くじり（捻り）倒す技が得意なのでその異名があった。今の「頭捻り」のことである。しかし、伊実は相手を投げ倒して気絶させて勝ち、その後は大っぴらに相撲を取って楽しんでいたという（『古今著聞集』）。

佐伯氏長が相撲節会に召し出され、越前（福井県）から都へ上る途中、近江国（滋賀県）高島郡石橋を通りかかると、若くて美しい女性が前を歩いていく。氏長はからかうつもりで女の脇へ後から手を入れたところ、女はその氏長の腕をしっかり脇に挟んだまま引きずって家に帰った。女は高島の大井子という怪力無双で、氏長が都へ行って相撲節に出場することを聞き、二十一日間滞在させる間に力を授けると言った。初めの七日間は、女の握ってくれたオムスビが固くて食い割ることができなかった。次の七日間はようやく食べられ最後の七日間は初めて口で食い割ることができた。この大井子のお陰で、氏長は京へ上って大いに勝ち、やがて、最手役（後の大関）に選ばれ、強豪の名を後世にとどめることができた。

戦国時代の武家相撲

武術化する相撲

平安末期に相撲節会は終りをつげ、その後の相撲は、きらびやかで大規模な宮廷絵巻の儀式を失って、その中心は朝廷から武家政治の手にわたった。武士の間には戦場における組打ちの錬磨に、また日常の心身鍛錬に相撲が奨励されて実戦用の武術になった。なおこの戦国時代に、相撲の技術からさらに組打ち用の柔（やわら）の寝技などが派生してくる。

これまで述べてきたように、節会相撲も初めのころは国の平和、五穀の豊穣（ほうじょう）を祈願し占う国占（くにうら）（年占い）の行事であった。さらに宮廷の守護、国府の衛士を選抜する目的とした武人育成の手段としたが、時代が移るにしたがって、その根本の意味を失い、次第に華麗な宴会用の娯楽的儀式となっていき、末期には相撲人も職業化したため、最手（ほて）、脇の二役も固定して毎年同じような顔触れが揃い、相撲人の階級的地位ができるようになった。しかし、保元（ほうげん）の乱（一一五六）、平治（へいじ）の乱（一一五九）をはさんで相撲節は長く停止され、その間、武士団に身を投じる相撲人も多かった。

保元、平治以来天下は大いに乱れ、帝都は度々兵火にかかり、藤原氏の失権、清盛（きよもり）の暴政、源氏の台頭、平氏の衰退と変転きわまりない政情はついに承安四年（一一七四）を最後に相撲節会の盛典を廃絶させてしまったが、名ある相撲人は風雲に乗じて武士になり、戦場を馳（は）せめぐって、合戦に日頃の鍛錬の腕前をみせて手柄をたてるようになった。一方、郷里に帰って各地に散らばった相撲人は宮廷仕込みの洗練された相撲の基本技と作法を、土地相撲（草相撲）を取る農民たちに教え、土地相撲の指導者になって、農耕儀礼にともなう祭礼の神事相撲をいっそう盛んにした。

こうして相撲を武術として取り入れた一方、武士の間には遊興娯楽として陣中の余暇に、また酒宴のとき力自慢と腕自慢が互いに力と技を競い合って楽しむことが流行した。この際、遊びの相撲であるから、衣装をつけ上半身裸になる場合も、あるいは裸身で取り組むこともあったが、相撲節会で完成した相撲技の基本ルールは守られていた。

『曾我物語』と河津掛け

相撲節会が終りをつげて、わずか二年後の安元二年（一一七六）十二月関東で再起した源頼朝の御前で、相撲史上名高い河津三郎と俣野五郎の取組が、伊豆の柏峠（赤沢山）で行なわれた。この一戦が遺恨相撲になり、曾我兄弟の仇討物語に発展する。相撲技の四十八手の一つで、今も伝わる「河津掛け」は、このとき河津が用いた手だと長く喧伝されていたが、『曾我物語』の原本には、そのことについては全く記されていない。『曾我物語』の古本は数種類あるが、流布本としては、寛永四年（一六二七）版が一番古く、かいつまんで記すと次のようになる。

河津と俣野の相撲、『曾我物語』の発端　（国貞画）

天城山脈の奥野（現・伊東市奥野町付近）の山中で狩猟を終えた伊豆、相模、駿河の三国の武士が、柏峠で酒宴を催し、酒盛りたけなわになるや、頼朝の御前で余興に相撲を取ることになり、五人抜き、十人抜きの勝ち抜き相撲になった。

入れ替り立ち替りの勝ち抜き戦のあげく、工藤祐経の腹心である俣野五郎景久という六尺有余（一八一センチ）の巨漢が現われ、たちまち二十一人を投げ飛ばしてしまった。次に登場したのは伊東の領主伊東次郎祐親の嫡嗣河津三郎祐泰、背は五尺八分（一五四センチ）の小兵。俣野は相撲節に三年間も無敗を誇った職業相撲であるから、河津は油断できぬと相手の左右のヒジを摑み、力まかせに押しまくり、ついに円陣の将兵の中に押しつめてヒザをつかせてしまった。しかし俣野は「木の根につまずいたから負けたのだ」と苦情をつけて再挑戦した。河津は俣野の前ほろ（前廻し）を右手で摑み怪力にまかせて目より高く吊り上げ、片手で横に投げすてた。起き上がった俣野は「片手技で投げるとはなんだ」と物言いつけたが、今度は成立しない。相撲の勝負はついたが、反目する工藤、伊東の間にまさに血の雨が降らんとする一騒動あり、頼朝の仲裁でひとまず収まった。この相撲の七日後に、河津は帰宅の途中、工藤祐経の腹心に暗殺され、やがて仇討物語に発展する。

さて、この物語の相撲記事中には一言半句も河津掛けは出てこない。今の決まり手でいえば、摑み投げであるが、それから六、七十年後の江戸中期に出た『曾我物語』では、河津に吊り上げられたとき、俣野は苦しまぎれに、足を河津の内股に巻いて、うしろに反り倒そうとするが、河津は委細かまわず俣野をゴボウ抜きにして横ざまに投げすてたとある。これは俣野が河津に掛けた「河津掛け」の反り手で、河津が俣野に掛けた手ではない。幕末の絵草子になると、今度は河津が俣野に掛けた河津掛けの物語に化けている。

この決まり手は、元禄の頃から普及された相撲四十八手の反りの内「蛙投げ」の語呂合わせに、洒落っ気の多い江戸行司が、河津、俣野の相撲をひっかけて作ったものである。その後、錦絵や講談でも河津がかけた河津掛けの話に変遷してしまっているが、河津掛けの出典はまったく根も葉もないフィクションである。

『吾妻鏡』以前と以後の落差

鎌倉幕府創立後、源頼朝は文治五年（一一八九）相撲節会を小規模にまねた上覧相撲を、鎌倉鶴岡八幡宮で催し、その後もしばしば行なったことが『吾妻鏡』に詳しく記載されている。相撲のほかに流鏑馬、競馬もともに、節会の形式を踏襲して、盛大に行なったが、祭礼のとき以外にも、相撲好きの頼朝は家臣を集めて相撲をとらせ、また京都から相撲人十人を呼んだことが『八幡宮社務記録』に見える。相撲人はおそらく相撲節出場者の流れをくむ者であろう。

頼朝以来、頼家、歌人の実朝、頼経の四代にわたり、いずれも相撲を好んで奨励し、建永元年（一二〇六）実朝上覧相撲の際、家臣の結城朝光に相撲奉行を命じているが、これは相撲の催し一切をつかさどる役目で、出場する者は多く侍たちであった。また当時の武将畠山庄司重忠の強力、和田常盛、朝比奈三郎義秀兄弟の剛勇なども『吾妻鏡』『古今著聞集』に記してある。

延応二年（一二四〇）幕府は鎌倉市内で辻相撲を取ることの禁令を布告しているが、これはそのころ腕自慢の者が、鎌倉の辻に集まって昼夜を問わず強力を競い、そして喧嘩口論の騒動が起こるためで、いかに相撲が盛んであったかが想像できる。

この時代、武士の剛勇を賞賛する場合には「弓馬、相撲に達し膂力人に越ゆ」といった形容詞を用いる相撲は鎌倉武士の必須課目であったわけである。

鎌倉時代の末期になると相撲は衰微し、建長六年（一二五四）、北条時頼は将軍家（宗尊親王）の御所へ参った折「近年武芸が廃れて、自他ともに非職才芸のことを好み、すでにわが家の礼（武芸）を忘れるのはおかしい。ゆえに弓馬の芸はいつの日か試合するとして、まず当座においては相撲の勝負をきめよう」といって侍を集めて相撲を取らせ、北条譜代の相撲人長田兵衛太郎を召出し、階下の石畳に控えさせて勝負を判定させた（『吾妻鏡』）とある。

平安期の節会相撲の勝負は、左右の近衛府からそれぞれ勝負判定に関係をもつ職員を多数出場させているが、ただ一人、中立的な立場で勝負判定に出場させたのは、相撲史上これが初めてで、後世の行司役の端緒になる。

やがて弘安の蒙古襲来、つづいて足利尊氏の台頭、南北朝の朝廷分裂という時代に移り、国情は騒然として、鎌倉の神事を兼ねた上覧相撲はもとより、朝廷における相撲節会の復興の兆しもなかった。また一面記録の上からみても『吾妻鏡』以後は相撲に関する史料を欠き、相撲史上において室町時代に及ぶ三百年間は暗黒時代ともいわれる。足利時代は、義満、義持、義政の将軍らは遊芸娯楽のことのみに熱中して、鎌倉幕府のように、相撲で若者の尚武の気風を奨励したことはなく、全く隔絶した時世であった。

しかし、室町期に入ると、庶民が初めて経済力を握り台頭してきた時代で、相撲は農村における祭礼相撲以外に、都市の庶民の間で盛んに取られていた。この事実は、相撲を主題にした能狂言が室町期に数多く作られ、現在にも数曲伝わっていることからも窺い知れる。

この時代は、一方で地方大名によって相撲は奨励されていたことが『武家名目抄』に記されている。こうして地方に実力を持つ相撲人（力士）が育成され、中央における沈滞期は、半職業的地方相撲の分布育成時代ということができる。ここにいたって、相撲は勢い庶民的色彩を濃くし、下から盛り上がった大衆娯楽としての存在をはっきりさせ、相撲興隆の基礎がつくられるのである。後世の江戸勧進相撲は、平安時代とまったく一変した形式をもって相撲史上に登場するのであるが、この序幕ともいうべき姿はこの時代を契機として現われてくるのである。

地方大名によって相撲が奨励された伝統は、戦国時代にますます武術として盛んにもてはやされるようになり、なかでも織田信長はことのほかの相撲愛好家で、元亀元年（一五七〇）から天正九年（一五八一）まで、たびたび相撲を催し、安土の城などでは千五百人も呼んで大規模な上覧相撲を催したことが『信長公記』に詳しく記録されている。

このほか長曾我部元親、蒲生氏郷らが相撲を好み、秀吉、秀次の上覧相撲も古書に見えるが、『信長公記』の記事中、「行事木瀬蔵春庵、木瀬太郎太夫両人也」とあって、これは後の行司の始祖とされているが勝負の裁定だけでなく相撲の進行なども受けもったものであろう。

江戸時代の相撲

勧進相撲（職業相撲）の始まり

戦国時代には、相撲が武将の間にもてはやされ、戦場の実戦用として奨励され、足利時代には各地方に職業相撲が発生してきて、地方巡業にまで出かけるようになった。『義残後覚』は文禄五年（慶長元年・一五九六）の書であるが、この文中に、上方（関西）の相撲取十人ばかりが筑後（福岡県）まで興行に行き、久留米城主毛利秀包の抱え力士らと、相撲を取ったことが記されている。職業相撲が文献に現われた最初である。やがて戦乱もおさまり徳川時代になって、政権が江戸幕府に移されるようになると、失業した浪人者の渡世集団である職業相撲はますます盛んになり、大坂、京都をはじめ各地方で勧進相撲が行なわれるようになった。

勧進相撲というのは、神社、仏閣の建立、修築、橋の架け替えをする資金に浄財を集めるために、相撲を催して見物人に寄進を勧めることである。勧進相撲の名は、すでに室町中期のころから見えており、寺や神社が相撲渡世集団を招き契約金を払って興行を主催し、その利益で寺社を建立、修復する基金にしたものであるが、また寺の開帳、神社祭礼の際に興行して寺社の維持費に充てていた。しかしその後しだいに目的は勧進の意味から離れ、寺社へ寄付するという関係をもたず、職業相撲自身の生活のために行なう営利的な興行になってきた。

しかし、寺社奉行から興行許可を求める必要から、依然として勧進相撲の美名を使っていた。その後長く勧進相撲（勧進元）の名は、江戸、明治、大正を通じて昭和十九年まで及び、戦後の本場所では使用しなくなったが、地方巡業の場合のみ、今なお「勧進元」などの名称に名残をとどめている。

室町時代には勧進猿楽、勧進田楽などが盛んに行なわれたことは古書に散見する。このことからして、相撲もまた猿楽などとともに、神社祭礼に催されたことを考えると、当時盛んになってきた職業相撲が室町中期以後に勧進の名を使って興行されていたことは、当然のことと思われる。

この当時の勧進相撲（職業相撲）の発達は、一面は神事相撲から変化したもの、一面には地方の草相撲から進出してきたもので、各神社の祭礼のとき、相撲は流鏑馬（やぶさめ）、舞楽などと一緒に祭事として催されるのが常であった。こうした形の奉納相撲に、はじめ半職業的な相撲集団が代って興行するようになり、営利的な興行に発展していくわけである。これは猿楽が室町時代に勧進能と名をつけながら、しだいに営利的な目

に雷電為右衛門の姿がある

的を持つようになり、ついには寺社に関係なく興行するようになったことと同じような経路を辿ったものである。

京都の勧進相撲

京都の勧進相撲は豊臣秀吉が勢威をふるった安土桃山期の文禄（一五九二〜九六）のころから行なわれていたが、『諸国新撰古今相撲大全』（宝暦十三年〈一七六三〉京都で刊行）には寛永二十一（一六四四）年十一月、山城国愛宕郡田中村（京都市左京区）の干菜寺（干菜山光福寺）住職が寺内の八幡宮再建の発願を立て、その筋に願い出て、翌正保二年（一六四五）六月勧進相撲を興行したのが、京都における最初としてある。場所は下鴨会式（京都市左京区下鴨神社糺ノ

享保元年（1801）6月、京都二条河原の興行、東西土俵入り。右端

森）の内で、十日間興行であった。しかし、慶長十年（一六〇五）にも勧進相撲を行なった記録があるから、それより四十年たった正保二年の相撲を、京都における最初というのは疑問があるが、しかし公許の興行としては、文書に残っているこの勧進相撲が始めといえよう。

次には、それから四十四年たった元禄二年（一六八九）伏見、淀などで勧進相撲があり、元禄に入ってにわかに記録に見えるようになってくる。

このように慶安以後勧進相撲が長く中絶していたのは、相撲興行のたびに喧嘩口論が起こり暴力行為までするようになったので、まず江戸で幕府から禁令が出され、ついで大坂、京都でも相次いで禁じられたためである。それが元禄に入って江戸、京坂でも公許興行が許されるようになったが、京都の場合は公許条件がますます厳しくなり、勧進相撲の主旨が明確でないと許可されず、江戸、大坂のように勧進の名をかりて、営利目的の興行はできなかった。元禄十二年から、正徳六年の十七年間に許可された公許勧進相撲は十七件ほどあり、これにはどれも、ちゃんとした勧進の理由をつけてある。

元禄十二年五月、岡崎村天王社興行は『大江俊光記』に詳しく記載され「東天王修復のために金五十両、在所へ十両、そのほかは取らざる由」とあるように、寄付募集を明確にしているが、享保期（一七一六〜三六）になると営業本位の勧進相撲も許されるようになり、延享期（一七四四〜四八）から年二回二条河原で興行するようになった京都においての相撲興行がいかに人気があったかがわかる。大坂、江戸の年二回興行は京都より十数年遅れて実施している。

この元禄十二年の番付が同書に記録されているが、「宮本相撲」と「寄方相撲」が東西に分かれた横長の二枚番付で、縦一枚の江戸番付とは異なっている。「宮本」は、興行を主催する天王社のことで、勧進元である。この番付は相撲史上一番古い記録である。当時の番付は盛り場や興行場所に掲げる板番付で、木版摺りで発行するようになったのは享保年間からである。

この番付の行司欄のトップに吉田追風の名があり、この行司は間もなく肥後熊本の細川家に仕え、大藩をバックに吉田家代々は力士、行司に故実門人の免許を与え、寛政の徳川将軍上覧相撲を機に横綱土俵入りの演出を考案して、相撲界の元締として隠然たる勢力を張ることになる（註・一五二頁「吉田追風家とは何か」の項参照）。

翌十三年六月、同じく糺ノ森高野河原赤宮で勧進相撲があり、『古今相撲大全』には次のような珍しい番付が載せてある。

（寄方）東方			（勧進方）西方		
大関	筑前	金碇（かないかり）仁太夫	大関	讃州	相引（あいびき）森右衛門
大関	江戸	御用木（ごようぼく）無次太夫	大関	因幡	両国梶之助
関脇	大坂	大山次郎右衛門	関脇	讃州	一ッ松半太夫
関脇	肥前	朝雪（あさのゆき）助三郎	関脇	同	岩崎源太夫
小結	江戸	錦（にしき） 龍田右衛門	小結	同	松山佐五右衛門
小結	尼崎	唐竹茂次之丞	小結	同	今川三太左衛門
前頭	大坂	片男浪空右衛門	前頭	同	御手洗有右衛門
（以下略）			（以下略）		

当時は、各地方都市にそれぞれ職業相撲の渡世集団があって、強豪力士は毎年京、

大坂に招かれて集まり、たとえば、勧進元は讃州（香川）中心のチームを編成し、寄方は各地の混合チームで番付が作られるが、この場合は三役クラスの高名な強者が顔を揃えたので、三役（大関、関脇、小結）を二人ずつ東西に配置したものである。現在のように張出制度がないための措置であった。

大坂の勧進相撲

大坂の勧進相撲もかなり昔から行なわれていたようであるが、記録としては元禄十五年四月の堀江開発（現在の大阪市西区南堀江付近）のための公許勧進相撲（十日間興行）が始まりである。この勧進は寺社とは関係なく、地代の納入、土地繁栄を目的とし、営業的に行なわれたのは、京都と違った土地の性格を表わしているといえよう。

はじめは大坂、堺の浪人や相撲取の渡世集団が興行をしていたが、享保時代になって、相撲を家業とする者だけに勧進元の許可が下りることになった。大坂は繁華な商業都市だけに紀州（和歌山）、讃州（香川）、泉州（大坂）の職業相撲が集まり、実力のある相撲集団を結成して人気を集め、元禄末期から正徳、享保にかけて大坂相撲は次第に隆盛をきわめ、各地から毎年大力士を含む相撲渡世集団が続々集結して、全国の中心地になった。

当時の相撲界は、全国各地に相撲渡世集団が散在して、主だった団体を北から列記

享保年間の大坂相撲の土俵入り。力士は六法を踏んで入場してくる

すると、津軽（青森）、南部（盛岡）、秋田、宮城（仙台）。西は京都、大坂、紀伊（和歌山、津）、尾張（愛知）、讃岐（香川）、播磨（兵庫）、因幡（鳥取）。九州は博多、肥後（熊本）、薩摩（鹿児島）、長崎などが最も有力なものであり、これらは相撲好きの大名が後援して育成していたから、相当な強豪力士が出されたものである。

まだ全国的に統制がとれていない時代で、大坂、京都で毎年相撲興行をするにも、あまり多くの強者が上ってくると番付編成に不満を持つ者も出てきて混乱を招くので、今年は東方を仙台と大坂の連合、西方は九州中心の力士にするとか、東西を土地分けの組み合わせで、一場所ごとに独立した番付を作って興行した。

このような形式で興行をすると、土俵に現われる力士の顔触れも毎場所変わっていたが、人気の高い強豪力士は毎年呼び迎えられて三役に顔を出していた。なお大坂興行が終ると、そのままの同じ番付で京都で興行するのが通例になっていた。

江戸の勧進相撲

江戸の勧進相撲の始まりとして『古今相撲大全』には、寛永元年（一六二四）に四谷塩町の笹寺で、明石志賀之助（あかししがのすけ）が晴天六日間の興行をあげているが、この『古今相撲大全』が刊行される五十年前の正徳年中に書かれた行司木村喜平治の書『相撲家伝鈔』に志賀之助の興行は本郷辺で行なわれ、年代のことは記されていない。

明石のことは、『関東遊俠伝』という講談本のような俠客（きょうかく）物語に初めて出てくるが、主人公夢の市郎兵衛の義兄弟として登場し、京都に上り天覧相撲で仁王仁太夫（におうにだゆう）を投げ倒して、日下開山（ひのしたかいさん）になったという小説めいた話であって、明石に関してその存在を裏付ける証跡は全くない。しかし『古今相撲大全』以後は、江戸勧進相撲の開基は寛永元年の明石の興行とされ、これが定説になっていまでも相撲講談のマクラに使われているが、『古今相撲大全』の記事だけでは、史実として信用できない。

江戸における一番古い文献は寛永十九年（一六四二）印本『あづま物語』の中に「てんま町（日本橋伝馬）を通りねぎ（禰宜）町にいたりぬ、小唄、三味線、笛の声、琵琶、琴、太鼓、鼓の音、心もそぞろに聞きながして、これは何ぞとたずぬれば、村山左近が大歌舞伎、薩摩たくみがあやつり、勧進相撲とさかのふ、そのほかいろいろ数限りなく見えにける」(原文かな書)とあるように、当時の江戸の盛り場では芝居、歌舞音曲と軒を並べ、相撲を勧進相撲と名づけて、木戸銭をとる一種の見世物のように扱われていたことがわかる。また、江戸の町作りと神社仏閣の建立が始まった元和、寛永のころの新開地に、野相撲系の勧進相撲も行なわれていたことは想像される。

すべての芸能は、京坂で熟し江戸へ下ってきたように、勧進相撲もまた例外でなく、京都大坂を中心に繁栄し、その相撲集団が江戸へ巡業に来たもので、江戸初期の史料はほとんど京坂相撲に限られている。

勧進相撲の禁止令

斬った張ったの血なまぐさい喧嘩騒動

江戸初期の勧進相撲が盛んになった背景に、三代徳川家光の末年から四代家綱の初めにかけ、幕府はその権力を確立して世人は太平を楽しむようになり、相撲熱は一段と高まっていったことがある。しかし京坂相撲のように伝統のある秩序はなく、人気の荒い新開地で、多くの失業浪人が集まって興行していたから、度々刃傷沙汰が起こり、監督官庁の町奉行所も取り締まりに手を焼いていた。なにしろ戦国時代の余風を受けた当時のことで、殺伐な気風の浪人、旗本、大名の家臣、それに対抗する男伊達の町奴（侠客）などが横行し、いわばアメリカの西部開拓時代さながらの雰囲気だったから、勧進相撲興行の際は、必ずといってよいほど喧嘩騒動が起きて、斬った張ったの血なまぐさい事件が持ち上がった。

当時の勧進相撲は、力士だけの興行でなく、相撲興行を専業とする「相撲浪人」の渡世集団が、力士を集めて合同で興行したことは「浪人、相撲取ども段々奉願」という興行願いの文句が、そのころの諸書に見える。それも、ちゃんとした届出によって興行するならまだしも、町中で辻相撲のような投げ銭目当ての小相撲、野相撲も盛んで、飛入り勝手の興行も多く、腕自慢の旗本の倅どもや顔を売る侠客の子分、人足たちの飛入り相撲では、必ず悶着が起きて争いが絶えない有様だった。

こうした弊害がますますひどくなって、奉行所も相撲興行を放置できず、ついに慶安元年（一六四八）二月二十八日に、次のような禁令を町触れした。

一、辻相撲取申間敷事。

一、勧進相撲とらせ申間敷事。

一、相撲取共の下帯、絹布にて仕間敷、屋敷方へ被呼候共、布木綿の下帯可仕事(るべきこと)。

この禁制の表札は、江戸市中盛り場の辻々に建てられて、厳重に取り締まった。辻相撲だけでなく、勧進相撲も取り締まりの対象になったのだから、相撲を渡世(商売)とする相撲浪人や相撲取にとっては大打撃だった。屋敷方というのは、相撲好きの旗本、大名たちの屋敷に呼ばれて相撲を見せていた職業相撲が、これまでの下帯(廻し)の絹布を禁止し、木綿の廻しにしろという命令である。

慶安元年といえば、この三年後に由比正雪(ゆいしょうせつ)や丸橋忠弥(まるばしちゅうや)一党の幕府顛覆(てんぷく)の陰謀が露見して天下を騒がした事件もあり、さらに同四年七月、

一、志こ名(註・四股名)之異名を付候者(つけそうろうもの)有之(これあり)候はば早々(そうそう)可申上候(もうしあげるべくそうろう)、いにしえより相撲取候もの、異名付候共向後は名(な)堅(かたく)可為無用事(むようたるべきこと)。

と、相撲取が四股名を名乗ることを禁止する旨の追い打ちの禁令が出た。昔から四股名を名乗っていた相撲取も、今後はその名を堅く使ってはいけないという意味である。これは相撲取のみならず、侠客たちも〝夢の市郎兵衛〟などと異名を名乗る風潮が盛んだった。また諸大名に倹約令を発布するなど、相撲に対する風当たりが強まる

だけでなく、若衆歌舞伎の禁止、江戸浪人の検索など、幕府は次々と禁令を発して、ことに娯楽機関に対する締めつけは一段と強化されていった。

このように、相撲禁令が厳しく発布されたということから、徳川初期の寛永～正保～慶安の時代は、江戸における相撲熱がいかに盛んであったかを十分に知ることができる。

ただ、江戸市中は、新興地として町造りが盛んになり、各地から流れ者、浪人者などが参集してきた土地柄だけに、浪人者、町奴（まちやっこ）だけでなく旗本奴に一般町民の気風の荒々しい時世であったから、腕力で渡世する相撲興行には、勝負のもつれから喧嘩口論の騒動はつきもののようになっていた。

正保、慶安のころ、幕府の御徒士頭（おかちがしら）鈴木某の組下の侍が、飯田町の寄相撲（勧進元のいない寄せ集めの興行）に飛び入りして喧嘩をはじめ、ついに刀を抜いて振り回したため、見物人を数人傷つけるという事件があった。

また、幕府の御書院番の某（なにがし）と、御小姓組の番士秋山某とが、麴町（こうじまち）の寄相撲で喧嘩したことから、その遺恨より城中において刃傷沙汰を起こし、御書院番の某は死に、秋山某は傷つくという不祥事があった。

こうした相撲に関わる事件が多発したことは、当時いかに一般の人びとが相撲のような男性的な競技に、深い興味を抱いていたかを物語るものである。しかし、熱狂のあまり騒動を起こし、幕府の弾圧を受けて、相撲興隆の気運を一時とはいえ停滞させることになったのは惜しまれる。

三十余年間の暗黒時代

市中での勧進相撲を禁止された相撲浪人や力士たちは、地方巡業に出るか、大名・旗本の邸内で余興の相撲を催すことぐらいで、それではとても生活が立たぬようなことになってしまった。だが、このような禁令弾圧にあっても、取り締まりが次第に緩むにつれて、役人の目を盗んでは、市中の空地で野相撲をやる者が出てきて、小相撲から、勧進相撲を興行する力士集団もにわかに横行し出した。

相撲禁令が発布された慶安元年から十三年目に当たる寛文元年（一六六一）十二月、再び触れが奉行所から出された。

一、書見物、芝居物仕候者は、堺町、葺屋町、木挽町五丁目、六丁目、此所にて可仕候、自今以後他所之町中にて堅仕間敷事。

一、勧進相撲毎々より町中にて御法度に候間、弥其旨相心得、町中に而為仕申間敷候事。

一、勧進能仕候者於有之者、町方寄方まで相断可申事。

この禁令により、芝居は一定の地区に定め能は町年寄への届出を必要とし、相撲は依然として町中（市中）での興行を禁じられた。

町中での禁止とは、盛り場などの興行を禁ずるという意味で、寺社境内の禁止ではないと解釈される。

事実、勧進相撲禁止令の出た慶安元年に、浅草三十三間堂の地固めのためと称し、晴天六日間の興行を再三願い出た結果、幕府はさまざまに協議したうえ、興行場所の場内に役人を派遣し、寄付を禁ずる（勧進の募金を禁ずる）という条件で許可した。入場料をとらないから、力士たちは勤労奉仕したことになる。これでは全く勧進に名を借りた相撲渡世集団としての勧進相撲興行にならないことになる。

このように、実際には勧進相撲の興行は全く許されず、江戸相撲興行のみならず、この禁令は大坂、京都もこれに準じたため、慶安元年の相撲禁止令から承応〜明暦〜万治（まんじ）〜寛文〜延宝〜天和（てんな）と三十余年の間、勧進相撲は日の目を見ずに閉塞（へいそく）の暗黒時代の状態にあった。

しかし、これは江戸における公式の勧進相撲の閉鎖であって、寛文・延宝年間（一六六一〜七三）には、大坂、京都では、断片的な相撲文献や絵画において、結構相撲興行が行なわれた記述、描写があり、江戸奉行所ほど厳重に取り締まったとは思われない。全くの空白時代というのは、江戸市中であり、江戸郊外では盛んに興行されていたと考えられる。

貞享元年（一六八四）、相撲渡世集団の大先達である相撲浪人雷権太夫が、時の寺社奉行に願い出て、奉行本多淡路守の斡旋により、深川八幡宮（現・富岡八幡宮）境内において晴天八日間の興行が公許されることになった。しかし、公許勧進相撲以外の辻相撲については、依然として厳しく弾圧した。

雷権太夫は延宝年中から再三願い出ていたが許可されず、土俵の案出、四十八手の制定など、喧嘩口論の原因を排除しての出願であったらしい。それが成功し、これ以後は勧進相撲が復活して、今までの町奉行所の支配下にあった相撲は、寺社奉行の支配に移り、これまでの厳重な弾圧の取り締まりは、その許可の下に社寺境内で興行ができるようになった。

この時の申し渡し書きには、

「相撲浪人共之義、以来渡世も存せず、露命を繋ぐべき様無之、老年之者共を相撲年寄と改め、万事取り締り可致旨仰せ渡され、四季に相撲興行御免相成候事」

と、なかなか含蓄の多い言葉が見える。

年寄の名が公然と幕府の公文書に載っているし、四季興行御免候とある。後世の日本相撲協会の母体である〝相撲会所〟もまだ設定されぬとき「四季興行」差し支えないというのは、非常に寛大な触れであった。それまでの相撲は、衣食足らず、ただ腕力だけが盛んな浪人どもが、飛び入り勝手放題の乱脈ぶりであったのを、この申し渡し以来、一定のワクがはめられ、いずれかの相撲渡世集団に属さなくては、以後本場所に参加できなくなったのも、統制上から考えると一つの画期的な大進歩であった。

相撲界の中心は江戸へ

以上のように、勧進相撲は寺社奉行の配下で許可を得て、興行可能になったが辻相撲、野相撲のような飛び入り勝手の寄相撲は依然として禁止されていた。

公許勧進相撲があってから三年後の貞享四年（一六八七）、辻相撲の禁令が出された。

> 頃日町方にて寄合をとり、並辻まふ取候之由相聞候、前々より御法度に被仰付候間、彌無用可仕候。若相背候はば当人は不及申、其場所町中迄も、御穿鑿の上、急度可被仰付候間、その旨相心得、町中不残可相触候、以上。

また元禄七年（一六九四）七月には、

「広小路に毎夜大勢の者が集まって相撲を取っていることを聞くが、前々から堅く停

江戸市中を練り歩く触れ太鼓の様子（宝暦年間）

止しているのに、不届きである。もし相撲を取る者がいたら、捕縛するから注意するよう」と厳重な触れを出している。ついで元禄十六年、宝永四年（一七〇七）、享保四年（一七一九）、同五年と、勧進相撲が隆盛になるにつれ、盛んになる辻相撲に幾度か禁止令が出ている。

夏の夜、力自慢の辻相撲が、幾度禁止令が出てもなお止まらなかった当時の相撲熱、その盛んな情景がよく想像できる。一面、浪人、町奴などの相撲から生じる喧嘩口論が絶えなかったと見えて、数回にわたる辻相撲禁止は、奉行所もよほど手を焼いたものと思われる。

江戸相撲は、このような波乱の多い経過をたどって、元禄年間からようやく軌道にのったのであるが、奥羽、関東を中心とした江戸力士が、中央の京坂へ上って注目されるようになったのは、寛保三年（一七四三）からで、三役から前頭上位まで初めて大坂番付東方に江戸と頭書きして、江戸相撲渡世集団を誇示するようになった。力士は庄内、津軽、関東出身の者がしめていた（この中に、後世横綱にデッチ上げられた小結の綾川五郎次がいる）。

こうして次第に強豪力士が育成されてきて、宝暦～明和（一七五一～七二）のころには、相撲会所（協会）の制度組織も整いはじめ、全国の相撲界の中心は、京坂から幕府のお膝元である江戸へ移ってきた。そして今度は、逆に大坂、京都相撲は毎年江戸相撲の西下を迎えて合併相撲を行なうようになった。これはひとつには力士を庇護する抱え大名が多く江戸詰めになっていた関係も考えられる。

京坂興行の際の番付は、東西二枚摺りで、上位に江戸相撲の力士を並べ、京坂力士はその下位に名を連ねるようになり、このため京坂力士で有望な者は競って江戸相撲に加入し、江戸で名をあげることを最大の名誉とし、また好角家大名の抱えの機会を持つことになった。このため、明和から安永年間以後の京坂力士で、同地にとどまっている者は、たとえかなりの実力があっても、合併相撲のときは下位に置かれ、明治維新で京坂が独立するまで三役力士にはなれなかった。こうしたことから、京坂相撲から江戸相撲に参加した力士は、大坂（または京都）では某頭取（大坂の年寄）の弟子であると同時に、また江戸年寄の門下に加入していたのである。

相撲取を召抱えた大名たち

戦国時代に各地の大名が競って相撲取を抱えて戦力としたが、織田、豊臣、毛利、大友、長曾我部などいずれも家臣として、それ相応の扶持を与えて厚遇した例は非常に多い。信長は近江、京都出身の相撲にすぐれた者を百石で取りたて召抱えたことが『信長公記』に出ている。

武士が弓術、剣術、槍術、馬術の得手を名乗りでたように、相撲術を申したててその技を披露し、召抱えられたものである。秀吉が天下を平定した天正のころから、慶長、元和にかけて盛んになり、徳川初期にはますます相撲取召抱えが流行をきわめ、相撲好きの大大名は多勢の相撲取を集め、これを相撲衆といって士分と同格の待遇をし、なかには二百石取りの者もいたが、多くは足軽クラスであった。

加賀藩百万石の前田家では、元和から寛永のころまで著名な相撲取を抱え、ほかに相撲組という足軽クラスが五十人もいて、その居住していた町を相撲町といったくらい盛んだったが、寛永十四年(一六三七)に事件を起こしたため相撲を禁止し、相撲組は足軽に編入され「手木足軽」と呼ばれた。また鳥取藩池田家も相撲衆をおくほか、家老名義で職業相撲を抱え、この中からすぐれて強い者を士分に取りたて、ときには城中で試合(取組)をさせるばかりでなく、他藩で評判の強豪と抱え力士とを取り組ませ、大名同士で自慢しあうことも珍しくなかった。あるとき家康の希望で、加賀と越前の抱え力士が対戦したこともあった。また若狭小浜の酒井家と越前の松平家が、江戸牛込の馬場に桟敷の見物席を設けて、大掛かりな藩の対抗相撲を催したことが酒井家の記録にある。

このように、寛永のころになると相撲は武術の奨励から遠ざかり大名同士が興味本位の娯楽として相撲取を召抱えるようになった。

ところが、職業相撲による傷害事件がたびたび起こったため、幕府は慶安元年（一六四八）に勧進相撲、辻相撲を弾圧したので、職業相撲は大名か旗本の邸内で興行するか、都市を離れて地方巡業で興行して露命をつなぐしかなかった。先に述べてきたように、こうした幕府の強硬な方針は、大名の相撲熱に水をかけるようなことになり、相撲取召抱えの流行も下火になった。承応～貞享（一六五二～八八）にいたる三十年間禁圧された勧進相撲が解禁されるや、時はちょうど文化絢爛たる元禄時代、たちまち大名間に前にもまさる相撲熱が復活、各藩は大力士を競って召抱えることが流行した。

ここで注目すべきは、織豊時代から徳川初期は相撲の特技を持つ武士か、または職業相撲の強者を招いて家臣同様の士分格の待遇をしたが、元禄以後は各藩内で職業相撲取を養成し、強者には扶持を与えて召抱え、また他藩から強豪力士を譲り受けて抱えても、これはあくまで藩が名力士、大力士を持つことを自慢とした表道具で、徳川

歌川派の始祖豊春によって相撲場が遠近法で描かれ、この手法を弟子の豊国、国貞らが引き継いだ

初期の家臣としての抱え力士とは全く性格を異にしている点である。

したがって三都（京、大坂、江戸）の勧進相撲興行の場合、相撲年寄は、いちいち各藩の相撲係に借用願いを出し、藩の抱え力士出場の許しを得てから番付を編成したものである。これは藩主が参覲交代のお国帰りの折、これら抱え力士を行列に加えて他藩に対する誇りとしたためで、この際、不出場の力士は番付から姿を消すこともあった。

こうして大名が相撲に熱中するあまり、なかには番付、取組編成に口を出し、抱え力士の庇護につとめるなど、職業相撲のパトロンである一面により、多少の弊害は免れなかった。明和～安永～天明のころ相撲の中心が江戸に移ると、相撲藩といわれる相撲好きの大名による、優秀な力士の争奪戦は一段と激しくなり、抱え力士には藩の印紋（しるしもん）入りの化粧廻しを与え、番付には力士の出身地と関係のない藩の国名を記して誇りとしたが、これは力士にとっても名誉なことであった。

力士の召抱えは、相撲好きとそうでない藩主によって変転する。元禄時代は御三家のうち紀州徳川、尾州（びしゅう）徳川などが多くの力士を抱えて有名だったが、徳川中期以後は出雲の松平、仙台の伊達（名儀は白石藩の片倉）、熊本の細川、久留米の有馬、姫路（ひめじ）の酒井、庄内の酒井、高松の松平、鳥取の池田、阿波の蜂須賀（はちすか）、奥羽の南部などが相撲藩として聞こえていた。抱え力士の待遇（給与）は藩により、また力士の番付位置によって違うが、徳川中期以後は二人扶持から四人扶持、それに小遣い、衣服代、刀、化粧廻しなどを与えた。

江戸勧進相撲は、庶民の娯楽である一面、こうした大名の庇護によって、経済生活を支えられたというところに特徴があった。

天明・寛政の黄金時代──雷電為右衛門の出現

宝暦から安永（一七五一～八一）の江戸相撲は、制度がようやく出来始めた時代で、場所ごとに出場力士の顔触れは一定せず、土地別のチームの対抗戦が行なわれた。そのため出場力士の力量がわからないから、巨体であるといきなり大関に付け出すという風習で、そのため宝暦七年から安永九年までの二十四年間の番付に大関が入れ替り立ち替り、実に六十八人も出ているが、大部分は取り組まないで全休、または千秋楽だけ出場の者が多く、こうしたいわゆる看板大関のなかで実力があって幕内に残ったのは僅か七名にすぎない。

その間、年寄の伊勢ノ海、玉垣、友綱が中心になって江戸相撲を熱心に養成したため、谷風をはじめ強い力士が多数出てきて、地方から来る強弱不明の力士を抱える必要もなくなる一方、江戸場所の発展にしたがって、各大名も、抱え力士を進んで出場させるようになった。そして江戸場所で成績のよい力士を抱えるようになったため、自然興行ごとに出場する力士の顔触れも一定した本場所になってきたのは安永末から天明初めのころである。

こうして、天明年間に全国的な組織も確立し、次の寛政期には、江戸を中心とする勧進相撲は最高潮に達した。そしてこのころになって勝川派の力士似顔絵が錦絵として盛んに売り出され、現代のブロマイドの役目をするようになる。

世に寛政の相撲黄金時代といわれる隆盛の原因として、好敵手谷風梶之助と小野川喜三郎の対立、両力士に初めての横綱免許、寛政三年（一七九一）と六年の二回にわたる江戸城内においての十一代将軍家斉の上覧相撲、また超巨人の強豪大関の雷電為右衛門の出現が挙げられる。さらに寛政の改革による奢侈禁止令は、尚武を奨励した

谷風梶之助の急逝により雷電の独り舞台が始まる寛政9年10月の番付

ため、その時局に相撲が合致したことにもある。

当時は谷風をはじめ、鷲ヶ浜、九紋龍、鬼面山、雷電、陣幕など、いずれも六尺三寸（一九〇センチ）級の巨人が三役に顔を揃え、土俵上に肉弾相搏つ力相撲を展開した壮観さは、想像に余りある。さらに将軍の上覧相撲は全国的に相撲熱を高め、世人の注目を集めた。

このころになると、大坂・京都で地力のついた力士は続々と江戸相撲に加入して、京坂相撲は江戸相撲の第二軍養成所のような存在になってきた。そのため、江戸相撲が京坂に上って興行するときは江戸番付の上位順位はそのままで行なわれ、京坂力士はその下位に従うのが慣例になった。

谷風、小野川のあとは、雷電ひとり豪勇を誇り、横綱の栄誉を受けることなく二十一年間三役をつとめて（十六年間大関）文化八年（一八一一）に引退、同時代に対抗した柏戸宗五郎、玉垣額之助両大関が翌年去ったのち、同十二年に後続者の柏戸・玉垣が新たに両大関として登場、その後十年間は白熱した勝負を展開したが、寛政期の豪華な土俵にははるかに及ばなかった。寛政末期から文化にかけての相撲の低下は「雷電につり合うべき相手なき故、相撲の見物も多からず、その後は上覧（相撲）の御沙汰もなく次第に衰えたり」と『野翁物語』に記してある。

しかしその間に新進力士が台頭し、文政十一年（一八二八）に阿武松緑之助に、小野川去って三十年ぶりに横綱免許があり、二年後に稲妻雷五郎も免許を受け、伯仲した熱戦を見せて、再び相撲隆盛期を招き毎場所土俵を賑わせた。文化・文政の相撲界は、寛政の卓絶した巨人力士が龍虎の争いを演じたのに対し、力量の互角の力士が、技能で勝負を争った時代ということがいえる。また文政六年、十三年二回の将軍上覧相撲は、文政期の相撲人気を示すものであって、立神、緋縅、鳴滝、千田川、源氏山、有馬山、四賀峯など多くの名力士が出現した。

ついで天保十一年（一八四〇）にいたって不知火諾右衛門が横綱を張って天保末期の土俵を飾り、同十四年将軍家慶の上覧相撲が行なわれた。阿武松、稲妻の対立は天保六年阿武松が先に引退し、稲妻の相手を手柄山と平石がつとめ、稲妻もまた十年に

現役時代唯一残る化粧廻し姿の陣幕久五郎

土俵を去って、土俵は沈滞期に入ったものの、鰐石（のち剣山）、天津風（のち秀ノ山）、稲川、不知火の台頭があってやや活気をみせた。

天保十五年を最後に不知火が引退、そのあとは弘化二年（一八四五）に小兵の秀ノ山雷五郎が横綱をうけて大関剣山谷右衛門と対立し、また新進の小柳常吉、鏡岩浜之助、荒馬吉五郎、御用木雲右衛門、猪王山森右衛門などが現われて、弘化以後の土俵を盛り上げた。秀ノ山―剣山の対戦は、弘化から嘉永初年にかけて十数年間、両者の全盛時代が続いた。

やがて世は攘夷開港の論議が沸騰し、幕政の末期症状をみせてきたが、相撲界は依然として古豪新鋭の対立で活気に満ち溢れていた。秀ノ山は嘉永二年将軍家慶の上覧相撲を最後に翌年引退、好敵手剣山も同五年に土俵を降り、小柳・鏡岩の両大関が対立したが安政三年（一八五六）に同時引退、六ッヶ峰（のち境川）、雲龍久吉が上昇してきて、同五年から万延にいたる間、雲龍・境川時代に入った。つづいて文久元年

（一八六一）には雲龍が横綱を免許され、さらに翌年境川引退とともに代って不知火光右衛門が大関に進出した。

幕末のころになると、番付編成も大名の暗黙の圧力を受けることなく、番付の序列は前場所の成績によって昇降するなど、一歩ずつ前進して不合理なことが少なくなり、また東西の力士の力量が不均衡な場合は、好取組を作るよう一部を入れ替えるなど、さして大名に気兼ねしないで改革し、相撲興隆に拍車をかけていった。

雲龍につづき文久三年不知火が横綱をうけ、雲龍、不知火と並んで豪華な横綱時代の土俵に移るが、当時幕内に響灘立吉、鬼面山谷五郎、陣幕久五郎、大鳴門灘右衛門、鷲ヶ浜音右衛門、小野川才助などの強豪三役が顔を並べ、土俵は活況を呈していた。雲龍がまず元治二年（一八六五）に退き、代って〝負けずや〟といわれた陣幕が慶応三年（一八六七）に横綱を授与されたが、同年十一月場所の番付を最後に江戸相撲を離れ、薩摩藩の御家大事で関西へ下り、戊辰戦争に奔走し、そのまま大坂相撲に帰参した。

いずれにしても、徳川時代最後の土俵は、新進古豪の大力士が群がり、騒がしい世情をよそに雌雄を競って繁栄を誇っていたのは、面白い現象である。

明治時代の相撲

文明開化と相撲の危機

徳川幕府三百年の終末が駆け足で迫り天下騒然とした動乱の世情をよそに、相撲界は新鋭古豪が土俵を賑わせて隆盛を極めていたことは興味深い現象である。そして、明治改元第一年（一八六八）の十一月冬場所は、例年通り変わらず両国橋袂（りょうごくばしたもと）の櫓太鼓（やぐらだいこ）を江戸の名残りそのままに響かせて十日間開催された。

この年の四月、江戸城の無血開城、五月上野彰義隊（しょうぎたい）の戦い、七月江戸を東京と改称、八月明治天皇即位、九月慶応を明治に改元というめまぐるしい政情不安の中で興行が催されたのである。これは、勧進相撲がただ単に盛り場における他の見せ物興行と違い、職業とはいえ正真なスポーツとして、相撲道といわれるほどの存在になっていたからであろう。なかには、庄内抱え力士で酒井家の軍に加わって主家に報いようと脱走した幕内朝日嶽のような者もいた。だが、明治維新による廃藩置県は、これまで長く大名の庇護の下に生活していた力士たちに大打撃を与え、また大名屋敷の撤去移転は東京の繁栄を奪い、市民は相撲どころでなくなり、相撲熱は急速に下火になっていった。

さらに、維新後は、文明開化の波がとうとうと流れ込んで相撲界に襲いかかり、明治六年には、太政大臣三条実美の名で「相撲興行は野蛮な遊戯なり、よろしくこれを禁止せよ」とばかり、「違式詿違条令」なるものが発令された。鹿鳴館時代のハイカラにうつつをぬかす新政府の若手官吏もこれに便乗し「裸踊りの野蛮な相撲は禁止すべきだ」と、排撃の火の手があがって、新聞紙上にも「相撲排撃の弁」という論文が堂々と載るような騒ぎになった。

このような、新政府の若手官吏による激しい相撲禁止論に驚いた相撲会所（今の協会）の幹部玉垣額之助、伊勢ノ海五太夫らは必死になって打開策を講じ、そして薩摩、長州、土佐の好角家の高官たちに応援を頼んだ。

その一人である安藤則命警視は、日頃贔屓にする幕内力士荒虎敬之助をひそかに招き「今の時勢では、相撲禁止論者を阻止するのは困難であるから、力士も国家のために奉仕できることを身をもって示さねばならない。それには、奉公の目的で消防別手組を組織してみてはどうか」と、案をさずけた。

安藤警視の入れ知恵により、相撲会所は「消防別手組組織致度者」（消防分団）旨の請願を、当局に提出した。だが、政府側では賛否相半し、反対側の主張は「力士は体が大きくて、機敏な動作を必要とする消防に不適当である」というのである。ついにこの反対論に押し切られて不許可になってしまった。

会所では、このまま押し切られては天下の笑いものになると「力士は決して動作がにぶくはありません」と再三願い出ると、当局も折れ「それではテストしてみよう」ということになった。

九段靖国神社境内で、千葉県房州出の漁師五人と、力士一人の綱引きをやり、これは力士が苦もなく勝ってしまった。ついで神社馬場で、足の速い選ばれた人力車夫と力士各八名が馬場の周辺を十五回走った。車夫は初めは速く、力士たちをどんどん追い抜いて行ったがしだいに遅れ出し、なかには倒れる者、血を吐く者もあったが、力士組は揃って完走して馬力と耐久力のあることを証明して及第した。

こうしてやっと許可が下り、別手組は幕下、三段目の力士五十六人で組織され市中でジャンと半鐘が鳴れば火事場へ飛んで行き、力があるから本職の消防夫以上の働きを示して市中の大評判になり、力士の存在価値を役人に認識させることに成功し「相撲禁止」の火の手も鎮めることができた。

また、九年の十月、梅ヶ谷ら一行が九州巡業中に、甘木(現・福岡県朝倉市)で秋月藩士の反乱に遭遇し、官軍の依頼で賊徒を捕え、これが絵入り新聞で報道され、また西南の役に力士たちが援軍して功名を立てること数々あって、禁止論の鋭鋒(えいほう)を和らげる状況にいたった。

相撲会所では、三ヶ年奉公し目的を果たした消防別手組を巡業に参加させるため、

力士を火消しに見立てた戯画。相撲排斥の火の手を消そうと消防別手組を結成した

十一年に解散許可を得るなど、苦肉の策はピンチを脱して一応の成功をおさめた。

しかし、その後も欧化主義者の相撲全廃論はあとを絶たず、明治二十六、七年ごろ再燃しはじめ、さすがの政府高官も扱いかねる形勢となったが、このとき、はからずも日清戦争の勃発(ぼっぱつ)となり、力士たちは軍役夫を志願して多数従軍し、尽忠報国の手柄をたてたので、これまでの「裸手踊り」などと誹謗(ひぼう)される不名誉をすっかり拭(ぬぐ)い去ることができた。明治中期までの相撲弾圧の火の手に再三陰から弁護をつとめ危機から救ってくれたのは、政府の元老である黒田清隆、伊藤博文、後藤象二郎、板垣退助(いたがきたいすけ)などの好角家であった。

また、明治四年に断髪廃刀令が実施され、相撲界は政府高官の計らいによりまげを許されたが、力士の生活は依然として窮乏にあった。こうした時流にとり残された会所幹部の運営に不満をもつ力士たちの中に、改革を迫る高砂浦五郎（初代）らは、六年除名されて、東京相撲と分離して名古屋に走り、改正組を組織するといったこともあったが、十一年には和解して復帰した。やがて東京相撲の実権を握った高砂は、新旧抗争のあげく、ついに江戸相撲の延長であった経営を改め、相撲会所を、「東京大角觝協会」と改称、勝ち星による給金の増額、十両力士の関取待遇を番付上明確にするなど、相撲規則を細目にわたって制定した。

一方、土俵は幕末の力士がそのまま維新後も活躍し、明治第一号の横綱免許（明治二年）が鬼面山に、横綱不知火は翌三年、独立した大坂相撲に戻った。ついで増位山改め境川浪右衛門が九年に五條家から横綱を許され、象ヶ鼻、綾瀬川、朝日嶽、梅ヶ谷を相手に境川時代を作ったが、相撲界は依然として沈滞期にあった。

このとき、大阪大関を捨てて東京相撲に加入し幕下から再出発した梅ヶ谷藤太郎（初代）が無類の強味を発揮し、彼の出現により、どん底にあった相撲界はようやく人気回復の兆しをみせはじめ、折から明治十七年（一八八四）の天覧相撲をきっかけに、極端な欧化主義に対して反動的に強まった国粋主義の高まりから一般庶民も再び相撲に関心をもつようになった。この儀式としての芝浜離宮における天覧相撲は、相撲節会が廃絶してから約七百年ぶりの盛儀であった。

天覧の直前、梅ヶ谷に横綱免許があり、彼の好敵手大関大達羽左衛門の出現、ついで剣山谷右衛門、西ノ海嘉治郎（二十三年免許）、小錦八十吉（二十九年免許）らの強豪が台頭してきた。明治初期は旧大名に代る薩長閥の政府高官伊藤博文、黒田清隆、後藤象二郎らが相撲の隆昌に尽力し、そのため横綱免許を天覧相撲に際し強請した例もあった。

伊藤博文から贈られた化粧廻しを締めた初代梅ヶ谷藤太郎

相撲道中興の祖——初代梅ヶ谷・雷権太夫

栄枯盛衰の相撲史をたどってみると、江戸時代には谷風、小野川、雷電という強豪力士によって、寛政の黄金時代が築かれたが、明治維新後火の消えたような東京の土俵に再興の曙光を与えたのは、先に触れた梅ヶ谷藤太郎（十五代横綱）である。そのため「相撲道中興の祖」または「大雷」の尊称を受けて敬慕され、ついに明治四十二年には相撲常設館（両国国技館）を建てるなど、ただ単に力士として強かったというだけではなく、余生は年寄雷権太夫として長く相撲道に尽し、今日の大相撲繁栄の礎を築いた偉傑で、その功績は相撲史上永久に記録される大恩人でもある。ここで梅ヶ谷についての略伝を紹介しておこう。

彼は筑前国上座（じょうざ）郡志波村字梅ヶ谷（現・福岡県朝倉市杷木（はき）志波）の家業が紙漉（すき）を主とする農家で父小江（おえ）藤右衛門と母トメの間に、弘化二年（一八四五）二月九日（戸籍簿は三月三日）二男として生まれ、藤太郎と名づけられた。

数々の業績を残し、大雷と讃えられた雷権太夫

幼少のころから怪童のほまれ高く、文久三年（一八六三）数え十九歳のとき大坂相撲の湊由良右衛門の弟子となり、故郷の地名をそのまま梅ヶ谷と名乗った。維新後の改元初の場所である明治二年（一八六九）三月小結、同三年三月早くも大関に栄進したが、この年の十二月師匠の許しを得て上京し、東京相撲会所（協会）の筆頭（ふでがしら）玉垣額之助の門に入った。

明治四年三月、梅ヶ谷は本所回向院の土俵を踏むことになったが、当時の東京相撲は上方（かみがた）相撲をはなはだしく軽視していた。相撲会所の年寄連中は、梅ヶ谷に対し冷酷無残なワリ（取組）を作った。「大坂大関といったって実力のほどはわからない、規則通りに番付外で取らせろ」と衆議一決、本中付け出しで取らせた。

しかし、梅ヶ谷に歯のたつ本中力士がいるはずはない。初日二日目と鎧袖一触、三日目から幕下格で扱われて幕下上位と対戦し七勝一敗。

毎場所好成績をあげながら出世は遅く同七年冬新入幕、十二年春には大関に昇進した。十七年二月、翌月の明治天皇天覧相撲を控え、横綱免許になったが、三つ揃いの化粧廻しを作る金がないため固辞したところ、贔屓の伊藤博文の肩入れで急場をしのぐことができた。維新後の力士は大関でも窮乏のドン底にあったが、この天覧相撲を契機に相撲熱はようやく復興の緒につくことになる。

翌十八年五月場所を最後に四十一歳で引退し、年寄雷権太夫の名跡を継ぐことになるが、梅ヶ谷の強豪ぶりは有名で、幕内総取組一四二番中、一一六勝六敗、引き分け、預かり二〇で負けは僅か六番にすぎない。五尺八寸（一七六センチ）、三十三貫（一二四キロ）の体格で、得意は鉄砲（上突っ張り）であった。

引退した梅ヶ谷は独立して、両国橋東袂にある自宅に雷権太夫の看板を掲げ、玉垣部屋に預けておいた大鳴門、剣山、鞆ノ平らを引きとり、たちまち大部屋の門戸を張ることになる。一方検査役（審判員）に選ばれると同時に組長（今の理事）に推され、二十一年にはさらに単独で取締に推挙されるなど、その人望は断然他の年寄が及ぶべくもなかった。

例えば協会で年寄仲間と碁を打ち、雷が敗れて黒石を持とうとすると、相手は「親方が白（城）を明け渡しては協会は持たないことになります」といって、いくら雷が負けても常に白石を持たされたという有名な話がある。

このように年寄、力士たちから敬慕されていたため、その功績は数限りなく、ことに先にも挙げた相撲常設館建設は顕著な業績である。これは二十二年六月に立案し、三十七年五月に計画が具体化、明治三十九年に帝国議会は「大相撲常設館国庫補助に関スル決議」を衆議院で可決に及んだ。回向院境内に完成

回向院の相撲風景（明治20年代中頃）

したのは、それから三年後の四十二年六月、延引したのは資金調達がはかどらなかったため。だが、雷の信用だけで担保なしに川崎銀行から十五万円という巨額の融資を受けることができた。当時梅・常陸の黄金時代という背景が常設館建設を促進したことはいうまでもないが、貧乏所帯の協会としては建設費の調達が先決問題であったわ

けだ。日露戦争の当時米一升十二、三銭のころだから、十五万円は大変な金額である。現在なら数十億円位の金額になろう。

彼は協会の大黒柱として相撲協会の運営に心をくだく一面、雷部屋で後進の育成につとめ、多くの名力士をその門から輩出させて、全盛時代を長く維持して、常陸山の出羽海部屋が台頭するまでは、一門は角界随一の大部屋を誇っていた。

大正四年養子の二代梅ヶ谷(横綱)の引退にあたり、雷の年寄名跡を譲って隠居したが、その徳望を敬慕して長年の恩恵にあずかる協会年寄は、旧雷を呼ぶに元老待遇の「大雷(おおいかづち)」の尊称をもってし、そののち協会に問題が起こるたびに、大雷の意見を聞いてその教えを仰いでいたという。

昭和三年(一九二八)六月十五日、両国国技館前小泉町の雷部屋隠居所で、老衰のため亡くなった。行年八十四歳。満で八十三歳四ヶ月になる。力士としては珍しい長寿であった。

両国「国技館」開館

明治二十八年(一八九五)、日清戦役の勝利により、国途の隆盛とともに相撲界は急速度に復興の波に乗ったが、その背景には職業相撲の衰退に拘らず、農村における村の奉納相撲(土地相撲)が、依然として根強い流行をみせて、職業相撲の力士養成所としての役割を果たしていたという見逃せない事実がある。これは一年の大半を巡業相撲（稼業相撲）に出向き、その際土地相撲の飛び入りを歓迎して、その中から有望と思われる者をスカウトする江戸時代から続く慣習があったためであり、農漁村は職業相撲の供給源でもあった。

二十九年（一八九六）には、長らく相撲界の独裁者として君臨した初代高砂の横暴に対し、第二の革新運動（反高砂運動）が西方力士全員から起こり、この事件によって協会規約が改正され七十条の規約が発表され、高砂は権力を失って隠居することになる。（註・三一八頁、「その二、中村楼事件」の項参照）

その間、大鳴門灘右衛門、一ノ矢藤太郎、大戸平広吉、朝汐太郎（初代）、一九五センチの巨人大砲万右衛門（三十四年免許）などが進出、ついで三十八年（一九〇五）の日露戦役の大勝利は国民一般に尚武の気風を滲透させ、こうした背景として梅ヶ谷（二代）、海山太郎、荒岩亀之助、不世出の豪勇常陸山谷右衛門の出現を見るに至り、常陸山・梅ヶ谷の両横綱（三十六年同時免許）が相対する「梅・常陸」の黄金時代を迎え、相撲界は寛政の谷風、小野川以来、史上空前の繁栄期を招来したのである。

こうした好況に刺激されて、四十二年六月、これまでの相撲定場所であった両国回向院境内の一角に、相撲常設館が完成し「国技館」と命名された。それまでは江戸時代からの野天の小屋掛けかテント張りのため、「晴天十日間興行」が、雨、雪が降る

相撲常設館開館記念の絵葉書

と休場になり、十日間の興行が一ヵ月近くかかることも珍しくなかった。それが晴雨にかかわらず、これまで二千人前後の収容人員が一躍一万三千人も収容できるようになり、相撲見物は全く大衆のものとなった。

本所回向院境内が、天保四年（一八三三）から年二回の相撲定場所になる前は、浅草蔵前八幡境内、深川八幡、本所八幡御旅所、芝神明社（しばしんめいしゃ）、神田明神、市ヶ谷八幡、芝西久保八幡、深川三十三間堂、茅場町（かやばちょう）薬師堂、本所回向院と興行場所は一定していなかったが、国技館ができるまで七十六年間は回向院が常打ち場であった。なお、興行日数は小屋掛けであったため、初め晴天八日間であったのが、安永七年（一七七八）から十日間になり、明治、大正時代まで続いた。

国技館開館を機に諸制度が改革された。江戸の寛政のころから千秋楽（最終日）は、幕内力士は出場せず、幕下以下であったのが、全幕内も十日間皆勤するようになった。さらに協会では東西制優勝制度を設け、東西に分かれた陣営で幕内の勝点の多いほうに優勝旗を授与することになった。これにともない時事新報社（現・毎日新聞社の前身）から個人の最優秀者に優勝掲額の写真が懸賞に提供された。これはのちの個人優勝制度の端緒をつくり、相撲への興味はさらに深まったが、個人優勝掲額は協会の制度でないため、相手が休めばこちらも休みになり、不戦勝不戦敗がなく、また引き分け預かりがあったので、甚だ不合理な面があった。これは東西制の対立感情から、連勝する相手に優勝掲額を与えたくないときは、対戦の日に休めば、相手も休まざるを得ないという悪弊も生じた。

またこれまで横綱は大関の称号として「横綱大関」であったが、この開館場所から、横綱を大関の上におく階級として、初めて明文化したのは画期的なことであった（註・一〇四頁「番付の横綱は明治中期」の項参照）。なお翌四十三年六月からは、江戸時代から裃（かみしも）姿であった行司衣裳が、鎌倉時代の烏帽子（えぼし）、鎧下直垂（よろいしたひたたれ）姿に改められた。

明治の末、天下のファンを二分した「梅・常陸」に代って、太刀山（たちやま）、駒ヶ嶽の対立が人気を呼び、相撲界は好況にわきかえっている明治四十四年一月場所直前、力士一同は相撲協会に対して、特別給金を支給するよう待遇改善の要求書を出し、これを両

常陸山の引退相撲にて、太刀持ち太刀山と露払い梅ヶ谷

横綱（常陸山、梅ヶ谷）と四大関（駒ヶ嶽、朝汐、西ノ海、国見山）に交渉を依頼するという事件が起きた、再三にわたる交渉も、協会側は国技館建設の借金利息が多額のために応じられないという回答に、ついに関脇以下十両以上五十四名は、独立興行をめざし新橋倶楽部に籠城し、土俵を築いて稽古を始めた。この力士ストライキが社会問題に発展することを恐れた警視総監は調停にたち、さらに両横綱の斡旋もあって、初め強硬だった協会側も譲歩し、協会と力士団の険悪な対立は解けて、力士たちは部屋にもどり、延引していた春場所は二月に行なわれた。このストライキによって、さらに協会の制度が改善され、引退力士に対して養老金（退職金）支給の途が開けた。これを「新橋倶楽部事件」という（註・三一

九頁「新橋倶楽部事件」の項参照）。なお両横綱の斡旋案の中に、十日興行を延長して十五日間にし、その五日間の収益を力士の給金増額に充てるようにとあったが、この常陸山案は力士側の反対にあって採用されなかった。また協会譲歩の理由に、調停に立った両横綱の顔を立てるという意味があり、当時の横綱は今では想像もつかぬほどの権威があった。

　職業相撲の繁栄に刺激されて、四十二年ごろから東京において、プロに対するアマチュア相撲を意識した文士押川春浪を中心に江見水蔭らによって結成された天狗倶楽部がアマ相撲の最初で、関東、関西の文士、紳士相撲の対抗戦を開催したのは画期的なことであった。本来、農耕儀礼をともなう村の鎮守社における奉納相撲が、アマ相撲としての相撲史の本流ではあるが、プロ相撲に対する明確なアマ相撲の意識はなく、セミプロ化した土地相撲を含め、一般に素人相撲といわれた。

　これより先、明治三十三年（一九〇〇）に当時の東京高等師範学校長嘉納治五郎が、学生体育に相撲を加えることを提唱したのが学生相撲の始まりで、これを具体化したのは文士相撲・紳士相撲の人々であった。天狗倶楽部結成の年に学生を指導して初めて学生相撲大会を開いたが、出場者は多く柔道選手であった。学生相撲は年を追うごとに盛んになり、大正八年（一九一九）秋、堺市大浜公園で、第一回全国大会を開き、翌年には関東、関西に学生連盟を結成、制度と組織のあるアマチュア相撲が確立した。

このころから昭和初期にかけて、プロ相撲を圧倒するほど人気が高まり、会場は常に超満員の盛況であった。

大正・昭和時代の相撲

両協会の合併調印と年間四場所興行

大正初期の土俵は太刀山の独り天下となって、第一次大戦後の空景気とともに短期間の繁栄に終った。鳳(おおとり)、二代西ノ海、大錦卯一郎(おおにしきういちろう)、栃木山(とちぎやま)、常ノ花(つねのはな)らの横綱が出て、古風な四つ相撲は、近代的でスピーディで多彩な相撲に脱皮していった。しかしその相撲人気も大正の中ごろまでで、七年の米騒動のあと、失業者は巷(ちまた)に溢れ、不景気風は相撲界にも吹きこんで、場所ごとに入場者は減少し急速度に衰退期にはいる。

大正十二年一月場所開幕の直前、力士会は協会に対し待遇改善の要求を提出して、三河島の工場に幕内、十両、行司七十九人が籠城した(註・三二〇頁「その四、三河島事件」の項参照)。このときも警視総監が調停にたち、事件はわずか九日目で解決したが、力士要求の退職金増額捻出(ねんしゅつ)のため、次の五月場所から場所日数を一日ふやし、十一日間興行することになった。これまで〝一年を二十日(はつか)で暮らすよい男〟といわれた相撲取は、一年二場所二十二日間の本場所をつとめることになった。

同年九月の関東大震災で両国国技館を焼かれた相撲協会は、再建費の負債に苦しみ、力士生活もまた窮乏のドン底にあえいでいた。このころ同じく経営難の大阪相撲協会と合併問題がおこり、たびたび話し合いが行なわれたが、内容的に組織の体質が違うため意見が合わず物別れになっていた。十四年に摂政宮殿下（昭和天皇）から下賜された金一封によって優勝摂政宮盃（後の天皇賜盃）を作製した協会は、このトロフィーの光栄を東京協会だけ独占するのは畏れ多いという大義名分を掲げて大阪協会に迫り、これを機に両協会の合併調印をみることになった。ついで同年十二月財団法人・大日本相撲協会が発足し、江戸時代からの両相撲集団もついに一本にまとまったのである。

大正末期に大錦、栃木山が相ついで土俵を去ったあと、わずか常ノ花、三代西ノ海の両横綱の対立と、巨人出羽ヶ嶽の見世物的人気でかろうじて命脈を保っていたが、この間に能代潟、小野川、玉錦、清水川のような名力士が進出してきていた。なお、優勝賜盃の設定による個人優勝制度が確立したのにともない、連盟相撲から引き分け預かりを廃止して取り直させることになり、また相手方休場による不戦勝制度も適用されるなど、江戸勧進相撲以来の勝負規則に大改革を実施した。

東西合併の土俵は、昭和改元の二年（一九二七）一月場所から実現し、前年の合同番付を作成するための東西連盟相撲の結果、多くの大阪力士はふるい落とされ、幕内には大阪横綱宮城山ほか五名、十両五名、幕下以下七十六名、年寄（大阪頭取）十七名が編入された。大阪相撲の合併にともないこの年から関西本場所を春秋二回持つようになり、年間四場所興行になった。初めは関西場所の成績による関西番付を編成したが、不合理な弊害が出たため、四年からは東京、関西両場所の成績によって、番付は一月、五月の二回発行することになった。

大正15年1月土俵上で披露される摂政宮盃（天皇賜盃）

しかし、学生相撲の隆盛、野球などの近代スポーツの流行に圧迫されて、職業相撲は不振をきわめたが、これは力士の急激な素質の低下と不景気な世相に原因があった。打開策に苦慮する協会は、ラジオの実況中継放送に踏み切り、放送時間に合わせて、力士の仕切時間を制限するという決断を下した。これまでは仕切時間は無制限で、三、四十分間以上も〝待った〟をする力士もいて観客を退屈させたが、幕内十分、十両七分、幕下五分と制限され、また土俵中央に仕切り線を設け、頭と頭をつける立ち合いにくい仕切りを排除した。

さらに昭和五年五月から土俵上の四本柱を背に控えた勝負検査役は土俵下に降り、従来の四名から正面に検査長をおいて五名となった。

このころには、大型力士の武蔵山、男女ノ川（みながわ）、天龍などが続々出て来て、数年ぶりに大入満員の札が出るようになり、復興の兆しを見せはじめた。

双葉山登場と昭和黄金時代

六年五月から土俵の直径を十三尺から十五尺に拡大して、相撲技に大きな変化が生じ評判になったその矢先、七年一月場所新番付発表の直後、当時出羽海一門で固めていた西方幕内二十名、十両十一名が、相撲道改革をとなえて品川大井町の中華料理店春秋園に立て籠（こも）り、協会に十ヵ条の要求書を突き付けるという大ストライキが勃発して世間を驚かした（註・三三頁「その五、春秋園事件」参照）。指導者の関脇天龍三郎に賛同した大関大ノ里万助（おおのさとまんすけ）らは、要求を入れられずと見るや、マゲを切り新興力士団を組織して協会を脱退、一方これに呼応した東方幕内、十両力士の大半も革新力士団をつくって両者結束し、相撲界は未曾有（みぞう）の混乱に陥り、協会は奈落（ならく）の底に叩（たた）き落とされてしまった。

協会は幕内残留力士が僅か十一名では番付編成もできず、十両、幕下力士を幕内に引き上げて変則な改正番付を編成し、二月に開場した。協会異例の部屋別総当たり、八日間興行はガラ空きであったが、天龍一派の根岸における旗揚げ興行は連日満員であった。しかし、翌八年一月、脱退組から多数の人気力士が協会に復帰したので、国技館は連日満員となり、協会も重大なピンチを切り抜けることができた。一方復帰を断って初志をつらぬこうとした力士は天龍、大ノ里を中心に、大阪で関西角力協会を結成したが、時利あらず十二年末に解散し事件の終結をみた。

協会は春秋園事件を機に、八年からは関西本場所を中止し、東京における春、夏の年二回の興行にもどったが、この年に玉錦が横綱として初登場、六年から横綱が一人もいない土俵だっただけにファンは喝采で迎えた。つづく十年武蔵山、十一年男女ノ川に横綱が許された。この年の五月関脇に躍進した双葉山（ふたばやま）は、全勝街道をひた走りに走る六十九連勝の大記録へスタートした。

大井町中華料理店春秋園に立て籠った天龍

　不世出の英雄双葉山の出現は、十二年五月から興行日数を十三日間に延長したが、それでも観客を収容できず、

立浪三羽烏　名寄岩・双葉山・羽黒山（左から）

さらに十四年五月から十五日制になり、戦時下の時局に合致した娯楽として国民の関心を集めた。観客は英雄双葉山を一目でも見ようと、前夜の夕刻から国技館を取り巻き、翌日の相撲を見るという騒ぎで、相撲界は空前の昭和黄金時代を現出した。双葉山につづいて羽黒山、安芸ノ海、照国と絢爛豪華な四横綱土俵入りを披露していたころから、太平洋戦争の暴風は、次第に相撲界にも吹きはじめ、戦局の悪化にともない力士たちは軍事教練から勤労報国隊を組織して、各地の軍需工場に散って行き、やがて敗戦を迎えた。

戦後と爆発的な相撲ブーム

空襲で被災した国技館は占領軍に接収され、相撲部屋を焼亡した力士たちは、食糧難の東京をあとに地方巡業で露命をつないでいた。相撲は戦後急速に復活した野球熱におされて人気なく、二十二年秋には三賞の制度をつくったが、力士に授与するトロフィーもない有様だった。興行地も明治神宮外苑、浜町公園と、場所ごとに転々としていたが、二十五年一月、浅草蔵前に、海軍機格納庫の払い下げ鉄骨を使って仮設国技館を建て、ここを本拠地にしてから、ようやく復活の軌道に乗りはじめた。この年に横綱推薦の諮問機関である横綱審議会（横審）が設置され、翌二十六年には約二百年間の長きにわたって相撲界に君臨していた熊本の吉田司家（追風家）の権限が大きく変革した。協会は横綱が力士階級の最高地位であることの再確認を行なうと同時に、横綱昇進は協会の番付編成会議で推薦し、審議会に諮問して決定することになった。その第一号として、この年の夏場所優勝した千代の山が協会から免許され、熊本の吉田司家は、伝統的な形式だけの存在として残された。

戦後の相撲風物で最も目をひくのは、明治の国技館開館のとき撤去され、四十三年ぶりに二十七年から復活した、色鮮やかな力士幟であった。またこの年の九月に、伝統の四本柱を、土俵を見易くするために取り払って、代りに吊り屋根の隅に四色の房を吊り下げるという改革をやってのけた。なお千秋楽のみ行なっていた弓取式を、ファンサービスに連日行なうようになったのもこの年からである。

昭和二十八年五月にはＮＨＫのテレビ中継の放送開始も手伝って、俄然相撲熱が上昇し、この年から四場所制になって戦前に劣らぬ活気を見せはじめ、一般の相撲への関心を呼び戻すことに成功し、二十九年秋には蔵前国技館が落成した。

その間、前田山、東富士、千代の山、鏡里、吉葉山、栃錦、若乃花、朝潮などの強豪、名力士が続々と登場し、昭和第二期の黄金時代「栃若時代」の白熱した土俵が展開し、電気店の前にファンが黒山のように群がって観戦するという風景が見られた。そして三十二年から五場所制、翌年にはさらに六場所制と飛躍的に発展した。

爆発的な相撲ブームは、テレビ中継に民間の日本テレビ、TBS、フジテレビ、教育テレビ（NET）など一時は五局が競って放映するほどだったが、一方には、相撲協会の運営のあり方について、商業主義ではないかという批判が衆議院から出て、協会幹部、天龍らの証人が喚問され新聞を賑わせた。その結果、二階桟敷を椅子席に改造、相撲茶屋は相撲サービス会社と改名するなど、協会はその対策におおわらわであった。

栃若時代に代って、三十五年から柏戸、大鵬の柏鵬時代に入り、〝剛〟の柏戸に〝柔〟の大鵬が展開する土俵は、その後九年間も本場所を沸きたたせた。しかし柏戸が四十四年に引退したあとは、大鵬一人で土俵を支えきれず、いちじ相撲熱は後退したが、栃ノ海、佐田の山、玉の海、北の富士、琴櫻と、土俵はつねに新陳代謝を繰返して隆盛に向かっていた。その間四十年一月には、純然たる部屋別総当たり制を実施するなど、一門同士の対戦は新たな好取組を生んで好評だった。

四十三年、若乃花の実弟貴ノ花が入幕し、学生横綱出身の輪島とともに熱狂的な人気を招き、つづくニッパチ組（昭和二十八年生）の北の湖、若三杉、麒麟児などがあとに続き、相撲界はいよいよ輪湖時代という時を迎えていた。そして大関魁傑、若三杉、貴ノ花の横綱候補がくつわを並べ、昭和第三期の黄金時代に突入する胎動を見せつつあった。

〈編集補記〉

昭和四十七年、ハワイ出身の高見山が初の外国人力士優勝を果たし、国際化への先駆けとなった。翌年、日中国交正常の記念として、中国公演を実施、その後メキシコ、ニューヨーク、パリ、ロンドン、オーストラリア、ブラジル、韓国など海外公演も一層盛んになっていった。学生横綱輪島の横綱昇進を機に学士力士への門戸を広げる効果をもたらした。怪童北の湖が横綱となって五十年代は輪湖が熱戦を繰り広げた。その間隙をぬって角界のプリンス貴ノ花の二度の優勝に沸いた。

五十年代後半には貴ノ花の後継者と言われ、ウルフと呼ばれた千代の富士の独壇場となって大鵬に肉薄する三十一回の優勝を残し、不世出の大横綱双葉山に迫ろうかという五十三連勝は昭和最後の九州場所で終わりを告げた。六十年には日本相撲協会の念願であった新両国国技館が完成。

こよなく相撲を愛した昭和天皇は昭和三十年一月、初めて国民と共に国技館で大相撲を観戦されて以来六十二年まで実に四十回を数えた。六十四年正月七日朝、崩御。大正時代の摂政宮時代のご下賜金で製作された天皇賜盃を抱くことが今も力士たちの夢である。

六十三年に入門した元貴ノ花の息子若花田、貴花田兄弟の若貴ブームを現出。さらには高見山がスカウトしたハワイの曙が同期入門し、三人共に横綱まで極め、平成時代の前半の大相撲を牽引し、人気は沸騰した。その後アメリカ勢の曙、武蔵丸が去った後は、モンゴル勢の朝青龍、白鵬、日馬富士、鶴竜が相次いで横綱に上り、ヨーロッパ勢の琴欧洲、把瑠都が大関に昇進するなど、まさにグローバル時代に突入した。

一方で、人気に水を差す、大麻所持、暴力事件、八百長、賭博事件などの不祥事が相次いで起こり、協会のガバナンス、部屋の運営などが大きく問われる時代にもなった。貴乃花が去った後は朝青龍の独壇場、そして後輩白鵬が大躍進し、数々の記録を塗り替える偉業を達成している。

十四年の長きにわたり、日本出身の横綱力士が不在であったが、平成二十九年には待望久しい新横綱稀勢の里が誕生した。日馬富士との取組で大怪我をし、最後まで癒えることなく平成時代最後の初場所に惜しまれつつ引退した。

令和の時代に入り、次世代交代、群雄割拠の時代に入り、名門高砂部屋の星、太刀山以来の越中富山の出身、大関朝乃山のさらなる躍進が期待されている。

II 横綱

横綱の起源

地面の綱が「横綱」

横綱免許が今日のような形式をとるようになったのは、江戸勧進相撲の基礎と制度が全国的に確立した寛政元年（一七八九）谷風梶之助、小野川喜三郎のときからである。それ以前にも横綱に関係のある儀式はあったが、内容も意味も全く相違していた。横綱の発生、起源について記された古文書はほとんどない。国立国会図書館と相撲博物館（日本相撲協会内）に所蔵されている同一文献が唯一のものである（多少、字句が違うくらいである）。

安永二年（一七七三）の行司式守（しきもり）五太夫手記の伝書に、五條家（吉田司家とは別の相撲の家）のものと推定される文章がある。式守五太夫は、初代伊勢ノ海五太夫が行司家としての名乗りといわれ、五太夫が土俵に上がって勝負を裁決したことはない。この弟子から式守伊之助（いのすけ）（初代）が出る。この五太夫については、番付に載ったことが一度もないので、行司としては認めがたいという説もあるが当時の古文書には時折り名を見せているので、全く架空だという推測はとらない。過渡時代には、こうした存在もあり得る（註・一八七頁「謎の式守五太夫」参照）。それはさておきこの古文書は、少し難しいが大事な史料なので次に紹介しておこう。

関取一人に限り最手（ほて）の官、並（ならび）天長地久之法有（あり）、是は横綱之伝とて等閑にゆるし難し

地理宝鑑横綱之図　委口伝（くわしくくでん）

惣而（そうじて）皇宮を材建し城を築き囲（かこい）をなすに、其地の上へ、右のごとく四十九土に綱を引き、善土凶土の印（しるし）を成し、力士二人、結神緒（むすびのかみのを）を懸けて六根清浄の地踏（じふみ）をなし、凶土を取って善土を写（うつ）す。是を横綱の伝と云（いふ）

破	危	成	収	開	閉	建
執	建	除	満	平	建	除
定	閉	開	閉	定	除	満
平	開	収	建	執	満	平
満	収	成	危	破	平	定
除	成	危	破	執	定	執
建	閉	開	収	成	危	破

地理宝鑑横綱之図

天穂日命、大背飯三熊大人十三世野見宿禰、我家の祖也
正二位五条前大納言菅原宣美

前頁の図表で、七七＝四十九の碁盤目型に配置した十二個の文字は、昔日本に伝来した古代の中国暦法にある十干、十二支についでの十二直、または十二格であって、十二直というのは、この十二個の文字が、それぞれ干支に直たることからきている。昔はこれを暦に用い、毎日干支の下に記して、吉日、凶日をみたのである。

図表にある十二直の文字の読み方はそれぞれ意味を持っているが、複雑なので略すことにするが、その文字の意味で、日常生活の吉凶を、今の大安とか仏滅より詳しく指示してあった。こうして、四十九土を綱で分けた文字の吉凶の意味から、善土、凶土の印をつけて地踏みしたものである。

この史料をみると〝横綱〟は現在のように力士の最高の階級や位置を示すという意味は全くない。当時の力士最高の最手（大関）に限り、口伝で許された。口伝とは、作法の奥儀などを秘密に言葉で伝授することで、この作法を教えられた力士が、地鎮（じしずめ）の法を行なったわけである。そして、この地鎮のとき綱を引き結神緒を懸けて地鎮み（四股踏みと同じ動作）をしたことが、後になって、谷風、小野川の横綱土俵入りの根源となったものであるが、この文書にある「結神緒」について、記さ

れていることを意訳し略記しておこう。

(前略)人皇六十五代、花山院のとき、皇后宮御懐妊にさいし、新殿造営の折から相撲人(力士)を召され、褌の上に結神緒をかけて五体を清め地ならしをなす、その後、人皇百十九代明正院(光格天皇)のとき、寛永元年(一六二四)の年、上野寛永寺開山の節、相撲人を召され、結神緒をかけて地堅めをなす。三代将軍家光公の御代なり。その後、元禄十一年(一六九八)寛永寺中堂建て候節、相撲人召され、古例の如く、地ならし、足踏みをなす。綱吉公の御代なり。

この文献以外にも、力士が地鎮の地固めをした例は多いと想像されるが、このとき、身を清める意味で、結神緒をかけて四股の地踏みを行なったとある。この地固めの儀式作法は「天長地久」の法といわれ、これを許されることが、横綱之伝の「許」であったわけである。「地踏み」とは力士が四股を踏む意味の古い言葉で、地踏みすることによって、地霊の邪神を祓うという信仰が昔からあって、選ばれた強豪力士による力強い四股踏みは、ことに霊験あらたかであったわけだ。

儀式にすぎない「横綱之伝」

以上のことを要約して言いかえると安永のころまで、城や屋敷を建てるとき、当時の最強力士である最手（大関）を一人または二人招いて、地鎮祭の地固め式をした例が多くある。その際、相撲の家元から、式に出場する資格を与えられることを、「横綱之伝」を許したといったのである。今でもビル建設のときや、住宅を建てるとき、神主が、紙垂をつけた注連縄を張り、地の神を鎮める地鎮祭を行なうが、それと同様に、当時は力士を招いて、お祓いの地踏み（四股）をさせた儀式の「秘伝免許」をさして「横綱之伝」といったものである。

（寛政３年）谷風、小野川の『横綱土俵入』の図（勝川春英画）

これが時代の推移とともに転化して、寛政の徳川将軍上覧相撲に際し、初めて谷風、小野川が土俵入りの四股を踏み、横綱（注連縄）を腰にまとうようになり、古くからある幕内土俵入りにならい興行のときにもセレモニーとして、土俵上に一人で演じて好評を得たのである。

すなわち善土と凶土を区別するために、地面に張った横綱と、身心を清める意味の「しめなわ」とが混同され、その「しめなわ」を横綱と称し、それを化粧廻しの上に懸けることに重点がおかれるようになったのである。この免許は、本来は、相撲の家元である京都の五條家で行なわれたものだが、享保の末ころから次第に台頭してきた九州熊本在住の吉田追風（もと五條家目代）の家にも、この「伝」が伝えられ、更にその故実を門人にも伝授するようになったものである。吉田家は、熊本藩五十四万石細川家の百五十石取りの家臣で、寛政三年（一七九一）の上覧相撲を控えて元年に行なった横綱免許（土俵入りの免許）をきっかけに、幕府から公に認められ、肥後の大藩をバックに、全国の力士と行司を統制する権威を与えられたのである。

江戸時代の横綱は強豪大関に与えられた称号ではなく、将軍家などの上覧相撲の機会に、特に選ばれた強豪力士に「横綱土俵入り」の免許を与えたもので、重点は土俵入りの儀式にあったわけである。従って当時は、「横綱谷風」という呼称はなく、番付も大関であった。ほぼ同時代の超強豪力士の雷電為右衛門、文化時代の強豪大関柏戸利助、玉垣額之助などが、吉田司家から横綱免許を受けなかった理由も、こうした正式な上覧相撲のチャンス（機会）に恵まれなかっただけのことである。

番付の横綱は明治中期

江戸時代から明治初期のころまでの「横綱」とは、選ばれた強豪大関の横綱土俵入り免許であったが、次第に大関の強豪を意味する称号に転化し、内容的にも変わってきた。しかしまだ地位ではなく、番付に横綱の文字が記されたのは明治二十三年（一八九〇）五月場所の初代西ノ海嘉治郎からである。

この場所から前例のない四大関の出現により、（それまでは東西の大関は一人ずつが原則）場所前に横綱を免許されていた大関西ノ海が、それも成績は小錦につぐ第二位であったため張出大関になることに不満を訴えたので、困った師匠の高砂取締は、非常手段として、番付面に前例のない「横綱」を明記して西ノ海を納得させた。これが横綱を地位化する前提となり、三十六年夏、常陸山、梅ヶ谷の両横綱が番付欄内の正位置に東西へ置かれたときから、階級として認められたといえる。

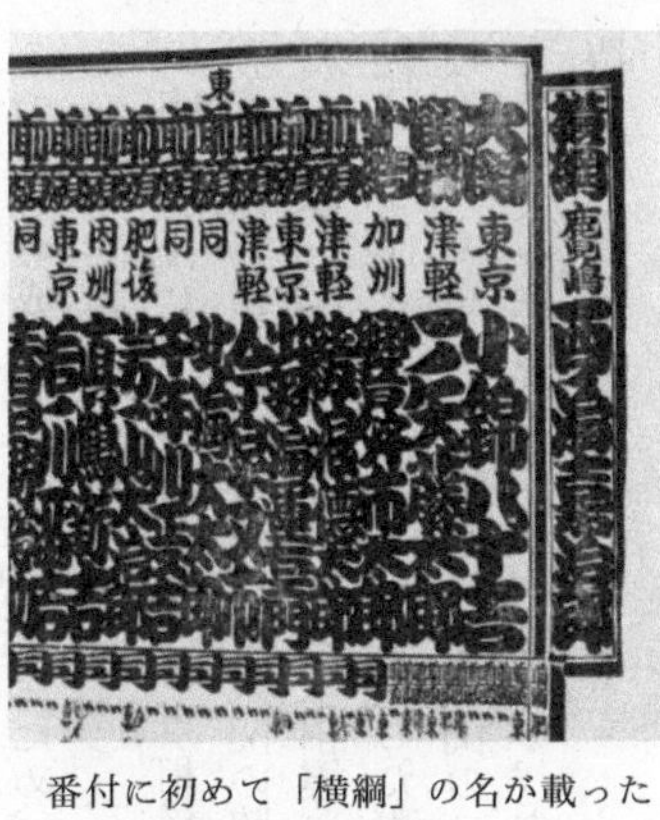

番付に初めて「横綱」の名が載ったのは明治23年5月場所

しかし、横綱を階級地位として協会が成文化したのは、両国国技館が開館する四ヶ月前の四十二年二月である。その時の「大相撲組合新規約」の追加改正の一項に「横綱大関の称号は従来最高級力士と称せしも、爾来最高地位の力士と改称す」と公表した。

その後この成文の字句が曖昧なため、更に横綱を大関の上の最高地位として再確認したのは、昭和二十六年（一九五二）一月場所のことである。

明治のはじめ、江戸相撲（東京相撲）から独立した京都・大阪相撲協会の番付には五條家から横綱免許を受けた大関の脇に、小さく「横綱土俵入」と明記し、番付に横綱の文字を出したことで、東京相撲に先鞭をつけたが、横綱というものが、土俵入り儀式を主眼としたことは、こうした事実によってもはっきりしている。これには興行政策上、セレモニーとしての大関の「横綱土俵入」を見せる目的が推察される。併せて日本人の生活にくいこんでいる、古来の神道からくる思想が、相撲の伝統として保持されている現われといえる。

「歴代横綱」という発明

本来は、地鎮祭に行なった地踏み式を、土俵の上に相撲の儀式として演出した吉田司家の政治的興行手腕は、非常にすぐれている。しかし徳川封建時代の法令として、前例のないものはいっさい許可にならないのがしきたり。そこで、吉田司家は寺社奉行に願書を出し「もっともその儀は、先年丸山権太左衛門、綾川五郎次などと申すものども、右横綱の伝授申し請け候儀に御座候」とあって、その記録などは焼失したと、形式を整えて無事に谷風、小野川二人の土俵入り（横綱之伝）の許可を得たわけである。この文書が明治二十八年ごろになってから、大関と切り離して歴代横綱の代数をつくるときに、綾川、丸山を歴代に加える根拠になった。横綱を大関力士として最大の名誉とし、一般大関と区別し、称号のように扱って〝代数〟をつけることを考え出したのが幕末の横綱陣幕久五郎である。彼は引退後の明治二十八年ごろ、東京深川の八幡宮境内に横綱力士碑を建てる寄付金を募集した際に文書を作成した。

その時初めて初代明石志賀之助から十六代西ノ海嘉治郎までを列記した代数をつくり「横綱力士累代姓名」という一覧表を配布した。それまでは「大関鑑」(一覧表)が幕末のころ刊行されていて、横綱免許の名誉を得た大関もこの中に入っていて別個に扱われたことはなかった。また地位、階級でもない横綱を、何代目と考える必要もなかったわけである。陣幕が発表した歴代代数について、当時の相撲関係者からは賛否両論で、良識ある研究家は、谷風をもって始祖とすべしという論が行なわれ、今なお強く主張されて定説になっている。

負けずや、建碑狂ともいわれた
陣幕久五郎

初代といわれる寛永の明石志賀之助

は侠客ものの講談や物語で有名で、強豪力士を意味する「日下開山」といわれたという伝説から、陣幕がとりあげたまでで、根拠ある史実は全くなく、吉田司家の古文書にもない。ただ、追風文書に綾川、丸山を「故実門人」として免許した記録を、吉田追風がうまく利用したまでのことである。丸山は、おそらく地踏み式の「横綱之伝」を許された力士と解釈すべきである。綾川が関脇の位置にいる古番付が残っているだけである。

なお二代目については研究家が綾川のほかに元禄の両国梶之助、または源氏山綱五郎などを推して、色々な説があったが、陣幕の代数どおりに一応落ち着いたのは昭和の初頭である。現在では協会も吉田司家も、この歴代数に従って呼んでいるが、一九二〇年代の大正末まで、吉田司家公認の二代目は源氏山で、綾川は挙げていなかった事実がある。

明石志賀之助が相撲の始祖

信憑性なき実像

歴代横綱の伝記を書こうとすれば、いやおうなく、幕府の好事家により勧進相撲の始祖と祭りあげられている明石志賀之助に触れなくてはならない。初代から三代までは横綱の確証がないから、谷風梶之助から正しく数えるべきであるという説は、歴代横綱が設定された明治中期のころ唱えられてすでに久しい。では、いったい明石志賀之助なる力士がいつごろから文書に現われてきたか、これを詮議するのが正しい調べかたの糸口といえよう。

行司が書き残した一番古い記録は、盛岡市にある岩井流の巻物七巻（延宝四年〈一六七六〉）と同時代の『相撲強弱理合書』の写本である。次に、明石のいたという寛永より九十年後の正徳四年（一七一四）の奥書がある『相撲家伝鈔』。これは木村庄之助の流祖という木村喜左衛門政明の跡目の行司、木村喜平治助正が記したもので、この『相撲家伝鈔』の文中に初めて明石の名が出てくるからその個所を抜粋して略記する。

（前略）……灘のひびきという讃州の相撲大坂にて興行す、権現公（徳川家康）江府御入国の時、古関貫という相撲取、神田明神の原にて興行す、此時までは已が（このあと数字不明）その後明石鹿之助後に志賀之助本郷に一世一代す、此時より見物より札銭をとり初む。（以下略）

この家伝に出てくる木村喜左衛門は、実在の行司で、元禄十一年（一六九八）夏大阪南堀江興行の番付にも記載されてある。貞享〜元禄〜宝永年間まで土俵にあがっていた高名の行司で、当時第一人者であったが、庄之助とは別系の名行司である。

次に、宝暦十三年（一七六三）出版の『諸国新撰・古今相撲大全』（以下、『古今相撲大全』）下巻には、明石のことを次のように載せてある。

江戸勧進すまふの始は、人皇百十代明正（明正は誤り、後水尾天皇）院御宇、永元子のとし、明石志賀之助といへるもの初めて寄相撲と号（なづ）け、四ッ谷塩町において、晴天六日興行いたせしが最初なり、今宝暦十三未年まで、百三十九年に及ぶ、其後故あって三十七年中絶し人皇百十二代後西院御宇、寛文元丑年年すまふ年寄申合、御願申上、御赦免ありしより相続す、今年迄百三年に成る。

『古今相撲大全』は、当時としては、画期的な相撲百科ともいえる相撲本であるが、相撲故実にいたっては、はなはだ眉ツバな記述が多く、信憑性がないことは、明治初年に『故事類苑』を編纂した国学者が早くから指摘している。

いずれにしても以上の記録によれば、『相撲家伝鈔』には明石が本郷で興行したことが、五十年後に出版された『古今相撲大全』には明石が寛永元年に四谷塩町で晴天六日間興行したと、潤色が著しくなって、年代も場所も興行日数もはっきりしてくるのは、どういうわけであろうか。鬼勝、明石以外は、この序文を書いた宝暦から六十年以内の力士であれば、『古今相撲大全』を書いた菫花亭はその土俵を実際に見ているものと思われる。証跡がはっきりしている鬼勝を除き、明石一人がこのときより百四十年も以前の寛永の力士であるということは、どうも合点がいかない。

『古今相撲大全』より十三年あとの安永五年（一七七六）に、行司の岩井左右馬が書いた『相撲伝秘書』には、次のように記されている。

（前略）見物の貴賤より代銭を受納したる事にあらず、中興明石鹿之助という角力取後に名を志賀之助と顕（あら）はす。此角力取江戸本郷辺とて一世一代の終と名付、札銭見物より取候様になり、江戸にて勧進角力の始めは人皇百十代明正院の御宇、寛永元子年志賀之助四谷塩町にて興行仕候始めなり……。（下略）

この本は、『相撲家伝鈔』に『古今相撲大全』をつき混ぜて、全体を通じて首尾一貫しない妙な記述になってしまった。正徳年中に書かれた家伝鈔に初登場してくる明石に、だんだんと尾ヒレがついてくる過程が、明瞭（めいりょう）になってくる。

では、『相撲家伝鈔』や行司、力士関係の相撲本以外に、明石のことが出てこないかという疑問は当然起こってくる。一つには、寛永元年の四谷塩町勧進相撲番付と称するものが、江戸時代からある。これは、東大関に明石志賀之助を据え、西大関に仁王太夫（仁太輔と書いたのもある）を置いてある。

この番付は、幕末のころ作られたものだが『信長公記』『大友興廃記』に出ている力士を上段に並べ、二段目以下は『古今相撲大全』の近世の部にある各藩抱え力士を集めて目白押しに詰めてあるから、念のいった好事家のいたずらである。

番付作成のもとは『古今侠客伝』と『関東遊侠伝』という侠客物語の草双紙に出てくる明石からヒントを得ていることは明らかである。この読本は未見であるが、この物語は文化元年（一八〇四）に刊行された『近世奇跡考』巻の四に短文ながら詳しく記されている。

一、夢市郎兵衛、明石志賀之助の事。市郎兵衛は強気の男達志賀之助は大力の相撲取にて、ともに寛永中をさかりにへたる者なり、おなじ時仁王仁太夫という者あり。凡人ならぬ大力にて、其力はかり知りがたし。其頃、京都の相撲に志賀之助と仁太夫両人をめさる。志賀之助兼て市郎兵衛と友たるゆえ、其相撲の後見をたのみ連れだちて京に上る。東の大関は仁王仁太夫、西の大関は明石志賀之助なり、已に其日いたり両人土俵のうちにすすむ時、市郎兵衛、志賀之助に対していはく、今日は爾一代のはれの勝負なり。もしまけなば、すぐに爾を殺し、我は腹きりて死ぬべし。よくよく心得べしといふ。さて行事、団扇をとりければ、両人たちむかひ、しばし位を見合て、やと一声さけびたがいに組みてもみあふに、市郎兵衛はしばらくも目をはなさずしてつけまはる。時に仁太夫力やまさりけん。志賀之助を引むすびつとさしあげてなぐ（投ぐ）と見ゆ。見物の諸人、手にあせをにぎり。あはやとおもふ所に、志賀之助早業の達人なれば、空中にひるがえり、おちざまに仁太夫が胸を蹴て、土俵のまん中にうちたふす。これより志賀之助、日の下開山（かいさん）と名告（の）る事をゆるさる。しかるに、仁太夫かたの悪輩（あくばら）等、これを意恨におもい、志賀之助を打殺さんとはかるよし、市郎兵衛聞きつけて、志賀之助をばしのびやかに江戸に下らせ、おのれは黒繻子の羽織の背に、明石志賀之助金糸を以て大文字をぬはせたるを着し熊谷笠をまぶかにきて、長き刀をくわんの木（閂）におび、唯独（ひとり）京都を発足す。仁太夫がたの者等、此ありさまを見て気おくれし、手をむなしくとどまりけるとぞ、市郎兵衛、老後頭をそりて、相州田村の辺に隠遁しけるが、兄放駒の四郎兵衛身まかりしと聞き、今は世をおもひ残す事なしとて、仏間にこもり居て食をたち、念仏のみとなへて死しけるとなん。「古今俠客伝」に見えたり。

以上全文であるが、正徳年間に行司が記した『相撲家伝鈔』、そこに初出の明石は、半世紀後には寛永時代の力士として潤色され、さらに三、四十年後には、侠客物語の中に脇役として明石が登場してくる。

それ以後は「寛永御前試合」の講談に仕立てられ、幕末のころには芝居狂言にまで脚色されて上演するようになり、ついに明石は、寛永時代の日下開山になった大剛力士ということが通説になってしまった。

出身地、活躍期、没年も一切不明

明石の伝記は講談仕立の俗説に従うと彼は宇都宮藩士山内主膳の一子鹿之助であるといい、長身の巨人で、力あくまで強く宇都宮で土地相撲の平雲平太夫を投げ殺したため出奔し、江戸へ出て侠客深見重三郎の紹介により、須磨ノ浦林右衛門の弟子になり、師匠の名にちなんで、同じ播州名所の明石を名乗ることになる。そして本名鹿之助の鹿が志賀に音が通じるので志賀之助と字を改めたという。幕末の「大関鑑」によると、身長八尺三寸（二五一センチ）、体重四十九貫（一八四キロ）という文字通り伝説的な稀代(きたい)の超巨人になっている。これは講釈師の張り扇から生まれたヨタ話であることを、よく証明しているといえよう。一説には蒲生家の浪人ともいう。

しかし、侠客物の主人公夢の市郎兵衛は実在した顔役で、『徳川実紀』には承応二年（一六五三）二月二十七日に死刑になっているから、このような悪党を日下開山の勅許を得たといわれる力士明石と結びつけるのは、ちょっと無理ではなかろうか。市郎兵衛は寛永年間（一六二四〜四四）の男伊達であるから、寛永末年から数えて十年目に処刑されたことになる。

寛永年間にこれほど高名な力士であれば当時の鬼勝象之助のように、『相撲今昔物語』などで、たとえ一行でも取りあげられるべきであるが、明石の名は全く現われてこない。もっとも、江戸市民―庶民たちがものを書いて残す風習は、寛永より約百五十年後の寛政のころになる。だからたとえ花形力士でも当時は書き残さなかったという説も成り立つであろうが、それにしても寛永時代の相撲術は武芸の一つであり、鬼勝が紀州徳川家から扶持を得ていたように、すぐれた力士は大名に召抱えられて家臣になるのが通り相場であったことから推して、明石の名が全く諸記録にないのは、判断に苦しむ。

横綱常陸山が大正三年（一九一四）に刊行した『相撲大鑑』（増補改版）には、

> 明石志賀之助、夢の市郎兵衛等が寛永の人なりとすること「奇跡考」の臆断とすれば、きわめて非難すべき事なれども……（中略）故に、北村氏の説のみが、悉く実を得たりと言い得ざれど、強いて事実をまげ、或いは改める如き痕跡なし。……（中略）又世伝によれば横綱は明石より始まるともいい、彼は天覧相撲に勝

ち日下開山となれりともいえど、日下開山と横綱とは、自ら別様の意義あるべし

……横綱は、寛政の谷風、小野川二人に始まりとするを穏当の説なりと信ず。

（以下略）

と、はっきり明石の横綱を否定している。しかし、元禄のころすでに高名の力士として伝えられ、幕末のころには、実在した江戸勧進相撲の開祖として、また日下開山の第一号として、多くの相撲ファンの心に定着したことは否定できない。

秀ノ山雷五郎に横綱免許のあった弘化二年（一八四五）のころ発売された錦絵には、明石から始まり、谷風、小野川、阿武松、稲妻、不知火諾右衛門、秀ノ山と七人の姿を一枚絵に描いてあるが、日下開山の明石だけ腰に綱をまとっていないのは、谷風以後の横綱と区別している絵師の心づかいが見られておもしろい。

なお、明石が実在した証拠として、九州長崎に巡業にきた縁で滞在し、弟子を養成したことが『長崎社寺事務輯録』に「西古川町に明石志賀之助下向住居相撲取立候」とあって、これを一級文献としている向きもあるので、先年長崎市へ行ってこれを確かめようとしたが、この社寺記録はかなり以前に失われて、伝聞にすぎないことであると知ってがっかりしたことがある。出身地はもちろん、活躍した時期、没年も一切不明で、これほど有名な力士は他にいない。真に謎の多い幻の横綱である。

“綱”は注連縄

化粧廻しという言葉はまだない

「横綱が腰に締める綱はいったい、どういうものから発生したのか」とよく聞かれる。これもいろいろな説があって、どうもすっきりしない。横綱が明治中期以来、次第に階級化し明治末年に相撲協会は最高地位であることを成文化したが、肝心な綱の起源は曖昧になっている。

鳥居派の絵師が描いた大関雪見山。瓢箪足が特徴

ここに数枚の版画がある。いずれも今から約二百年前の宝暦から明和初期の相撲絵で鳥居派の手によって描かれた墨摺りの一色のものばかり、多色摺りの錦絵といわれる版画が刊行されるほんの少し後のことになる。

この墨摺りの版画で、力士が腰にまとっている廻しの上に巻いてある綱に注目していただきたい。

綱は黒白の二本の綱をない合わせて一本にし、この綱を化粧廻しの上に強く堅く下腹に締めているが、この綱はいったい何を意味しているのであろうか？綱の下にある廻しを、いま仮に化粧廻しといったが、じつは当時相撲を取るときに締めた取廻しであって、この動物などを刺繍(ししゅう)した華美な廻しは、土俵入りのときも相撲を取るときも同じものを兼用にしたものである。だから、化粧廻しというような言葉はまだ使われていなかった。

現在、われわれから見れば、膝(ひざ)の上までしかない、短い化粧廻しと思うのは当然のことだが、この形態が安永初め（一七七二）のころから改良されて化粧廻しとして土俵入専門に使用され、取廻しは実戦競技専用のものが別に作られるようになってくる。そして化粧廻しは、取廻しのときのエプロンのように短かったものがしだいに、足のくるぶしの上まで垂れるように長くなって、今の化粧廻しと同様な形がこの時代から始まる。

宝暦のころまで、この華美な取廻しのことを、単に「まわし」「下帯」または「手綱(たづな)」といったが、民間では一般に「取りふんどし」すなわち相撲を取るふんどしという意味でそう呼んでいた。

さて、この廻しの上に締めてある綱は、廻しを締めるための綱であるか、それともこの綱を締める力士の栄誉か、または儀式の際に必要としたのか、いくら考えても判じものである。

いうまでもなく横綱を締めて土俵入りを始めたのは、今日、四代横綱といわれる寛政の谷風梶之助からで、それ以前は屋敷や寺を建てるときの地鎮祭に出場した大関力士に、儀式作法の秘伝免許を与えたことを「横綱之伝」を許すといったことはすでに述べた通りである。この伝書は安永二年（一七七三）十月に、式守五太夫が手記したものであるから、谷風の横綱免許より十六年前の文書ということになる。

この安永期に京都の行司岩井左右馬（岩井播磨守(はりまのかみ)を流祖とする行司家で前名岩井弁蔵）が『相撲伝秘書』に、横綱に関して、

「黒白の絹にて二重にない力帯（一本に帯刀）の上、二重に廻し引締めの左の脇にて結び申也。横綱総尺一丈二尺三寸。この横綱の事口伝(くでん)多し、日本無双関取なれば吉田家よりもこれを許す」

とある。宝暦、明和、安永と年号が続くところをみれば、宝暦、明和のころの大関力士が、廻しの上に締めている黒白の絹の綱は、岩井左右馬が安永になって記した横綱の綱のことであろう。岩井流はもと京坂が職業勧進相撲の中心地であったころの第一流の名家で、のち新興の吉田家に蹴落(けおと)されて当時はその故実門人になっていた。こ

の岩井文書に「……吉田家よりも」とあって、この黒白の綱（横綱）は大関クラスの力士に、他の五條家をはじめ吉田家あたりからも許されたものであろう。

谷風からはじまった腰に締める縄

宝暦、明和のころになると、黒白の絹の綱を大関かまたは抜群の強者（つわもの）に与えたのを横綱といい、さらに寛政の谷風に土俵入り免許を与えて、注連縄を腰に帯して土俵入りさせたことから、この「横綱を片屋入りの節に用いるべし」という意味だったのが、明治中期になって、さらに番付に横綱と記し、また陣幕久五郎が「横綱力士碑」を建碑して、歴代横綱の代数をつくったことから、力士そのものをさしていうように転化していく――。

彦山光三氏は、「……注連縄は、はるか源流にさかのぼればごくごく低俗な実用具から出発したものであろう」（『横綱伝』八〇頁「E・しめ縄説は自壊の妄見」）と断じ、飲食店の軒さきに垂らした縄のれんと同一視して、横綱力士が帯びるものは結神緒（むすびのかみのお）であって、注連縄とは全然別個のものであると牽強付会（けんきょうふかい）の妄言（もうげん）を吐いているが、これはたわいもない虚説で、注連縄の歴史文献を調べれば、古代朝鮮に発達した「禁縄（きんじょう）」がわが国に伝来して神道に用いられたことは、今では定説になっている。

五條家の「横綱之伝」中に、

「神功皇后三韓退治のとき、結神緒を取って御着背長（大将軍の鎧のこと）の上帯として身を清め給ふ。これ例を引いて人皇六十五代、花山院御宇皇后宮御懐妊の時、新殿造営の折から、相撲人を召され褌上（まわしのうえ）に結神緒をかけて五体を清め、地平均（じならし）をなす（以下略）」

とあって、この文書から彦山氏は結神緒でないと承知しなかったが、谷風以後の横綱に関する文書は、すべて「注連縄」とあって些かも不審なことはない。結神緒は産霊（むすび）の神からきている言葉だ。ムスは「うむす」の略、産（むす）の意味で、「び」は神霊の意味でもある。すなわち万物を生産する神の徳をいったもので、のちに産霊の神は、男女の契りを結ぶことを司る神でもある。すなわち、神功皇后、花山院皇后御懐妊の折に、古くは着帯、今でいう腹帯、岩田帯のことを、神事では結神緒といったまでのことで、あけてびっくり玉手箱ではないが、横綱の注連縄を、仰々しい言い方をしてはかえっておかしなことになる。

この結神緒の「緒」は長紐のことで、物を結ぶ長い糸紐の総称であって、これを懸けて五体を清めたというから、必ずしも腹や腰に巻いたものではなく、宮司が今でも肩に懸ける襷のようなものであったかもしれない。

昭和三十年（一九五五）に、横綱稲妻雷五郎の生家茨城県阿波崎村（現・稲敷市）を訪ねたとき、絹布の「ゆうだすき」という注連縄に似た綱があって、これは神祇管領から免許されたもので、免許状にも明らかに肩に懸けて用うべしと書いてある。

結論としていえば、谷風から始まった腰に締める綱（注連縄）は、宝暦ころの版画に見る白黒の絹縄の綱が、そもそも横綱に転化する祖型ではなかろうかと思われる。吉田司家の横綱起源説の〝ハジカミ説〟は、注連縄由来で、〝大変面白い物語だが、いまでははっきり否定されて問題にならない。地鎮祭の地面に張った綱から、谷風の藁と木綿で作った注連縄の間に、この黒白の絹綱があったことは十分に推測できる。

横綱土俵入りの〝型〟について

相撲ファンであれば、だれでもご存じのことであるが、横綱土俵入りの型には、雲龍型と不知火型の二つがあるといわれている――というより、いまではこの二つの型が定説になってしまった。

太刀山、羽黒山、吉葉山以後、今でいう不知火型を継承した者は昭和四十六年に亡くなった玉の海だけで、栃錦以後若乃花、朝潮、大鵬、柏戸、佐田の山、栃ノ海、北の富士ら十把ひとからげに雲龍型といわれ、新横綱誕生のたびに新聞紙上には、だれだれの雲龍型は、どうのこうのというように報道している（註・昭和四十七年五月当時）。

正確な史料のない型

雲龍型と不知火型の二つが、後世もてはやされて、その名を残しているのは、それにはそれだけの理由があろう。幕末の横綱雲龍久吉（十代目）の土俵入りが、非常に豪放で凜々しく立派でありまた不知火光右衛門（十一代目）の型が、華麗で評判であったことが、古老に語り伝えられたところから、七十年後の昭和になって誤りをおかしたものだ。両開祖の全く与り知らないことで、墓の下で苦笑しているにちがいない。

いま雲龍型といわれる特徴は、腰をおろしてかまえた時（下段）左手を胸にあてて、右手は前方ややはすにさっと大きく広げてせり上がる型をみせる。北の富士もこの型に入れられているのだから、いまさら説明の要はない。

不知火型の特徴は、腰をおろして構えたとき、両手を左右にさっと広げて、ちょうど鶴が双方の翼をいっぱいに広げたようになり、そのまま下からすくうように体をおこす型であるが、このとき両手を前に出すのは攻めの型だけで、雲龍のように左手を胸にあてて守りを示す身振りがないから、これは邪道だと彦山氏は強調する。

ところが、正道邪道をいう前に、雲龍の型と不知火の型を、のちに正しく伝えているかどうかという論議が先で、この両者の型を全くあべこべに取り違えているのだから、話にも何もなったものではない。

幕末の雲龍、不知火にしても、横綱土俵入りの錦絵はそれぞれ十種類くらいあるが、いずれも立姿か四股を踏む絵で、腰を十分に落としてせり上がる場面がなく、実際はどんな型で演じたか正確に知ることは不可能だ。またその手順を詳細に書いた記録はないが、ただ不知火光右衛門の型については、これを実見した相撲通の丸上老人（本名板倉又四郎）の談話が明治の中頃に出された相撲単行本とそれを引用した新聞に残っている。明治初年の横綱の型について、これが唯一の記録といえることは初代相撲博物館館長の酒井忠正氏もすでに指摘していた。

さて、相撲の歴史には土俵入りの型ばかりではなく、およそ荒唐無稽で奇想妄想ゆたかな故実が多い。しかしこれをいちがいに排除しては、味も香りもまた楽しみもなくなってしまうから、横綱にまつわる神聖論もまた結構だと思うがそれが行き過ぎては、生身の横綱力士がかわいそうだ。余談になるが、一年六場所制になったとき（一九五八年）、特殊な最高の階級としての横綱の地位について、その歴史の変遷を承知していたなら、甘やかす意味でなく、特別な配慮をなすべきではなかろうか。

明治四十四年（一九一一）五月五日付の日本新聞に、今では不知火型の継承者として、その型の復活者第一号が通説となっている太刀山の土俵入りについて詳記してある。太刀山は同年一月場所後の二月に横綱免許になったばかりで、注目を集めていた際、その土俵入りの型については、各紙一斉に報道されていた。日本新聞には「太刀山の横綱片屋入りは雲龍の型」と大見出しで次のようにある。記者は角通第一人者の井上剣花坊。

「……直に靖国神社の余興相撲に赴き初めて横綱土俵入りを行なふに確定したり。右に就き太刀山は語る」

『お蔭様で愈々六月から横綱を張れる様になりました……型は常陸関（常陸山）や梅関（二代梅ヶ谷）は、四股を踏む際片手を延べて挙げると同時に、一方の手は膝（肘の誤字）を張って指で軽く腹をさすり、乳の辺へ当てるが、わしのは最初両膝を張って、おもむろに胸部まで挙げ、それから片手を延ばす、片々は乳部へ当てるという具合で、一寸見馴れぬ目には変な感じがしますけれども、是は庄之助が此型をやった方がよろしかろうと薦めたから、遺る事にしました。是が本式のもので、横綱雲龍即ち後に追手風になった人の型だそうです』

五月七日付の報知新聞（生駒意貞記）は、前日六日靖国神社大祭の余興相撲に「横綱太刀山の初土俵入り」と題し、

「紫地の直垂を着た行司式守伊之助（庄二郎改）が颯と軍配の紫房を引くと、太刀山この口に爪立ち一礼した。……今し太刀は雲龍に型を取った双手を掬い上げの土俵入りの最中である」（――線の文字は五号活字の特大）

翌八日付の読売新聞には「吉例の初方屋入り」と脇見出しで、相撲評論家で故実にくわしい上司小剣記者が、

「七代目雲龍久吉の型により、厳に些かの乱もなく、無事に方屋入を了せり。雲龍久吉はいま十代目であるが、初代明石、二代綾川、三代丸山を除き、四代目谷風から数えて七代目」

と、上司記者の一つの見識を示したもので、誤植ではない。

同日付の朝日新聞（石川周行記）には「十一代雲龍の型」と小見出しを添え、「……太刀山は初めてとは思へぬ悠々と落付き払ひ逼らず、木村庄之助から伝授されたる十一代目の横綱雲龍の型で初めた」同日の国民新聞は、「其型は右手を右足の膝頭に当て、一つ力足を踏み、其手を下から掬ひ上げ気味に延すと同時に左の手も同じく下より掬って一杯に伸ばす、これぞ十一代目雲龍久吉の型なり其形状は鶴の翼を張るが如く、如何にも大きく立派に見え……」

この「十一代目」は、いつの時代に誰が水増ししたのかわからないが、当時横綱代数がいかにいい加減なものであったか、この一事をもっても推察できる。

同じく日本新聞は、

「……其型は既記の如く雲龍式にて行なはれ」また、二六新聞には次のようにある。

「……喝采声裡、古の名力士雲龍が行ひし型の方屋入り目出度終り……」

また同年五月二十七日付の日本新聞は、常陸山、梅ケ谷、太刀山の三横綱と比較して「太刀山の手振り」と題し、

「太刀山は、来る大場所(五月場所が一ヵ月延引して六月十七日初日)に、始めて正式に土俵入りをするのであるから、前に靖国神社外二ケ所の花相撲とで遣ったのを見て軽卒に評することは出来ないが、併しその手振りは十代目横綱雲龍久吉の型によったということである」

新横綱太刀山の土俵入り(明治44年、靖国神社)

「この型は行司の古老木村庄之助が目撃したことのあるのを記憶のまま伝授したのだそうで、動作の違う点は、右で一つ四股を踏んで、右手を延し、左手を脇腹に当てて、ズッと立ち上る所を、太刀のは右手で四股

を踏み、右手を延すと同時に左手をもグッと延し、左右の手に、何か大きなる物でも持ち上げる様な手付をして、腰から次第に立ち上るという順序である。見た目には中々りっぱだけれど、其立ち上る時、非常に腰に力が入って骨が折れると当人はいっている。太刀は肉付きこそ薄いが、何しろ上背があるから、大場所でもかなりりっぱに見えることであろう」

と結んでいる。ここまで日本、朝日、報知、国民、読売、二六の各紙が伝える雲龍型のみを引用したが、これと反対に不知火型とする時事、東京日日、朝野（ちょうや）の記事を次に比較検討研究してみよう。

不知火型誤伝の原因

今いうところの雲龍型は、実のところ不知火型から採用したものであることを、明治末の新聞掲載記事を六種引用して紹介したが、次に、これと反対に太刀山の土俵入りの型を不知火型と書いた記者の記事を披露しておかないと、片落ちになってしまう。

明治四十四年五月一日付の朝日新聞には「太刀山の横綱準備」と題して、稽古場訪問記事中に、

「常、梅のからみますと、足の踏方は分らぬが、手の上下は余程違ふので『それは誰の型だね』と聞くと、傍に居た行司が『何代目の横綱でしたか、あの不知火諾右衛門

さんの型ですよ』と教えてくれた」と紹介してある。朝日新聞は、このときより七日後の同月八日付で、記者は相撲通の石川周行（栗島狭衣の大先輩）であるが、彼は「雲龍の型」とはっきり記している。同じ新聞でまちまちの型を報道しているあたり、のんびりした明治末ごろの相撲界の空気がわかるというものだ。一日付の記事は新米記者であろう。答える行司も、「不知火光右衛門」といわず、その師匠の「不知火諾右衛門」といっているところがおもしろい（彦山氏は不知火諾右衛門説）。同紙の石川記者は、これを訂正する意味で、雲龍型と見出しまでつけて報道したように思える。

不知火諾右衛門の「横綱土俵入之図」
両の手を広げているが、せり上がりではない

ついで、五月二日付の朝野新聞は、「或好角老人が不知火諾右衛門の型こそ立派にて、永遠に残したきものなれば、太刀山にも其型を研究させ、追々後進に伝へたきものなれと伝へば、他の一人が、力士は俳優と違い、故名優の型とても、己れの体格技量に伴はぬ故は、観客をして満足せしむる能はず、矢張古式に則りて力士自身が

鬼面山谷五郎（右）と不知火光右衛門（左）の土俵入り（明治２年）

それ相当の型により、土俵入りをなすに如かずと駁したり」
と、今にも通用するなかなかうがった、よいことをいっている。

つぎは、五月六日付の時事新報。

「太刀山土俵入りの型」の大見出しの脇に、「不知火光右衛門の型」とサブタイトルがあって、「姿勢は鬼面山を其儘」と小文字を付し、

「来る夏場所より新に横綱に栄進すべき太刀山は……横綱を蝶結びにして露払ひ太刀持抜きの土俵入りの稽古を為したりし……扨て型は、維新前後の横綱として、最も土俵入りに巧者なりとの評ありし不知火光右衛門の型を取りしものにして、其師範は太刀を追って相続の約ある年寄東関が、以前目撃したるを其儘伝授した

るものに関り、現在の横綱常陸山、梅ヶ谷の型とは、其手振りを異にし居れり、今は是を略記すれば、先づ二字口にて天地人三才の手拍子、法の如くありて夫れより三足半土俵の中央に進み、正面桟敷に面して三度手を拍ちたる後、右手を延べ左手を脇腹に当て軽く腰を落し、扨て右手を膝にのせて、一つ四股を踏むと同時に、左右の掌を上向きにして、左右同時にグッと双手を伸し、其儘腰に力を入れて腰を伸し、其手を返して式を了るものにして、右双方を伸す所が常、梅のと稍や型を異にする所なり、要するに常陸には常陸の特色あり、梅は梅の特色あり、而して太刀の手振り又た異なる所に妙味ありて、其の姿勢鬼面山其儘なり」

と結んでいる。

常陸山は不知火型

記者は相撲通の一方の旗頭竹内鱗也。文中に出てくる年寄東関は、現役時代に島田川儀兵衛といった幕内力士。幕末のころ入門して、明治十三年五月入幕したときが四十二歳という晩年型。四場所幕尻にいて十九年五月幕下十四枚目（いまの幕下四枚目）まで落ちて引退したときが四十八歳。当時は〝鯛のおじい〟と綽名でよばれた七十三歳の年寄長老で、大正七年八十歳の長寿を保って亡くなったが、幕下時代は初切の名人で回向院の名物であった。この記事によれば、自分の年寄株はすでに、太刀山へ譲ることに約束ができていたらしい。

彼が不知火光右衛門と鬼面山の土俵入りを見たことは事実で、序ノ口から序二段までの幕末、明治初年ころの下ッ端時代であるから、その型を四十二年あとまで記憶しているとすれば大した覚えのよい人だ。

不知火光右衛門は明治二年限り東京を去り、鬼面山は翌年まで土俵に上って次の四年に亡くなっている。以前目撃したと東関本人が申したてる不知火光右衛門の型が、「姿勢は鬼面山そのまま」というのを太刀山に伝授したというのだ。しかし彼が下位力士で横綱でもなかったのだから、そのままうのみにしてよいかどうか。竹内記者が東関にインタビューしての記事とも、受け取れるが……。

五月七日付の東京日日新聞は、「太刀山の横綱振り」と題し、割注には「八代不知火光右衛門の型で、常陸、梅よりも立優った立派さ、当人は嬉しい嬉しいで打切也」とある。

「四股を踏むまでは、常陸山、梅ヶ谷等を同様なれど、それより左右の手をグッと伸して、腰に力を入れて両掌を天に向けて、ウンと上方に差し上げる型はこれまで見ざるところにて、六尺に偉大なる彼が少しく反身になって、こうやった型は、実に立派なもの也。そは文久年間の横綱にて土俵入りの名人として知られたる八代横綱不知火光右衛門の型なりという」

光右衛門は現在十一代目、諸右衛門は八代目ということになっているが、この記者も谷風から数えての代数であれば、かなり相撲史に通じているはずだが、東京日日新聞の雑報記者の名は不明。

前に述べたように雲龍型として報道した記事は、いずれも当時相撲通として一流のベテラン記者。日本新聞の井上剣花坊、報知の生駒意貞、読売の上司小剣、朝日の石川周行であれば、かなり信用度が高い。そのうえ、日本新聞は、太刀山の詳しい談話を伝え、本人が「庄之助に教った雲龍の型です」とはっきり言っているだけに、客観的にみて、今いう不知火型をあべこべに取り違えていることは、明瞭である。

不知火型とする記者のうちで、相撲通として名の通ったのは時事新報の竹内記者一人だけで、あとの朝野、東京日日記者はその不知火型という出典を明らかにしていない。

体格に合った型でＯＫ

また、今では雲龍型のうちに入れられている二代目梅ヶ谷の土俵入りについては、三十七年一月十四日の萬朝報(よろずちょうほう)に「行司木村瀬平の語る所によれば梅の横綱は、すべて不知火灘(ママ)右衛門の型に則(のっと)りしものにて、考古家苦心の末に成りしものなりと」とある。

この不知火灘は諸の誤植であるが、いずれにしても太刀山を不知火型とする論は、諸右衛門か光右衛門かはっきりしない。だからといって太刀山の土俵入りについて、雲龍型とする記者と不知火型とする記者の間に、なんの対立もなく、また論争も起きなかったのだから、当時は、目くじらたてて論をする神経質な記者もいなかったのだろう。その一面、相撲史や故実というものが、当時かなりいい加減であった事実は否めない。

太刀山の後、大正四年一月に横綱免許になった鳳谷五郎(おおとりたにごろう)の土俵入りは、どのように紹介されていたか。両国生まれの筆者はちょうど鳳の晩年のときからその美しい横綱土俵入りを見ていて、相撲狂の叔父(おじ)から鳳の型はこうだ、とその真似ごとを手に取って教わった記憶がある。

当時の新聞切抜きを見てみると、大正四年二月十一日の萬朝報(三木愛花記)に、

「新横綱の鳳が近く木更津の興行から横綱の土俵入りするについて、十七日午前十一時、自分の部屋(註・鳳はこのころ宮城野部屋から独立して鳳部屋を持っていた)の土俵で、その初稽古をした。型は有名な不知火の型で、今の梅ヶ谷と同じく」

また相撲雑誌の「国技」大正二年二月二十日号に、

「露払の御舟潟、太刀持の柏戸を従へ、勘太夫が軍配を執って、ここに愈々栄ある初土俵入が行なはれた。軀幹は聊か小さいけれど、色は白し男振りは好し、梅ヶ谷同様

不知火型の型に則（のっと）って、かえって見事な横綱振りであった」

とあって、当時の記事には、太刀山のときのような混乱と異説はなかった。

鳳より一年後に横綱をはった二代西ノ梅は大正五年二月十七日付の萬朝報に三木愛花が、「西ノ海土俵入」と題し次のように書いている。

新横綱鳳谷五郎土俵入りの四股踏み稽古

「……土俵入は不知火光右衛門の型だそうで、梅ヶ谷や鳳のと、そっくりだが、体が大きい丈に四股を踏む処などは、実に立派だった」

下って昭和十一年の「歴史公論」相撲特集号に、相撲雑誌の出版社を経営したこともある伊藤忍々堂が、「今日の横綱片屋入りは、不知火諾右衛門の型だ」と書いている。彼の言う今日の横綱とは玉錦、武蔵山、男女ノ川の三人で、それから五年後太刀山型を継承した羽黒山を、不知火型と独断した一好事家の錯誤から問題が生じてきた。

さて、筆者の云わんと欲するところは雲龍型が誰で、不知火型は誰だったと、絵空事を根拠にしてこと細かに詮議だてするのが目的ではない。朝野新聞の記者が述べていたように古式にのっとり、あまりにケタはずれでなければ自分の型を工夫して梅ヶ谷、常陸山、太刀山のように、それぞれ独自のスタイルを作ってやればよいわけだ。

最初、羽黒山の型を攻めばかりだと思いついたのは秀の山親方（元笠置山）で、戦時中、彦山氏に聞かれて思いついたまま答えたのだと、苦笑して教えてくれた。横綱土俵入りは土俵の華だ、相撲内容が向上して、なお名実ともに立派な大力士の横綱が誕生し、それぞれが工夫した、豪華な土俵入りの型をみせてもらいたいものだ。

手数入りとはなんぞや

年六回本場所がくるたびに、相撲故実を知らない若い記者や、少年雑誌の記者たちから、ルビを振らないと読めない「手数入り」について質問を受けると〝ああ、またか〟と、うんざりしてしまう。

いったい、どうしてこんな時代逆行の言葉が、いつ発明され、いつごろから使われだしたのか、日頃この文字を書いているスポーツ新聞の相撲記者もご承知でないらしい。

相撲協会、NHK、また専門誌（「相撲」）でもこんな奇語は使用していないが、いつか花相撲のプログラムに載っていたところをみると、若手の行司さんのうちにも「デズイリ」支持者がいるのかと、ちょっと驚いたことがある。

〝言葉〟というものは生き物であり化け物で、時代の移り変わりに伴って、色々新語が生まれてくることは承知しているが、伝統を重んじる相撲界で、一好事家のハッタリ的独断から、振り仮名を付けなければ読めないような奇語に類した文字を長く流行させるとは、すでに岩波の『広辞苑』（昭和三十年発行）にまで載るという浸透ぶりであるから、今更繰り言めいた反論を続けても無駄な話であり、「デズイリ」信奉者は、それこそ戯言（たわごと）をいっているにすぎないと一笑に付すであろう。とは言うものの、相撲道の伝統が、ただの空念仏であってはならないと信ずる昔からの相撲愛好家たちや一部の行司は、筆者の「デズイリ」否定論を、支持していることを告げておきたい。

神事儀式用の言葉

「デズイリ」否定論は、私の専売特許ではない。大先輩の増島信吉氏が、戦前の「野球界（相撲号）」誌上で、典拠のない不可解の文字と、そのいわれなきことを指摘して論陣を張り、強弓の一矢を放っているが、あれほど口やかましい相撲評論家彦山光三氏は、これに対してなぜか一言半句の反駁を示さず、沈黙していたことを記憶している。

増島氏は明治中期の小錦、大砲あたりの回向院の小屋掛け時代から、相撲に打ち込んでいた篤実な研究家で、一方の彦山氏は大正末の栃木山あたりから相撲史に興味を持ち始めたのだから、全くキャリアが違う。

増島氏の「デズイリ」否定説は、長年の相撲界の接触と研究を土台にした上で、反論を掲げたものである。しかし増島氏の論議も、残念ながら、「デズイリ」の誤用が生じた原因の根元を衝いていなかった。

私の手許に、大正十五年（一九二六）十月二十一日付の報知新聞がある。「神宮外苑奉納角力」の三段見出しの記事に、来たる二十三日の土俵開きについて、吉田追風善門の式次第が次のように掲載されている。

△方屋祭　吉田長助
△開口方屋開　同人
△三段構　行司　吉田追風
△東方常の花寛市、西方西の海嘉治郎
△神角力行司　式守伊之助　東方大ノ里万助、西方能代潟錦作

△横綱独手数入（ひとりてすういり）
行司木村庄之助　東方　常の花寛市
行司式守伊之助　西方　西の海嘉治郎
行司木村玉之助　大阪方　宮城山福松
△前踏み行司　式守錦太夫　東方力士
行司式守勘太夫　西方力士
両花道青竹の矢来に一々花枝をさし、すべて古式のおごそかさをみせ、定刻午後一時から開き、摂政宮殿下台臨……。（以下略）

また二十三日当日の神宮外苑の相撲場開き式の様子を翌二十四日に報知、時事、中外、国民、中央、やまと、の各紙は報じているが、見出しは、すべて、「横綱土俵入」の字句を用い、記事中にプログラムにある「横綱独手数入」を掲載しているだけで、ルビは〝ひとりてすういり〟とある。当時の新聞活字はルビ付きを用いているから、いずれも「てすういり」と誤って使っていることは考えられるが、吉田追風善門氏が、「でずいり」の読み方を記者たちに教示しなかったに違いない。中には、〝てすうはい〟というおかしなルビもあり、また〝てかず〟と振ったのも一紙あって、すべてルビ付き活字のなせるいたずらであることは明白で、「でずいり」とルビを振ったのは一紙もなかった。

こうして「手数入」の文字が新聞紙上に活字として初登場したが、当時の記者は、吉田司家の祝詞文字くらいにしか考えていなかったのであろう。その読み方について些かも気にとめていなかったらしい。

次いで、「手数入」の文字は、昭和五年秋の神宮奉納相撲のプログラムに、再び見られるが、これも吉田追風作成のもので、相撲記事の見出しとして使用されたことがない。他にも「角道」などという相撲専門誌にも、手数入は「てすういり」とルビが振ってあった。

「偉大なる主観の書」

彦山氏が相撲界に関係し始めたのはちょうどこのころで、帝国興信所で発行していた「日本魂」という雑誌の編集に携わり、同誌の増刊号として「相撲道大鑑」「相撲道宝鑑」という、当時としては画期的相撲百科に類した雑誌を、昭和三、四、五年と続けて三冊刊行した。このときの編集には、相撲協会取締の出羽海梶之助（元両國）、入間川（木村宗四郎）両親方の肩入れがあり、これが縁で、昭和十年ごろ彦山氏は出羽海から「相撲史」編纂依嘱を受けて協会の嘱託になった（しかし相撲史はついに一頁も書かずに終った）。

そして翌年から刊行した協会機関誌「相撲」の編集を専任し、この「相撲」誌上に、彦山氏は「横綱伝」を昭和十四年より十九年まで連載、横綱土俵入りのことを、相撲評論家として初めて「手数入」とすべて書くようになった。しかし、このときも「手数入」の由来出典は何ら明示せず、というより些かも触れず、ただ「横綱土俵入」より、「手数入」が、より〝内容的〟であるとしか説明していない。

この『横綱伝』（昭和二十八年・ベースボール・マガジン社）は単行本として刊行され、氏独特の豊富なボキャブラリーを縦横に駆使した大著で、尾崎士郎氏をして「偉大なる主観の書」と讃歎せしめたほどの独創的な論文であった。自から科学的な研究と称しているが、〝横綱〟を神格化するあまり、史実を曲解し我田引水の付説は、衒学の最たるもので、教祖的な性格を感じるほどであった。

「手数入」の奉持者に、戦時下のころから朝日新聞の栗島狭衣氏、また加藤隆世氏あたりの相撲通が出るに及んで、ますます信奉者が増えていったが、その使用にあたり、何んらかの説明を付すような親切な人はいなかった。

吉田家口伝から発生

相撲史研究家の増島信吉氏は、昭和十二年ごろ、八十一歳になる二十三世吉田追風善門氏に、親しく「手数入」の典拠を問い質したとき、「それは吉田家の口伝で、そういったこともありました」としか語らなかった。口伝とは口づたえの云いつたえであるから、文献資料にあろうはずがない。

吉田善門氏が、たまたま明治神宮の土俵開きに神事相撲の式典として、口伝の手数入を用いたまでのことである。いいかえれば、神事儀式の言葉として、司家に伝わっていたものであろうが、これを本場所の土俵に、史的幻想に富む相撲評論家の彦山光三氏の愛用するところとなり、ついには、戦中、戦後の相撲記者に使わせるようになったという経緯である。

昔の吉田司家伝書の写本に、相撲の手（四十八手）を意味する手数に、「でず」と仮名をふった古書も一本あるが、これは横綱土俵入りとは何ら関係はない。和歌森太郎氏によれば「私見では、今も四国に残っている古語で〝次に登場すべき力士〟という意味を持つ〝でず〟なる言葉がある……」と述べている。そして、土俵入りする力士は「でず」たることを示すもので、それを、あて字で「手数」と書くようになったの司家の口伝と、いったいどのようなつながりを持つか不明だ。熊本の方言だというのなら、一理もあるがこれも納得のいかない話。

昭和四十年（一九六五）十月、筆者は江戸力士の二代目雲早山の史蹟調査のため、徳島県美馬郡半田町（現・つるぎ町）の山村へ行ったとき、同地方では、「出る」意味を「出ず」といい、「出ばな」を「でずら」というと聞いたが、これは別に力士だけに特定した方言ではないと、土地の古老が教えてくれた。「出づ」が「出ず」になったのか、新仮名遣いしか知らない今の若い人が、「出づ」を「出ず」と読んで逆な意味にとっていることもある。出ることを出ずというのは浜松地方にもあって、ことさらこの方言を取り上げる価値はない。

いずれにしても、土俵のなかった江戸初期の方屋入り（片屋入り）が一番古く、この言葉は司家の横綱免許状にも長く慣用されているし、寛政の谷風に始まった「横綱土俵入り」という、立派な言葉があるのに、なぜ現代日本語ともいえない「手数入」を愛用するのか理解できない。吉田司家が口伝として、神事用に使われるのはかまわないが、本場所に関係のない奇語を性懲りもなく用いるのは、まったく手数のかかる話だ。秀の山親方（元関脇笠置山）と、生前たまたまこの話に触れ、相撲協会としていずれ機を見て「横綱土俵入」に統一したいという見解を述べていたが、昭和四十六年に亡くなったので、その機会を逸してしまった（現在、「手数入り」は日本相撲協会も公式に使用していない）。

なぜ雷電は横綱になれなかったか

土俵の殺し屋?

一九六七年の夏、雷電の出身地を久しぶりに訪ねて、その帰途小諸市の郷土史家に会ったとき、表題のような質問を投げかけてきた。

「相撲史上、古今に冠絶した第一人者といわれる雷電が、どうして横綱免許がなかったのか。やはり郷里で伝えているように、雷電の突張りをまともにうけた相手が、あばら骨を折り、血ヘドを吐いて死んだため、そのとがめでなれなかったのか」

雷電の生家は、長野県小県郡東部町滋野大字大石小字金子（現・東御市滋野）にある。当主関森雄さんの母堂が、「雷電は、土俵で人を殺めたそうでのう。それで横綱になれなかったというがの」と控え目に語っていた。

このように雷電が横綱になれなかった理由は、明治に入ってから、講釈師の張り扇によってたたき出されたことは、言うまでもない。やはり相撲研究家になると、彦山光三氏をはじめ、『力士雷電』（昭和十三年刊、非売品）を編した藤原銀次郎氏なども、そのような取りあげかたはしていない。しかし、こと雷電のことになると、いずれもこの点に疑問が集中して、さまざまな臆説と当て推量が書かれていた。

藤原氏は雷電が横綱にならなかったことについて、次のように述べている。

「……雷電の時代には、京都に上って叡覧を辱うした相撲で、禁廷から紫の化粧廻しを許された者でないと、横綱は許されなかった。初代横綱の谷風（註・明石、綾川、丸山の三人を除いている）も二代の小野川も、それを許されていたから、吉田司家から横綱免許になったのだが、雷電にはそうした機会がなかったというようなことが、昔の人の書いた書物にあったように思う。また当時は今日と違って、相撲興行の政策上横綱を許すようなこともなかったし、さほど横綱というものに重きをおかなかったから、雷電などは別に自ら求めようともせず、大関で満足していたのだという説もある。ある人が雷電に向って『関取のような強い人がなぜ横綱を張らないのか』と問うたことがある。すると雷電は、『なに、わしは横綱なぞは少しもほしくはごんせん』と、こともなげに答えて、カラカラ笑ったという話も伝わっている。横綱の谷風や小野川以上だと評判され、

無類力士雷電為右衛門の登場

『負けたことなしの雷電』で、全国に鳴り響いていたのだから、横綱などは彼の眼中になかったのかも知れない。強い者に横綱を許すというでもなかったらしく、従って横綱なしの時代もあったので、例えば阿武松が三代目横綱になったのは、二代目の小野川が廃業してから、二十一、二年後だったそうである。(下略)」(新仮名遣いに改めた)

藤原氏は相撲研究家ではなく、王子製紙会社の社長で、郷土信州の生んだ偉傑を、郷党の青少年に知らせるために、その見聞感想をまとめたものであるが、雷電について評伝した本は、この小冊子だけである。

彦山氏は、雷電の横綱無免許の第一理由に「当時は大関が最高位であり、横綱は何等かの儀式を機縁としてゆるされるならわしであって、横綱をもって大相撲の象徴とし最高権威とする、今日の考えかたとはまったく異なっていた。したがってその機縁に際会しないかぎりゆるしもしなければ、また欲しもしなかった」(前出『横綱伝』五四八頁)としている。これは卓見である。

問題はこの「儀式の機縁」にあるわけだ。筆者は、「機縁」を徳川将軍上覧相撲と解釈して、その史実を追究してきた。

寛政三年(一七九一)、徳川幕府の開府以来、初めて公式の将軍相撲上覧が開催されることになった。この計画をそれより二年前の元年秋に、相撲会所へ申し渡した。当時各地の行司家のうちで、大名細川家をバックにして全国的に勢力を持ちはじめてきた熊本在住の吉田家は、江戸の相撲会所と緊密な結びつきをしていたときだけに、会所は吉田家に連絡する。同家は行司の家として天下に号令するチャンス到来とばかり、この催しに相撲作法・故実を伝える吉田家の権威を示そうと考えた。そして、本来は地鎮祭に行なっていた神事の地踏み式を、従来古くから土俵上で見せていた力士の土俵入りの形式に結びつけて、ときに実力ある強豪力士をして、ひとり土俵入りさせることにした。

ところが、吉田司家もこの妙案を実施させるのには、頭をひねって考えこんでしまった。それというのも、幕府の政令は、新奇な人目を驚かすような儀式はもとより、それに新興宗教、新思想にいたるまですべて認めない方針である。そこで、相撲会所から、吉田司家に於いて「横綱之伝」を谷風、小野川の両人に差しつかわしたいという長々しい願書を、係の寺社奉行板倉左近に提出した（一〇六頁「『歴代横綱』という発明」の項参照）。

はじめは谷風一人の予定だったが、数日遅れて小野川にも「横綱之伝」を十一月場所中免許した。この時、両人ともまだ番付では関脇であった。しかし、当時は看板大関の風習が残っていたので、二人とも実力大関と見なしてのことだ。ただちに、十一月冬場所の七日目に、初めて注連縄を腰に締めた両人が一人ずつ横綱土俵入りを行なった。

目新しいもの好きな江戸っ子から、このショーは、大いに受けて拍手喝采を博し大成功だったことは言うまでもない。その時に実見した老人が「ハテ、横綱とはいままで聞いたこともないものである」と記録しているから、土俵上に初めて谷風、小野川が土俵入りを演じたのはこの時からとみるのが、すでに識者の一致した意見である。

横綱免許は作法免許

十一代将軍家斉（いえなり）は、寛政三年、同六年、享和（きょうわ）二年、文政六年、同十三年と五回上覧相撲を催し、十二代将軍家慶（いえよし）は、天保十四年、嘉永二年の二回行なっている。

寛政三年には、千代田城（江戸城）において谷風、小野川の横綱土俵入りはあったが、六年五月の芝の浜御殿の催しには、東西二十名ずつの力士（二段目上位十名と大関谷風三役前頭十名）の揃い踏みが行なわれ、小野川が不出場のためでもあったが、横綱が土俵入りを演じた記録はない。

第三回は享和二年（一八〇二）十二月の冬場所中に、千代田城矢来の御門内で上覧相撲が催されたが、このときは谷風はすでに七年前に没し、小野川も引退して五年後のことであるから、横綱免許の力士は不在で、当然横綱土俵入りは見られないわけだ。

ここで問題になるのは、谷風亡き後を襲って西大関に七年間も在位した雷電が、この享和二年の上覧相撲に、横綱免許があってよさそうなものだが、その沙汰はなかった。しかし、この享和の上覧は、家斉の急な思いつきで、雷電以下冬場所に出場中の力士を、そのまま、一日千代田城に買い切りで借りてきた小規模な臨時の催しだった。寛政三年のように二年前から計画した大規模な儀式ばったものではないから、横綱免許などといっている暇もないし、催しを景気づける要もなかったわけである。

それから二十一年後の文政六年（一八二三）四月、久しぶりに矢来御門内の吹上で上覧相撲があった。ときの東西大関は柏戸利助に玉垣額之助の二人で、歴代横綱に数えてもはばからない強豪だが、このときも吉田司家から横綱免許の話はなかった。

しかし、京都の五條家から上覧相撲より二ヵ月のちの六月、大坂相撲出場のために、来坂中の両人に横綱免許を与えている。だが、この年は柏戸が大坂、京都場所で休場し両人共土俵入りを演じることなく終った。

玉垣、柏戸の両力士に横綱免許のあった事実は長い間知られていなかったが、大正十五年（一九二六）になって復刊された浪速叢書のうち、浜松歌国著『摂陽奇観』に記録されていた。この本の内容は大坂年代記で、文政六年の項目に、次の記事が発見された。

一、六月二十三日より大相撲
　　勧進元　竹縄半右衛門
今年東の方　大関　玉垣　額之介（ママ）
　西の方　　　柏戸　利介（ママ）
先例の通り五条家より横綱免許有之候へ共、柏戸登リ不申候ニ付　玉垣土俵入方
屋無之故　右之品箱ニ収メ出申候

五回目の上覧相撲は文政十三年（一八三〇）に催されるのに先だち、二年前の十一年二月にまだ関脇の阿武松に吉田司家より免許があり、つづいて同年七月に関脇稲妻雷五郎へ五條家より横綱の証状が与えられた。初め阿武松の免許を五條家が物言いをつけ、稲妻の場合は吉田司家より物言いがついてもめたが、二年後の十三年に司家から免許を得て問題は落着した。

このように雷電時代から明治初期まで、横綱免許の持つ意味は、土俵入り儀式の作法免許であって、極端にいえば、番付の地位、優秀成績に直接に関わりなく、彦山氏のいう〝機縁〟に当たるものといえる。もとより儀式であるから、それにふさわしい強豪力士であり、大関を約束された容姿人品のすぐれた力士が選ばれるのは当然である。この機縁は、江戸時代の将軍上覧相撲、明治の天覧相撲をさすことが理にかなっ

た解釈と考える。

このことから、藤原氏があげたような「関取のような強い人がなぜ横綱を張らないのか」というような質問は、寛政時代の雷電には通じない。明治末期あたりの講談から生まれた話である。また、宮廷から紫の化粧廻し云々（うんぬん）も横綱と全く関係がない。そもそも、内容も意味も違った横綱を時代背景も考えず、現在と同一視して扱うのは無理な話である。それこそ地下の雷電は「わしは、横綱なぞ欲しくはごんせん」と、カンラカンラ笑っていることであろう。

大関の中から横綱免許を得た力士だけをひろい出して、歴代に数えることを発明したのは、吉田司家にも相撲協会にも関係のないところで、陣幕久五郎個人の趣味で作り出されたものであることは前に詳記しておいた。

Ⅲ 家元

吉田追風家とは何か

家元として相撲界に君臨

戦後間もなくの昭和二十六年（一九五一）一月二十七日、場所中の十四日目、相撲協会は吉田司家の代表と会見し「横綱免許」などにつき種々協議した。その結果、まず「横綱は大関以上の最高地位」と再確認することになった。さらに横綱は協会が自主的に推挙することに協定した。そのほか数項にわたる取り決めがあり「覚書」を取り交わしたが、主眼は次の二つにあった。

一、横綱をもって大関以上の最高地位とし相撲協会がこれを決定すること。

一、横綱の授与式は東京で行ない、司家の代表者が臨席して「故実」とともに授与すること。

寛政元年（一七八九）十一月、十九代吉田追風が、初めて谷風、小野川に横綱免許を与えてから一六五年余り経て、相撲の家元として相撲界に君臨していた吉田司家は、金看板の横綱免許権限を大幅に変革されてしまった。この権限縮小の直接原因は、当時二十四代当主の吉田長善氏が、戦後の混乱期に刑事事件を起こし、七歳の嗣子、長孝氏（昭和十九年生まれ）に司家を譲って引退したことにある。この二十五代長孝氏は週刊誌に相撲界の在り方について発言しているが、本項では司家の系図と功績の検討が目的であるから、長善氏の事件とともに敢えて触れない。

司家の権限が協会に移譲されてから、長年にわたって相撲界に君臨し、絶大な権威を誇り何人も批判の対象とすることを許されなかったタブーもついに破られた。換言すれば相撲家元制度の崩壊と見られるショッキングな事件でもあり、戦後すべての価値観が変革した時期に遭遇したのは、やはり時代の流れにより起こった現象とも受け取られていた。

吉田司家については、地元の熊本市で詳細な本が二、三出版されているが、これは熊本の名物として誇示するあまり、神社仏閣の縁起に似て史実から離れ、客観性に乏しくフィクションに潤色されていて、そのまま鵜呑みにはできない事柄も多い。

上覧相撲を機に幕府公認

谷風、小野川に横綱免許を授与するに際し、十九代追風は、吉田家の祖先書なるものと、由来書を幕府に提出している。

差し出したこの吉田家の「祖先書」「由来書」とも、その流祖を奈良時代の志賀清林という行司においているが、奈良〜平安期を通じて行司役は存在しないし、また吉田家の系図も全く眉ツバで、いちいち反証をあげる必要もない。これは当時の流行による系図作りの所産で、吉田家だけに限らないから、敢えて咎める必要はない。

肥後熊本藩五十四万石細川家の家臣で五百石吉田善左衛門は、江戸勤番で滞在していたことから、相撲故実を伝える家柄として大藩をバックに以後ますます相撲の家元としての権威を発揮するようになる。また吉田家にとって運が良かったのは、これまでの京坂相撲の中心地が江戸に移り、また相撲制度組織が全国的に確立した時代に遭遇したことにある。これを機会に、吉田家は全国的に相撲界の支配権を手中にすることになる。

風聞によれば、万治元年（一六五八）に吉田家は相撲故実を伝える特技を、細川家に買われて召抱えられたという。このときの吉田長助（十五代追風と称す）は、まだ十五歳の少年で、その後見役になったのが京都行司尺子茂太夫。吉田家の万事は、この茂太夫が一切を宰領したといわれる。

吉田家が幕府に提出した「祖先書」に「野見宿禰わが家の祖なり」とあるが、『大日本人名辞書』によれば「五條家目代吉田追風」とあり、この京都五條家こそ宿禰の末裔として古くから知られている〝相撲の家元〟で、後に争いの原因にもなった。

吉田追風家の家伝について、内閣文庫の『相撲式』に載せてあるところは、正史（史実）には全くないが、煩瑣をいとわず、一応参考として紹介しておこう（原文はカタ仮名であるが、ひら仮名新仮名遣いで記す）。

家柄誇示の系図

（前略）朝廷にて相撲の始まりは垂仁天皇の御世に始まる。その後世々本朝相撲、専らありといえども、いまだ作法勝負の理定まらず、争い多く、悪事の端（はじまり）となるゆえ、四十五代聖武天皇の御時、神亀年中、国富み民栄え、世の豊かなること前にも稀なりとぞ、諸国一同に相撲のわざますます盛んに起り、朝廷にも専ら行われしなり。そのほか相撲の作法、このとき道正しく定まる。まず作法、勝負、理り決し難き故、その道に精しき者を御尋ねありしに、近江国志賀清林といえる者、この道に達しけること也のきこえあり、ゆえに召上せられて相撲御行事人と定められる。このこと国々に御さたあり。これに背くる者を土相撲と名付けて、これを制しければ、四方の国々まで自ら相撲作法正しくなるとぞ。その後志賀家代々子孫に伝え、御行司の家と定める由、相撲伝書に見えたり。

（中略）聖武天皇の御時より、志賀家代々相撲の行司の司をつとめ執行いしに、源平兵乱多年間、朝廷の節会（相撲大会）もすたれて、志賀の代族も断絶す。その後、後鳥羽院の御時（文治年間、一一八五～九〇）すたれる礼ども（相撲儀式）を起したまいて、居合せの節会も行わるべきさたあれども、行司の家絶え相撲の司も定まらず、相撲節会行わるべきようなかりしに、その頃、越前国に吉田豊後守家次という武士、志賀家の伝を得て、故実作法を伝え、つねにこの道にふけりしこと世のきこえありければ、都に召上せられ相撲節会の御行事人に定めらるべき官令により、辞退に及ぶも違勅のおそれあれば、すなわち令に応ず。このとき官位及び追風の名を下され、日本相撲の司、御行司と定めらる。相撲節会に用いし木剱、本朝相撲の団扇、獅子の絵あるをもって獅子王の団扇と名付け、今に至るまで代々子孫これを持ち伝えたり。

その作法皆古例にしたがい、諸国一同皆追風が作法に準じ、古神亀の志賀清林が例の如し（中略）。この豊後守家次は、元来木曾義仲が旗下にありしを、義仲のふるまい不正にそむき、越前の国に引退してありしが、この時都に召上せられ、官位まで賜わること、この道のたしなみ、神明の冥加に加えり。相撲司、御行事一人に定まること、この道混雑なればかえりて争いの端をひらく、その二派なきしるしとして元亀二年（一五七一）、二条関白公より、相撲の道に二流なくただ

> 一人なることを団扇にしるされて、豊後守追風十二代孫追風に賜わる。今に代々子孫これを伝えたり。相撲の力士流義を分って、その術を鍛錬しはげむべきことなり。行事は他流なくただ一流なること、表裏なるようなれど、みなその理あること也。

志賀清林、吉田追風の行司家としての起源は以上であるが、追風祖先書などには、さらに永禄年中（一五五八～七〇）、正親町院のとき相撲節を宮中で催し、このとき十三代追風が旧例のごとく勤めたとあるが、後鳥羽院の節会と同様、宮廷記録にはなく、史実としては受けとり難く、神社仏閣の縁起と同様で何ら信憑性がない。

これらの文書は、いずれも江戸後期の寛政年間に、吉田追風が幕府に提出したもので、分かりやすく言えば、「相撲家元」としての宣言を天下に公布したものといって差し支えない。そのために文中に、「相撲の道に二流なくただ一人」とか、「行事（行司）は他流なくただ一流なること」と強調し、京都にある古い相撲の家元五条家を暗に指していることは、十二分に考察することができる。

肥後細川家五十四万石の大藩をバックに、京都の中納言公卿五条家を叩きのめすだけに十分の家柄を誇示したもので、この家元争いは後に火を噴くことになる。

幻の行司志賀清林

吉田追風家が流祖とする行司家は奈良朝の聖武天皇（七二四年即位）のとき、志賀清林なる者が登場して宮廷の御行事人を勤めたことに始まることを、吉田家の祖先書で紹介した際、「奈良〜平安期を通じて行司役は存在していない」と一言で片付けておいたが、幻の清林がどうして出現し、実在するようになったか詳解しょう。

志賀清林の名が、文献に初めて出てくるのは、十六代吉田善右衛門追風と称する細川家の家来が、寛政元年（一七八九）十一月に書いた吉田家祖先書である。読み下してみると、

「……聖武天皇、神亀年中、奈良の都に於て、近江国志賀清林と申す者を召し、御行司に定め、これより相撲の式、くわしく相備わり、子孫相継ぎしところ、多年兵乱打ちつづき、節会（せちえ）行われ申さず志賀家も自然に断絶仕り候」

とある。そして、後鳥羽院（ごとばいん）の文治年中（一一八五〜九〇）に再び相撲節が行なわれたとき、行司をつとめる者がいないため、吉田家の先祖である豊後守家次という者が、志賀清林の故実を伝来していたので、朝廷に召し出されて「御相撲の司（つかさ）行司の家」と定められ、代々節会相撲をつとめたというのである。それまでは古文書はおろか、伝承も全く耳にしない人物。司家の系図作りから創作された行司であることは言うまでもない。相撲の家元・吉田追風が伝承しているのだから間違いないと、史実より伝承

を重んじる日本人の気質から、以後清林は歴史的に実在した行司として扱われるようになってくる。

清林を初見した寛政元年から四十九年後の天保九年（一八三八）に、番付板元の根岸家から出版された『相撲起顕』になると、さらに飛躍し、行司清林が潤色されて力士に変身、堂々と登場する。一文を引くと、

「（朝廷が）国々より力士を集め給ふ。その中に近江国志賀ノ里に清林といえるもの、力量すぐれ、数多のものと角力有といえども、清林に勝つもの更になし、清林を最手役（今の大関）と定め給ふ」

とあって、祖先書にある行司が、こんどは大関にされてしまった。奈良朝末期から平安朝の三百数十年にわたり、菅原道真をはじめお公家さんは、相撲記事を丹念に書きとめている。しかし志賀清林の行司名はもちろん、相撲人の中に見当たらない。

この清林なる人物は、明治のころから疑問視され、常陸山谷右衛門の『相撲大鑑』（増補改版）に、「吉田追風が寛政元年に提出した祖先書、式守蝸牛（初代式守伊之助）の本（『相撲隠雲解』）にも、行司の初めを志賀清林という者だと記してあるが、これは社寺の縁起と等しく、実は信拠すべきものかどうか決めがたい」（筆者意訳）と否定しているが、吉田司家の権威が相撲家元として角界に君臨し、絶対神聖化されていた当時としては、誠に大胆極まる卓見で、他の行司などが言えば故実門人を破門され

かねない批判であったといえよう。名著『江戸時代之角力』を残した三木愛花もこの件については否定している。

巨大な清林碑の建立

当時の角界には珍しい中学中退というインテリであった常陸山の言は、次のような経緯が事の起りで、明治三十四年（一九〇一）に遡る。大津市の郷土史家が、かねて庄之助、伊之助に頼まれて、清林の出処地を探していたところ、滋賀郡木戸村（現・大津市志賀町木戸）の村はずれ、山津波で崩壊した個所に長さ一メートル余の石板状の石が埋まっていたのが掘り出された。風化した表面に何やら人の形らしい線がかすかに刻まれている。これを聞いた郷土史家は、これこそ清林の墓碑であると妄断し庄之助に報告した。

そして二年後の三十六年春、東京大角力協会、行司一同の寄付金によって志賀清林埋骨之地と刻した石標が建てられ、建立者として庄之助、瀬平、伊之助の連名を記した。この石柱だけなら、まだ清林伝説地であることだけで、罪のない話で終ったが、それから十五年後の大正七年（一九一八）三月、今度は吉田司家の音頭取で、総裁に政治家板垣退助を祭り上げ、東京、大阪、京都の三相撲協会が賛同し、「清林会」という会まで組織して四千円（今なら二億円くらい）という巨額を集めて高さ三七八センチ、幅一四二センチの巨大な記念碑が、竣工された。東京から横綱鳳、大阪から横綱大錦大五郎が横綱土俵入りを披露、東京年寄の花籠、峰崎、藤島、大阪は立行司木村越後、岩友、美保ケ関、京都から羽根猫など三協会代表も参加して盛大な除幕式が琵琶湖湖畔の比良山麓で挙行された。それから百年以上、今なお立派な玉垣をめぐらした清林碑が、古松の木蔭に威容を誇っている。

ところが史実として、奈良朝末期から平安朝にかけて三百数十年に及ぶ相撲記事には志賀清林の名はない。それに当時は行司役は存在していないのだから、全く無理な話をこしらえたものである。また後鳥羽院のときに、相撲節会が再興した事実もない。さらに後鳥羽天皇が院政を執ったのは、建久のころからで年代も合わない。文治年間は源平合戦の屋島の戦いが始まり、義経が衣川で討たれたりして、相撲節など宮廷で暢気な催しをやっていられる時代でもない。

いずれにしても、寛政元年の系図作りのウソが、百三十年後の大正七年に歴史的人物として誕生してくることになった。

大衆小説のフィクションが生んだ有名な伊那の勘太郎が伊那市に碑をこしらえられたり、木枯し紋次郎の銅像が架空な出身地にあてはめた場所につくられようとする時代であるが、今も昔も変わりない顕示欲か観光欲である。吉田家個人の権威づくりが、のちに名所古蹟の清林墓碑を生んだわけで、吉田家のいう横綱起源は、まったく眉ツバの話であることが、これをもっても推察できるというものである。

細川家に仕官した十五代長助追風

これまで、吉田家の祖先書や系図についてその虚実を紹介してきたが、寛政元年（一七八九）に追風が同文書などを起草した時代を考慮に入れれば、神社仏閣の縁起と同様なのは当然のことで、今さら目くじら立てて、その真偽を問うのは愚かしい話である。そうかといって、相撲の正しい歴史を解明するのに、日夜血眼になっている筆者にとっては、その系図に伴って創作された架空の「相撲故実」は、他の歴史から完全に浮き上がり、広い意味の民族史から孤立して、ナンセンスな存在になってしまう。これは、一吉田家の家元問題でなく、相撲史実に関わる重大な内容をはらんでいる、といっても言い過ぎではなかろう。

さて、吉田追風家が相撲家元として世に出たのは、本当に、いつの時代からかということになる。それは、出世の糸口になった肥後熊本藩五十四万石細川家に仕官したのは、いつのことからか、ということに関係してくる。

前に、「風聞によれば、万治元年（一六五八）に吉田家は相撲故実を伝える特技を、細川家に買われて召抱えられたという」と記しておいた。しかし、これは二十二代追風（善内）が、明治四年に隠居するときに記録した祖先書にもあるが、初めは五人扶持二十石と、足軽クラスの禄であったらしい。

しかし、この時期の細川家仕官も年月は曖昧である。別本には、万治元年より遅れること三十年後、元禄二年（一六八九）に召抱えになったとある。百歩譲っても、長助追風が、この時代の藩主細川綱利侯の知遇を得て、京都から江戸へ下り藩邸に出入りを許されたのではないかと推理したい。

綱利侯は無類の好事家で、また好角家であり、相撲故実に通じた吉田長助を特別に優遇したことはあり得る話であるが、吉田家年表によると「当時朝廷の相撲節会中絶して家道失墜せん事を憂い、二條公について武家奉公を内願せしに朝命ありて許可せられる」とある。さらに、それから各地大名から引く手あまたで招かれたというのは、どうもオーバーな話で合点がいかない。

史実として相撲節会が廃絶したのは、平安朝の承安四年（一一七四）であることははっきりしている。元禄から数えても五百年前の大昔であり、その後、永禄元年（一五五八）に正親町天皇の相撲節を復興したとき、十三代目追風が相撲行司官になったというが、これも史実にはない。

この吉田長助追風（十五代追風と称す）が、万治二年、また下って元禄二年に細川家の家臣になったという時期を覆す有力な反証がある。

『大江俊光記』に元禄末期の京都における勧進相撲のことが詳しく出ているが、その中に「元禄十二年卯年岡崎村天王之社為修復相願七日赦免」の項目に、京都岡崎の勧進相撲興行のことが記録されている。

また、宮本（勧進元）、寄方相撲の東西二枚番付が載っていて、宮本大関が当時強豪力士として評判の両国梶之助以下ずらりと並び、番付中央には、東西行司五名が記されそのトップに、いずれも吉田追風の名が見える。

もしも、この時点で吉田追風が細川家の家臣になっていれば、相撲渡世集団が興行する勧進相撲の土俵に、行司として軍配団扇を持って立ち現われることはないからだ。これが、将軍上覧相撲か、または細川家の邸内とか、肥後熊本で藩主の相撲御覧のときならいざ知らず、力士召抱えと違って、大藩の家中が勧進相撲興行に、のこのこ出てくることは万が一にもあり得ない。

この東西二枚番付によって導かれる結論は、吉田追風が、相撲渡世の別格行司から細川家にスカウトされたのは、元禄十二年以後ということになる。この番付は吉田家年表では採用していない。それまでは、力士と同様に細川家に出入りして、藩主から目をかけられていたのが、どうも実情のように思える。当時の大名召抱えは、職業力士として扶持を与えるのであり、家臣としての処遇とは、はっきり区別していた。

吉田追風が、相撲渡世集団による相撲番付の行司として記録されているのは、後にも先にも元禄十二年の興行一場所だけで、それ以前の相撲番付は現存していないから、調べる手立てはない。

家伝の「横綱由来記」と「はじかみ」説

戦前まで、横綱の由来として、吉田追風の家伝に記載されてある一文は、長く相撲雑書に孫引きされ一般に信じ込まれて常識化されていたが、今日では識者によってはっきり否定されているので問題はないと思われる。しかし、吉田家の伝える相撲故実のうち、もっとも「虚」の代表格を物語る一文であるから、その「実」を紹介する前に、参考として一応やはり取り上げるべき筋合いであろう。

いうまでもなく、寛政元年（一七八九）の谷風、小野川に、これまで前例にない「一人土俵入り」の横綱免許を与えてから、その故実由来記を、まことしやかに創作したもので史実にその片鱗（へんりん）すらもない。しかし、説話としてはなかなか面白い。次に全文を紹介する。

「そもそも横綱とは、往昔（むかし）嵯峨天皇の御宇、弘仁年中（註・八一〇～八二四）、摂州住吉の神事、九月十三日の相撲会（すまいえ）に近江国（註・滋賀県）の社の住人「はじかみ」といへる力士、一人も相手に当（あた）るものなかりしかば、その時の行司志賀右左衛門尉、住吉の注連縄（しめなわ）を「はじかみ」の腰にまとはしめ、相手の人、この縄の垂れに手をかけなば、「はじかみ」の負にすべしと定め、勝負をなさしめるに、一人として手をかけ得るものなかりとぞ、これ横綱のはじめなり」

これを現代語に直すと、

「平安朝初期の嵯峨天皇の時代に、今の大阪市住吉区にある元官幣大社の住吉神社（大社）における九月の相撲会（神事相撲）に、近江の住人で「はじかみ」という相撲取が出場したが、だれ一人として歯の立つ相手がいなかった。そこで行司役の志賀右左衛門という者が、住吉神社の拝殿にかかげてあったしめなわを取って、「はじかみ」の腰に巻きつけ「この縄に下がっている幣に手をふれる者があったら、はじかみの負けとする」とルールを決めたが、その後の取組でも、ついに誰一人として、その縄のご幣にさわることはできなかった。そこでこの縄を横綱のはじまりとする」

ということになる。「はじかみ」とは、この場合は強豪力士の異名四股名という表現に当たる。

『横綱伝』の著者彦山光三氏は、音に聞えた吉田司家の絶対の信奉者であるが、その『横綱伝』の中で「私は、〝はじかみ〟説をどうにも信持することはできなかったにも拘わらず、住吉神と横綱とは、たとえ直接ではないにしても、何等かの意味とかたちにおいてつながりがあるにちがいないと考えた」と、この「はじかみ」説だけは半ば否定していた。しかし、熊本の吉田司家では、この横綱伝説（由来）を創作した意味もあってか、その邸内には、天照大神・天手力雄神に住吉大神の三神を合わせて相撲三神として祀ってある。

この由来記に出てくる志賀なる行司役は、全く架空であることは前に詳述した。また平安朝初期に相撲節会の儀式を、宮中の三度節の一つとして嵯峨天皇が初めて定めたのであって、その王朝相撲に住吉神社の神事相撲を反映させたものであろうか。あるいは、九州福岡市の住吉神社では、神社の由来書によれば、神功皇后が朝鮮の新羅から凱旋したとき、同社頭で軍兵に相撲会を催させたとある。さらに皇后は大坂住吉神社でも相撲会を開いている。

しかし、言うまでもなく、我が国の欠史時代であるから、千数百年も続いたという『日本書紀』によれば、神功皇后は仲哀天皇の后として、熊襲征伐をした女傑であり、応神天皇の母后として摂政を七十年もつとめた伝説上の女丈夫でもある。

住吉神事相撲も甚だ眉ツバである。いずれにしても、福岡と大坂の住吉神社の相撲が、この俗説ともいうべき「横綱由来記」を創作させたのではなかろうか。

そして、神功皇后が応神天皇を身籠もったとき、結神緒を上帯（岩田帯）に締めた古例から、江戸時代の寛永元年（一六二四）に上野東叡山開山のとき、相撲人に結神緒をかけさせて地踏み（地鎮祭）をさせたという。いずれにしても、この横綱由来も信用できない。

五條家との家元争い

阿武松（おうのまつ）緑之助に文政十一年（一八二八）三月春場所に先だち、二月に吉田司家から横綱免許があった。寛政の谷風、小野川以来三十九年間久しく聞かなかった横綱免許である。

このとき好敵手の強剛稲妻雷五郎は、抱え大名の雲州（うんしゅう）松江藩松平侯のお国帰りにお供をして、江戸場所は不在のため番付から姿を消していた。その留守中に幕府から近いうちに将軍上覧相撲の催しがある旨、相撲会所に内報があり、それに備えて大関阿武松だけに免許があったわけである。

この年の六月、江戸春場所を欠場した稲妻は松江から大坂難波新地の興行に東大関として出場、西大関の阿武松と対峙（たいじ）し、ついで七月中旬に京都二条河原の興行に両者とも出場し、大坂と同様に引き分けているが、阿武松の横綱土俵入りを伝え聞いた雲州松江藩の殿様は、「稲妻だけにおいてけぼりを食わしたのはけしからん」と、折から京都相撲に出場していた稲妻に意をふくめ、京都の相撲家元で野見宿禰の後裔（こうえい）と称する五條家へ願い出て、同年七月に横綱免許を受けた。このとき五條家から「証状」「注連縄（しめなわ）」と「紫のビロードの化粧廻し」を授けられた。

これより先の大坂場所で、吉田司家免許の阿武松が横綱土俵入りを行なって大評判になり、京都五條家の耳にも入った。

五條家から早速大坂相撲頭取（江戸相撲の年寄）に、次のような物言いをつけた。

「（前略）小柳長吉こと阿武松緑之助、右の者は当五條家の家来であるが、この度の大坂興行の場所へ、紫化粧廻し、注連縄などいたして出場のおもむきである。これは何方よりの免許であるか、当御殿へ何の届けもなく不都合の次第である。それ故相撲場所へ出場することは差し止めるよう。そのことを当人に申し渡してもらいたい」

というような意味の文書である。

吉田家と五條家の紛争になった
稲妻と阿武松の二力士

あわてふためき驚いた大坂相撲の頭取たちは、ことのいきさつははっきりわからないが関西では近畿一帯の相撲家元として権勢のある五條家へ、阿武松を同伴しておもむき、ひたすら謝罪の意を表して、注連縄を締めて土俵入りする儀式を許してもらうという一幕があった。これが稲妻の五條家免許の伏線になったことはいうまでもなく、さらに両家の間で紛争を呼び悶着が引き起こされた。吉田追風も折から藩主細川斉護侯のお供をして熊本へ帰っていたので、翌十二年二月になって、京都御留守居役から京都町奉行所へ届け書きが提出され、五條家へ掛け合いが始まった。

かくて、京都において五條家と吉田追風の主家細川家の代表が談合し、細川五十四万石の大藩を背景にする吉田家の家業（相撲家元）を尊重するということで、堂上公卿といっても百五十石足らずの貧乏なお公卿さんの五條家が、大大名細川家の圧力に屈服して泣き寝入りとなり、かくて一件の落着をみることになる。吉田家は、この際一気に京坂相撲を傘下におくことを考え、江戸相撲を通じて大坂相撲へ運動した。

しかし、大坂相撲会所は黙っていない。「京都五條家からの御掟書（相撲故実）によって御免状をもらって相撲を取り締まっていたので、これからも吉田家へ随身して故実入門する考えはない。万事大昔から大坂のしきたり通りでやりたい。故実は師弟の相伝を受け、禁裏御節会の式作法などもそれぞれ営んでおり、いまさら吉田家へ入門する必要はない」と突っ張ねた。

元禄時代から京坂を中心にして繁栄した勧進相撲は、それまで京都五條家から諸国往来の道中鑑札を受けるばかりでなく、相撲故実も平安期の相撲節会の式作法を学んでいるから、いま江戸が職業相撲の中央になったといっても、その江戸相撲の家元に屈することはできないという意味の啖呵を切ったわけだ。

寛政の将軍上覧相撲を機に、江戸中央に乗り出した吉田家は、元禄時代は五條家の目代であったことを隠し、系図を鎌倉時代の初期後鳥羽天皇の文治二年（一一八六）に始祖をおいて、別家の相撲家元五條家を蹴落とすことを目論んだのであろう。

化政時代には、吉田家が相撲家元としてまだ全国制覇を果たしていないことが、この大坂相撲の抗議でよくわかるというものだ。

勅命を持ち出し筋目争い

京都五條家と吉田追風家の「相撲家元」争いは、五條家が細川家の圧力に屈服したと記したが、五條家も簡単に降参したわけではない。細川家留守居役に対し「当家は勅命を奉じ、菅原道真大臣を開祖とすることは童児でも知っているし、勅命を奉ずる旧記など数多所蔵しているから、まず追風から当家に断わるべきである」と強硬に突っ張っていたが、江戸時代は家系（家柄）を誇示するのが風習であり、両家とも勅命を持ち出して、筋目争いの喧嘩をしているから始末が悪い。当時は宮廷の記録は、現在のように公表されていないから、吉田家が言い立てる「後鳥羽院の御宇、文治年中、相撲の節会が行なわれた折五位に叙され、追風の名を賜わって、以後代々節会の御式を勤めた」という虚説を、五條家が「その事実はあり得ない」と論破することはできなかったに違いない。

昭和五十七年（一九八二）十一月七日に、吉田司家では「初代追風七百五十年祭」を熊本市北千反畑町の自宅で、春日野理事長をはじめ千代の富士、若乃花、北の湖の三横綱を招いて「式相撲」の儀式を披露しているから、この伝承は今もなお固く守られ生きていることを世間に公表していたわけである。

初代吉田家次は、天皇から「追風」の名を賜わり、天福元年（一二三三）に没し、今年（昭和五十七年）で七百五十年目に当たる。五十年毎に先祖供養の神事を行なうのが、同家の習わしでありこの日は当主の二十五代追風長孝氏が斎主を務め、その場面はテレビニュースで放映されたから多くの方がご覧になったであろう。

古代・中世史に新しい視野から解明を与えて、多くの支持者を持つ梅原猛氏は、「およそ、日本人の系図というものは堂上公家以外、徳川家を始め信用することはできない」という意味のことを述べている。

この意味合いからいっても、家元制度の始まりは、公家社会の古代権威から生じたもので、軍配は古い家柄の五條家に当然あげられるべきだ。さらに家元制度の実態を、経済的な面からとらえることは、問題意識の分析に必要なことで、このとき、あわてたのは吉田追風で、このままでは五條家の指揮下で家業を奪われる可能性が強い。そこで、大藩細川家をバックにする留守居役に交渉を一任し、極力五條家支配を回避するに躍起になって駆け引きしたことは、今に残る細川家文書で、十二分に想像できる。

相撲が興味本位の格闘技にならなかった理由

江戸時代の家元制度を見ると、芸能の多くは技術的なことより、その個人を権威づける装束や儀礼にあって、その本態でないことがわかる。横綱免許は土俵入りの所作の実演権と、注連縄と故実一巻を授与することに主眼があり、当時谷風、小野川が関脇の地位で免許されたことに関わりはなかった。

寛政元年(一七八九)十一月、吉田追風がこの横綱伝授を発明したことによって、初めて相撲家元としての権威を誕生させることができたのであって、この専売特許を五條家が侵害したということに問題点があったわけだ。追風にとって幸いだったのは、この時点で大坂相撲の繁栄が幕府のお膝元(ひざもと)の江戸相撲に移って、寛政の黄金時代に遭遇したことにある。吉田家はさらに、行司の衣裳(いしょう)(房の色)、草履などにも免許権を持ち、また上位力士らに相撲故実を与えて門人にしたことによって、次第にその権威も拡大していったのである。

すべての家元が、初めは諸芸の実技に無関係でありながら、近世封建制の成立過程において確立したのは、日本人の生活様式を大きく規定づけることであったといわれる。あらゆる芸能、和歌、俳句、書道、思想、宗教まで長い間にわたって家元制度が

谷風、小野川へ初の横綱免許。当時は故実門人の方が名誉であった

維持されてきたが、行司出身の吉田追風が戦前までその権威を保てたのは、相撲の諸式、相撲ルールの乱れを厳に戒めたことにあった。いわゆる「土相撲」（素人相撲・草相撲・辻相撲）と「勧進相撲」（相撲渡世集団）とを区別して、相撲形態の正統性を維持し、相撲故実を守ることを誓約させ、土地相撲（素人相撲）までその指揮系統においたことは、相撲がプロレスやボクシングまがいの興味本位の格闘技に走らなかったことで大きな功績があった。そのため、ルール無視の相撲を「土相撲」と称したのである。

「土相撲」は、吉田追風が専売特許の功績のようにしているが、吉田司家が中央に登場する以前の明和九年（一七七二）に、幕府命令として町奉行所から、勧進相撲と土相撲を判然と区別して取り締まることを発布している。

こうして、これまで野放しになっていた土地相撲は、幕府が公許した江戸相撲渡世集団の傘下に置かれ、その監督下にあって、祭礼相撲の開催、土俵の構築、行司役の免許、相撲作法（禁手などの教示）なども、江戸年寄の免許によって初めて行なわれたのである。免許のない土地相撲は、一切土相撲といって排斥され、興行はできなかった。

一方の大坂、京都相撲の二渡世集団は、毎年大場所を開催するときは、以前から近畿地方の土地相撲を広く集合して番付を編成していたから、江戸幕府の掣肘を受けることはなかった。というのは、明和時代の京坂相撲は、全国的に見て相撲界の中心地で当時二流の江戸相撲の影響を受けなかったからである。

その頃の吉田司家は、江戸相撲が九州巡業で熊本へ立ち寄って興行するとき、便宜上、挨拶に出向き、なかには故実門人の認可状をもらう年寄や力士もいたが、これもまだ地方的なもので、あまり権威のあるものではなく、京坂相撲を傘下におく京都の相撲家元五條家のほうが、家元として全国に知られ、まだ権勢があり幅を利かせていた。

相撲家元の代人・伊勢ノ海家

さて、江戸相撲が関東から東北地方の土地相撲を支配下に置くことになったが、その免許状を権威づけるため、先達の例にならい熊本吉田司家の門人になることを思いついた。この仕組（機構）を巧みに利用したのが、初代伊勢ノ海五太夫である。吉田追風に慇懃（礼儀正しく）を通じて、故実門人の加入を許可される一方、新たに司家代理人の意味をもつ行司家設立を認可されて、伊勢ノ海五太夫の年寄名のほかに、行司家式守五太夫の名乗りを許された。式守とは、相撲の式（作法）を守るという意味で、力士養成のほか行司を養成する認可を受けたもので、その一番弟子が初代式守伊之助である。

初代伊勢ノ海は、初め重八と名乗って元文三年（一七三八）大坂番付の中頭（江戸の三段目）に出てくる。江戸相撲はまだ番付を版行していないから、江戸の地位は不明で、番付は十九年後の宝暦七年（一七五七）に刊行される。寛保三年（一七四三）五太夫と改名、大坂番付の宝暦四年五月を最後に引退、伊勢ノ海部屋を創立することになる。以後江戸相撲の勃興期に勢力を拡大して角界を牛耳り、一門から関ノ戸を始め年寄十五家を創家、元禄時代からの旧家雷、玉垣の二家に対して、一大勢力を築きあげ、地方相撲の多くをその傘下に収め、相撲諸式の免状を、吉田追風門人として各地に発行した。相撲家元の代人である。

かくして、江戸年寄、行司もこぞって吉田追風を家元として、それぞれの土地を縄張りとして、第二軍の土地力士を養成することになる。旧家を重んずる風潮の流行は相撲界も同様で、新興勢力の伊勢ノ海家としては、そのために、古い偽番付や勧進相撲開祖の櫓幕を作製して誇示した。筆者は少年時代に、これらを伊勢ノ海部屋で目にして、わけもわからず感心したが、これは吉田追風と軌を一にする家系修飾の手段であった。

蜀山人こと大田南畝（一七四九〜一八二三）は、当時の風習を『半日閑話』の戯文に「旧悪そそきの古免許」と嘲笑っていた。そそきとは「噪き」でうるさいの意。

古く伝統的貴族文化を伝える家元制度が、やがて江戸時代に勃興した民衆の文化社

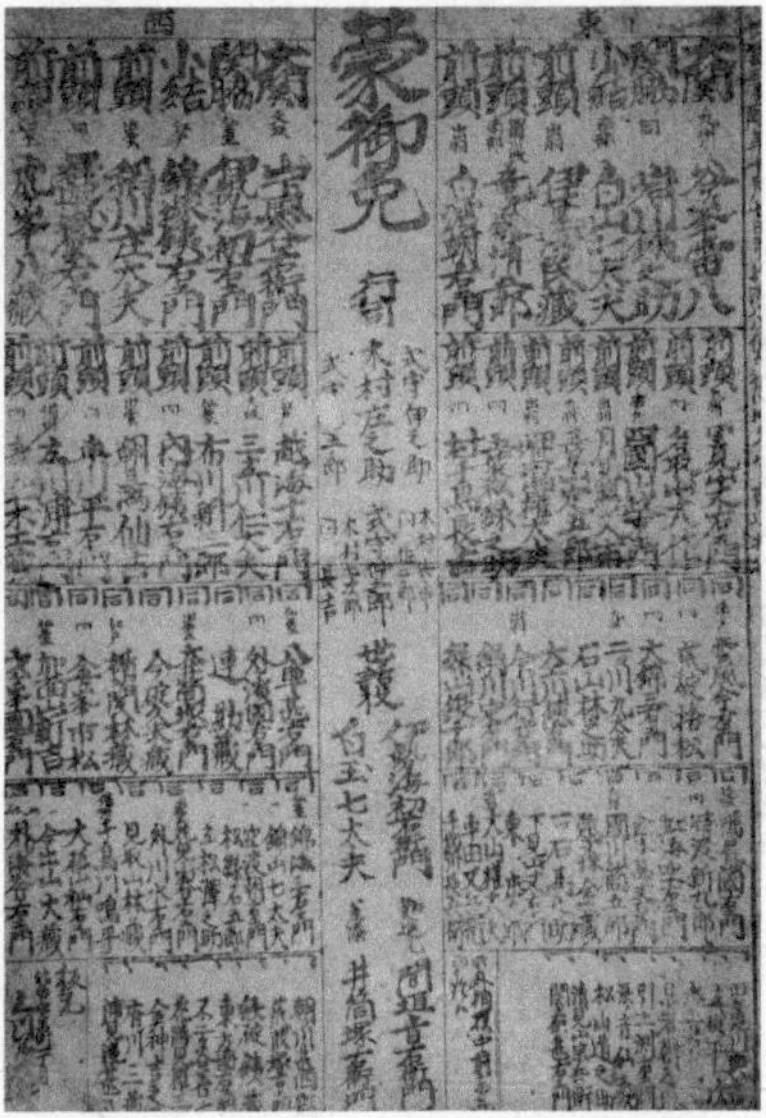

宝暦3年の偽番付。すべて実在しない四股名

会を背景として成立したものである。上方（関西）で熟した一切の芸能が、江戸中期になって下ってきたように、相撲家元も京都五條家から熊本に居住する細川藩の吉田追風の手に移り、その代行を江戸年寄たちが執行し、追風家の出張所の観を呈していた。これは、家元制度として唯一の例外であろう。

「伝統とは、過去の尊重でなく、過去の現在化に他ならず、現在の構成要素として尊重される」という文章を、最近読んだことがあるが、相撲の伝統も、現在形式だけになった吉田追風家に保持されているものではなく、その形骸化した相撲故実は、相撲研究家によって研究されねば、相撲の本質を見失う危機が訪れているといっても過言ではない。

「相撲之御家」京都五條家

五條家の開祖は鎌倉時代

『日本相撲史』（上巻）を編纂中、「行司」欄に吉田追風の一項目を設けながら、京都の相撲家元五條家の項目が完全に脱落しているので、著者の相撲博物館館長酒井忠正氏にその訳を聞いたことがある。旧伯爵酒井家と旧子爵五條家は、戦前華族仲間であり、庶民と違い旧知の間柄だが「五條さんは資料を焼亡してしまい、何もないのではっきり書けないのだ」というような意味の答えが返ってきた。

五條家に対する知識といえば、明治十九年（一八八六）発行の『大日本人名辞書』にある「五條家目代吉田追風」が初見で、戦前追風家が相撲界に絶大な権勢をもって君臨している時代にも「五條家の代理人じゃないか」という疑問がなかったわけではない。いわば、相撲の家元はどちらが古いかといえば、公家系図の方が誰にも信用できた。吉田追風家とは何か、との疑念については前項で述べたが、五條家の存在についても説明しなければならない。

吉田追風の開祖は、承久の乱（一二二一）を巻き起こした後鳥羽院が、文治年中（一一八五〜九〇）相撲節会を宮中に復活させたとき相撲司を任じた吉田家次であるという。文治年間は折からの源平合戦で平家は壇ノ浦に滅亡、源頼朝が義経を贔屓する後白河法皇を圧迫し、義経を平泉に迫って衣川館で討った時代であり、この時代に後鳥羽院はいない。院が宮中で権力を握るのは建仁三年（一二〇三）以後であり、時代背景の認識を欠いているから、吉田家次などが相撲司として登場してくる場面はあり得ないし、その史実もないので、追風の系図は修飾と見なすべきだ。

武家の相撲家元吉田家と違い、公家の五條家はいつの時代から「相撲之御家」になったかははっきりしないが、系図は作りものではない。この五條家をいつも目の上のタンコブにしていた吉田家は、寛政元年（一七八九）に幕府へ提出した『祖先書』に

相撲之御家の肩書を持つ五條中納言為定『雲上明覧大全』（安政本）

「……二條様御家には相撲にて御懇意の筋目御座候間」とあって、この二條家へ願って万治元年（一六五八）より当家（細川家）へ召抱えられたとしてあるが、この二條家というのは実は五條家のことで、ちょっととぼけたわけであるが、真実をチラリと垣間見せている。五條家についてまとまった記録はない。江戸時代にいつどうして「相撲之御家」として京坂地域の相撲界を傘下に収めたかを考察していきたい。

五條家は古い。野見宿禰の子孫と称する菅原道真から六代目、従一位定義の子が高辻家を創立し、さらに四代目高辻為長（正二位参議）の二男高長が分家し、五條家の祖となった。高長は鎌倉時代の源実朝が健在だった承元元年（一二〇七）の生まれで、政治の実権はすでに北條氏が握っていた。政権は武家の手に移り、吉田追風の言うように宮中における相撲節会の復活はなく、相撲も武術の鍛錬として武家の間に奨励された風潮があり、五條家もまだ相撲の家元として登場できる時代背景はないし、その必要性もないわけだ。

時代はずっと下って、江戸時代の勧進相撲が繁栄し、相撲渡世集団が全国的な制度と組織を整え始めた元禄期（一六八八〜一七〇四）にならないと、その需要はなかったに違いない。完全に職業化した渡世集団の興行では、相撲故実（ルール）を伝える行司が権威を持ち、その権威の背景として相撲の開祖野見宿禰の筋目といわれる五条家正二位十七代目為範（ためのり）が、「相撲之御家」として、当時全国の相撲界の中心地であった京都、大坂で担ぎ上げられたことは想像できる。この時代の吉田追風は、京都で軍配を握っていた番付がある。

〝横綱〟は五條家の発明か

五條家が相撲家元として横綱免許に関わったのは寛政二年（一七九〇）五月で、前年の十一月（江戸の冬場所中）吉田司家から免許を受けた谷風、小野川両人に、京都において紫の化粧廻しと注連縄（しめなわ）を与えている。新興の江戸相撲より古い京坂の相撲界に、隠然たる勢力を保持し、高官公卿として権威をもって君臨している五條家を、『翁草（おきなぐさ）』には「谷風、小野川という両人へ、禁中（宮中）の御沙汰として、この両人は紫天鵞絨（ビロード）の廻しを賜わる」という意味の記述がされており、他の随筆にも「五條家から紫の取り廻しを拝領させた」とある。

「横綱土俵入り」という公衆の面前で披露をすることを発案したのは、紛れもなく吉田追風であるが、それより二十年ほど前の安永二年（一七七三）、五條家が地鎮祭に出場して地踏み（四股踏み）する大関一人に免許する古文書がある。これによれば、その作法を行なうとき地面に綱を張るため、これを「横綱之伝」といって口伝免許したものである。この地鎮祭形式を、興行場所の土俵の上で演出したのが吉田追風で、この新案特許の元祖争いを論じても始まらない。

追風は「方屋入りのとき用いるべし」と、注連縄を横綱と称し、腰に纏うことを免許したが、五條家は免許状は出さずに勅許の紫廻しと注連縄を与えて、追風家に対抗した。

換言すると、五條家が神道による地鎮祭の地面に張った横綱（善土と凶土を区別する綱）が、追風によって身心を清める意味の「しめなわ」と混同され、この注連縄を化粧廻しの上に懸けることに重点が置かれた。

さらに五條家は、文政六年（一八二三）に当時の東西大関で人気の高かった強豪玉垣額之助と柏戸利助に注連縄を与えているが、この横綱（注連縄）は柏戸が不出場の大坂場所で「玉垣土俵入りこれなく、綱を箱に納めて木戸口に飾る」だけに終った。

ついで、文政十一年に江戸関脇（京坂では大関）の稲妻雷五郎に、五條家から紫化粧廻しと注連縄が与えられ、吉田追風が大物言いをつけた「（註・一六八頁「五條家との家元争い」の項参照)。

なお稲妻の生家に、三階松の焼印が押してある道中鑑札の大きな木札が遺品として保存されているが、これには、「五條殿家　稲妻雷五郎」と墨書してあって、力士、年寄、行司たちは道中鑑札を京都の五條家から下付され、その家来であるから庇護(ひご)を受けていたものである。稲妻の好敵手阿武松が、稲妻より先に横綱免許を追風から授与されたことについて、五條家から物言いをつけているが、これは阿武松も五條家の家来として道中鑑札を受けていることに原因があった。両家の対立はこの時代に顕著となる。当時雲州松平侯抱え鼓ヶ滝が小野川と改名したところ、追風は前の小野川喜

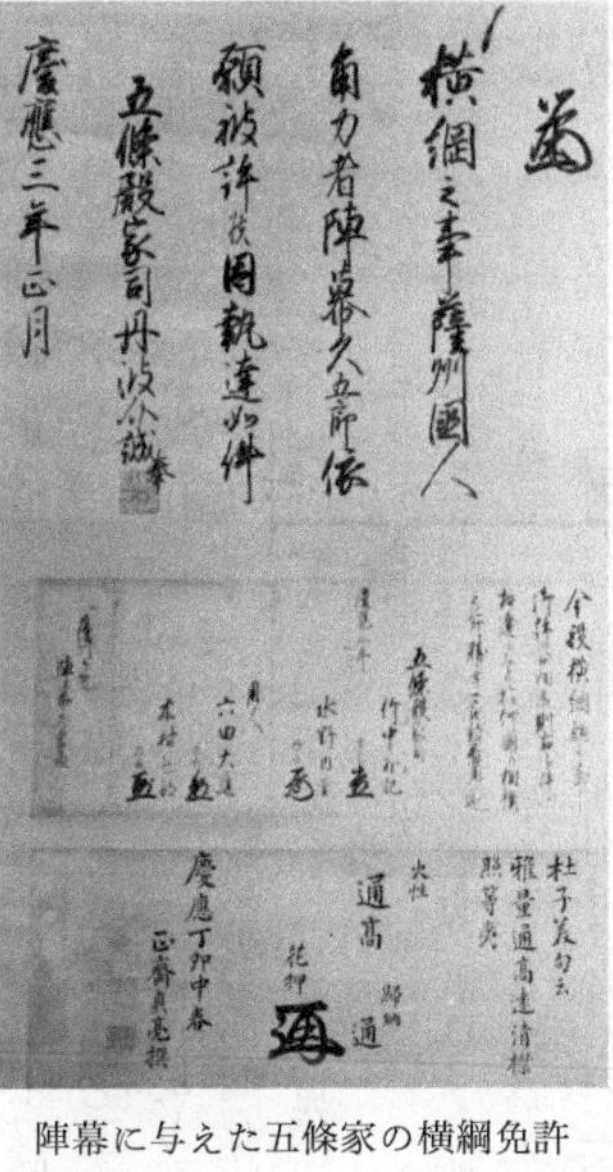
免

横綱之事　薩州國人

角力者陣幕久五郎依

願被許候因執達如件

五條殿家司丹波介誠

慶應三年正月

陣幕に与えた五條家の横綱免許関係書状

三郎が故実門人だから無断での改名はけしからんと談じたことが『雷電日記』（註・『萬御用覚帳』を指す）にあり、仕方がなく有馬山と改名して、「小の川にならぬわけが有馬山」と、当時の川柳でひやかされている。悔しがった松平侯は、置いてきぼりになった稲妻をけしかけて、京都の五條家から横綱証状と注連縄を獲得し、追風の鼻をあかしたという、裏のいきさつがあった。今の言葉でいえば、相撲家元の元祖争いといえよう。

五條家の横綱免許状下付は、幕末の陣幕久五郎で、明治維新に際して公卿方の長官として王政復古に活躍し、頭角を現してきた五條為榮が、慶応三年（一八六七）一月に与えている。五十四万石の細川家をバックにした二百石取りの武家吉田追風家恐るるに足らずの気運が動きはじめた。価値観の大変動は、相撲界にも影響を見せ始めた。

紛糾し続ける家元争い

明治維新に公卿として勲功のあった五條為榮は子爵に叙せられ、元老院議官にまで昇った傑物である。一方の吉田追風家は、廃藩置県の煽り（あお）をくって大藩細川家の禄（ろく）を離れ、その上、弱冠十九歳の追風善門は西南戦争で西郷方に与し（くみ）て国賊の汚名をきせられた。

五條子爵が相撲家元として長く武家の前に屈服していたのをはね返し、失権回復に出たのは当然のことで、慶応三年の陣幕を皮切りに、五條家の縄張りである京坂相撲に対し、明治三年の小野川才助、四年の兜潟弥吉と五年の八陣信蔵、六年の高越山谷五郎など横綱免許を毎年のように与えている。さらに九年には東京相撲の境川浪右衛門、十一年六月朝日嶽鶴之助（東北地方の巡業用）、十七年に梅ケ谷藤太郎、二十三年の西ノ海嘉治郎にも免許しているが、この年に磯風音治郎にも与えたというのは風聞で、五條家の覚書に控えはない。そして二十九年の小錦八十吉への免許が最後となる（註・京都在住で相撲史跡研究家の竹森章氏の『京都・滋賀の相撲』〈一九九六年〉によれば、五條為功が、明治三十六年に若島権四郎に免許したとしている）。

境川免許のときに、吉田善門は獄舎にあり、その上早くいえば浪々の身で江戸相撲に君臨していた家元の権威も、既製の価値観の崩壊から、維新後はしばらく鳴りを潜めていた。この境川は五條家認可ながら、二十八年に陣幕の発明した「歴代横綱」に組み入れられて、第十四代に数えられているただ一人の例外である（註・明治十年吉田司家より追認されたとしている）。当時の陣幕も境川が東京横綱になれば、五條家認可だけではいけないなどと、そんな区別をする考え方はなかったに違いない。

戦後、熊本の吉田家に寄ったとき、この点を先代に質問し、記録にあると見せてくれたがのちの補筆のように観察された。その後の梅ケ谷、西ノ海は、東京相撲のしきたりとして五條家認可後ただちに追風免許を得ているが、失意の追風家は梅ケ谷の斡旋により、中絶していた江戸相撲（東京相撲）とのつながりを復活し、明治後期に京阪相撲の衰退によって、再び相撲家元としての稼業を取り戻すことに成功する。折しも五條為榮は三十年七月五十六歳で没し、家督は功之助（為功）に譲られ、この子爵は三十二年京都の大碇紋太郎一人だけに免許し、以後は相撲界から手を引いている。

さて、奇怪きわまるのは磯風音治郎の横綱である。五條家に証跡なく、吉田司家で正式免許を与えていると、昭和三十八年に先代吉田長善氏が相撲協会時津風理事長に申し出て「そうすると十六代目のあとに一人増員するのか」とびっくりさせた。そこで筆者は磯風の全土俵歴と当時京、大阪にも所属がはっきりしないドサ回りの巡業相撲に終始している調査表を理事長に提出して、横綱という概念が全く違う時代相を説明し納得してもらった。五條家認可のない京都力士に、巡業用とはいいながら、あえて免許した善門の行為は、当時京阪力士に乱発する五條家の横綱認可に対する反撥、同調とも考えてよいだろう。

政府高官の命令一下、梅ヶ谷、西ノ海に免許を与えた例もあり、現在の最高位である横綱の概念で、磯風時代を推量するのは全く時代錯誤の話である。明治の初代梅ヶ谷から昭和の双葉山まで二十一力士に免許を与えて、人一倍やかましやの善門が、磯風のことを黙っていたことはあり得ない。

明治中期になって相撲家元の権威を東京相撲の力を借りて、武家時代の夢よもう一度と、熊本で復活した追風家が、必死になって新華族の子爵五條家と対抗した時代の話である。下世話にいえば、家元稼業の大きな収入源を確保すべく画策し、故実門人を集めていた追風家に比べ、華族生活の安定した五條家には家元の必要はなかった。今日では、芸能界、宗教界の家元争いは珍しくないが、相撲界における紛糾は明治末期の京阪相撲の後退と軌を一にして五條家が後退し、その後は吉田追風の一人天下となる。終戦後の昭和二十六年一月、長年にわたる吉田司家の権限は変革され、現在ではその一切の免許権も形式にすぎず、家元としての権威は消滅し、新時代の波に押し流されてしまった。後年、週刊誌あたりに二十五代吉田追風としてものものしい発言もあったが、隔靴掻痒（かっかそうよう）の感は免れない。

謎の式守五太夫

初代伊勢ノ海と同一人なり

相撲系図専門の研究家として自他ともに許す人がいた。この研究家の論法は「相撲番付がオールマイティーで他はフィクションなり」として当時相撲専門誌に、行司系図を発表したとき「番付に出てこない式守五太夫なんて行司は、架空であって認められない」と、はっきり書いたため筆者のもとへもかなり問い合わせがあった。

ところが、江戸時代の関東一円にわたり、式守五太夫の名で土地相撲に興行免許、行司免許などの免状が発行されていることは、各地に保存されている書状によって証明される。では、番付にも記載されたことのない式守五太夫という行司は、果たして実在したのかどうか。また現役行司でなければ、行司の式守家とどういう関係なのか、というのが筆者に対する主な質問であった。そしてこれら若い相撲史研究家たちは、ペンを揃えて「式守五太夫の正体は、誰であるか」という不審を持っていたことである。

また、伊勢ノ海家の系図、寛延二年（一七四九）の文献には「伊勢ノ海五太夫こと式守五太夫」と書いた記録もあるが、これは一般に公表されていないので、相撲史料としてほとんど人目に触れていないから、相撲類書には出てこない。従って『日本相撲史』上巻を編纂した折も「式守五太夫」の一項は、僅か二十行ばかりで片付けておいたので、その曖昧な一文は、相撲史に関心を持つ多くの研究家にとって不満だったに違いない。

次に『日本相撲史』上巻の行司欄（九七頁）に載せた式守五太夫の記事を紹介しておく。

「式守五太夫という行司もまた江戸行司の旧家であって、その伝わる処によれば、式守の祖は伊勢ノ海五太夫の門弟で、伊豆国賀茂郡小稲村（現・静岡県賀茂郡南伊豆町手石小稲）の産谷某という。また吉田家由緒には、十六代追風の時「享保十四年三月式守五太夫熊本に来り、追風氏に就きて故実門人となる。是伊勢ノ海の始祖とす」とあり、安永二年の式守五太夫の伝書にも『本朝相撲司御行事十六代吉田追風門人式守五太夫』と記してある。式守の祖が、伊勢ノ海の門弟であったか、又伊勢ノ海の始祖であったか判然としないが、式守と伊勢ノ海とは一家であって、寛政の伊勢ノ海億右衛門は両資格を有したもので、寛政五年の伝書奥書に、

相撲名来伊勢海億右衛門、行司之砌式守ト名乗也

本朝相撲司御行司吉田豊後守追風門人

式守　億右衛門

と記してある。この式守の家も後代々伊之助を名乗り、木村庄之助と共に立行司の家として、江戸行司重鎮で、今日までその名跡を存続している」

さて、この一文を編纂した時には、億右衛門の先代である開祖伊勢ノ海家につきまだはっきり調べが行きとどかず、前記の舌足らずの一文は、今読んでみてもおかしい。『日本相撲史』上巻を刊行してから十年後に、初代伊勢ノ海の生家を、埼玉県騎西町

追風が式守五太夫に与えた「相撲式」文書（写本）

字戸崎（旧名倉村、現・加須市戸崎）に発見、一方にその土俵歴もはっきりしてきて、前記一文に霧がかかって曖昧模糊とした部分をはっきりさせることができた。

文中の「式守の祖は……伊豆国……の産云々」は、初代式守伊之助のことで、式守五太夫の弟子に当たるから「式守の祖」は誤認である。なぜならば、初代伊勢ノ海は、吉田追風の故実門人になり、司家の許しを得て行司家の式守家を創立して行司を養成する機関を設け、木村庄之助に対抗する別家の権限を持つようになった。そして行司家を差配するときは、式守五太夫のほうを名乗って、行司式守家を傘下に置いたもので、「相撲式」の一文がそれを証明し、伊勢ノ海の年寄・行司家兼務は明治初期まで百年間に及ぶ。

追風の目代を勤めた五太夫

安永年間（一七七二～八一）に記録された吉田追風の『相撲伝秘書』という写本に、

吉田家故実門人の各地行司配置を定めている事実がある。故実門人とは、古くからある相撲の作法（しきたり）を伝授されることを要請して、家元の門人を許されることで、その際決まりの報酬（入門金）を支払い、故実一巻を授与される。これはその後、横綱推挙のときは吉田追風から授与されていたが、その内容は今になっては史実無視の寺社縁起と同様な、荒唐無稽な事始めを伝えていた。各地行司配置は次の通り。

関八州支配　式守五太夫
同　断　木村庄之助
九州九ヶ国支配　一式左右馬
五畿内五ヶ国支配　岩井左右馬
大　坂　尺子　一学
肥　後　服部式右衛門
同　断　同　兵太夫
同　断　同　源次郎
長　崎　住江　式九郎
同　断　綿山　勝治

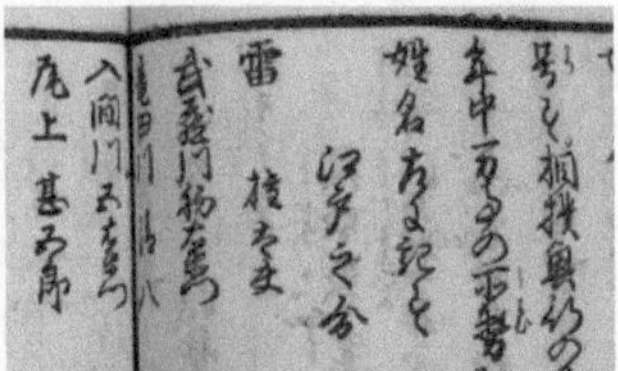

この吉田家文書は、故実門人としてその傘下に入った各地の行司で、京坂相撲では岩井と尺子は個人としての入門であり、五畿（大和、山城、河内、和泉、摂津）内の力士が属する京坂相撲は、依然として相撲家元の宗家として節目正しい五條家の傘下にあって、吉田家の文書に記されているような全国的な権限は許さず、相撲節の系統を誇っていた。

行司配置のトップに、木村庄之助とともに関八州（関東八州・相模、武蔵、安房、上総、下総、常陸、上野、下野の八ヶ国）を支配した式守五太夫（年寄伊勢ノ海）の権威は、大きな勢力を持っていたことがわかる。

『古今相撲大全』に記載されている年寄二席、初代伊勢ノ海五太夫古い行司の中で由緒ある長瀬家は、早くから京坂相撲で重きを成していたが、吉田家が細川家の家臣になったように、南部家（盛岡南部藩二十万石）に仕えて家臣になったため南部家以外の勧進相撲には出場せず、特に藩主からの下知があったときは、元禄から享保にかけて京、大坂相撲に軍配をとったことがある。しかしその後は三都（京、大坂、江戸）の勧進相撲に全くその名を見せず、南部に引き籠って、江戸初期の四角土俵を固守していた。これは、勧進相撲初期の古式を伝えるものであって、多くの相撲故実を伝える古文書が残されている。

この南部相撲の存在は、幕末の平戸藩主松浦静山侯が出した随筆集の『甲子夜話』十四に「奥州南部は、相撲の土俵場を円型にせず、方形に置いて、その角々に四本柱を建つ」と紹介しているが、この古風な伝統は昭和初期まで続き、盛岡へ巡業にいった玉錦から「四角土俵で隅に追い込まれて雪隠詰めになって動けず、回り込むのに骨を折った」とコボしていたのを聞いたことがある。

これに反し、長瀬家より比較的新しい吉田家は、家臣でありながら積極的に門下の養成に努め、地元の九州はもとより、関東の行司を自己の門下に吸収し、関西では京五條家の縄張りに遠慮があり、九州下りの京坂相撲が巡業のとき、これを熊本でキャッチして故実門人の免許を与えていた。何しろ、かつて五條家の目代（事務代理）を勤めたことがあったため、かなりゴリ押しをしたが、京坂相撲全般を支配することができず、明治に入っての横綱免許にもかなりの反撥を食らって、ゴタゴタが続いたことは有名である。

京、大坂相撲に手を焼いた吉田家も、江戸を中心とした関東地方の支配は、初代伊勢ノ海こと式守五太夫の力を借りてスムーズに運んだ。というより当時新興の江戸相撲が全国的な制度組織を整備して、一本にまとまったときであり、この制度の確立に功績のあった初代伊勢ノ海五太夫と結託というより、その才能を大いに買って、兼務の式守五太夫という行司家を作り、その勢力を巧みに利用して、早くから家元確立の布石を敷いていたと考えられる。

吉田追風が式守五太夫に与えた「相撲式」は、相撲場において「式(作法)を守る」ことが、式守家の名乗りの由来であることを語っているが、ようするに式守五太夫は庄之助とともに、吉田追風の「目代」の役割を関東地区で引き受けたことになる。

江戸相撲興隆の功労者

初代伊勢ノ海が、吉田追風家の愛顧を受けて故実門人になったのは古く、まだ江戸相撲渡世集団が京坂の傘下にあり二流であった寛延二年(一七四九)八月、巡業中熊本の吉田家へ立ち寄り証状を受けている。

追風文書では、伊勢ノ海の故実門人を享保時代に遡らせているが、これは例によっ

五條家の支配が窺える「道中人馬駄賃帳」

て古事を尊ぶ修飾であろう。伊勢ノ海が重八と名乗って元文三年（一七三八）大坂番付の中頭に初登場してくる。江戸番付が板行するのは、二十年後のことで、当時の江戸での地位は不明だが、後の江戸番付でいえば三段目力士だ。この小力士が元文以前の享保の頃に故実門人になるのも合点がいかない。文献にある寛延二年に追風の故実門人になったとき、同時に行司家としての式守五太夫を兼ねることを許された文書は前に掲げた。

寛保元年（一七四一）の大坂番付の上段前頭に出た伊勢ノ海は、重八を五太夫と改めているから、式守五太夫の名乗りを借りてきたものであろう。江戸番付では二段目幕下に相当する地位である。この下位の地位で行司家を創立したのは、余程の才覚と統率力があったに違いないし、当時の江戸に於ける相撲渡世集団は制度組織が未熟だったことを示唆している。

この二流の江戸相撲も、しだいに関東、東北地方の力士を養成して内容が充実し、関西の京坂相撲に対抗するだけの実力を蓄え、これまで上方（近畿、九州、四国を含む）の強豪力士の下向を迎えなければ、興行することができなかったのが、江戸力士を上位に交えて開場することができるようになってきた。

伊勢ノ海は大坂番付の宝暦四年（一七五四）五月を最後に姿を消すが、それ以前から江戸年寄兼務で相撲部屋を経営していた。江戸相撲が宝暦七年十月冬場所から、初めて今の形式と同じ東西左右に分けた縦一枚番付の木版摺りを板行した。そして京坂はそれぞれ十日間興行を、江戸では八日間興行として発表した。これは江戸相撲独特の一枚番付で、それまでは京坂同様に東西二枚の横番付の形式で、板番付（庵番付）に書いて相撲場前と盛り場の辻に掲示していた。これは、京坂相撲より人数が少ないため、自然一枚番付ですんだものと考えられる。

この初めての木版摺りの江戸番付に、年寄伊勢ノ海五太夫の名が、勧進元の差添として初登場してくる。差添とは勧進元の共同責任者のことである。

伊勢ノ海はまた式守五太夫として、相撲諸式を伝える古文書に名を出し、『相撲秘録・全』にも、安永二年（一七七三）十月の年号が認められ、これにも吉田追風門とあって、その関わりの深いことが推察される。さらにこの古文のなかには「野見宿禰は日本角力の祖神にしてわが家の祖なり」と、相撲の家五條家の名を見る。これは

「正二位五條前大納言　菅原宣賓」と署し、「角力家業浪人の者へは道中絵付（註・道中鑑札）人馬宿紙の帳面を差し許す」とあって、江戸相撲の道中鑑札など、この方面における全国の相撲集団を、京都五條家が支配していたことがよくわかる。文中の角力家業浪人とは、相撲経営を専業とする親方たちの別称である。

伊勢ノ海家は、代々式守家を兼務として、吉田追風門人の高弟として密接な関係を維持し、江戸相撲繁栄の基盤を築いた功績は大きい。大力士谷風をはじめ多くの弟子を養成、部屋としての第一等の勢力も維持したが、明治維新後しだいに衰微し、百三十年にわたる行司目代式守五太夫家の兼務も解かれた。

謎の南部四角土俵

新発見の南部行司の巻物

昭和五十八年、岩手県盛岡市在住の鈴木うめ子氏から、江戸時代の南部行司所持の『相撲秘書』一巻が届けられた。御主人の彦次郎氏は、川端康成（かわばたやすなり）氏の親友で大正末頃から新感覚派の作家として登場したが、一方では好角家として知られ、戦前の相撲小説はほとんど同氏の独壇場で、友人尾崎士郎氏も氏の影響で相撲執筆に手を染めたといういきさつがある。鈴木彦次郎氏は五十年に亡くなったが、その書庫に秘蔵されていたのがこの巻物で、まことに珍しい発見である。

鈴木氏は生前、江戸京坂から離れて独立した謎の南部四角土俵の解明に、郷土人として人一倍関心を持ち、筆者も招かれて三回ほど盛岡を訪問したが、南部行司長瀬越後の子孫が伝来していた相撲文献史料は、昭和になってすでに南部伯爵（旧藩主）に譲られたため、盛岡には四、五の古文書しかなかった。

新発見の巻物は、南部行司として名を成した長瀬越後の祖となる「生方治郎兵衛」が書き残した〈行司儀式作法〉の内容であるが、これによって実在性が謎とされていた行司生方一統の存在を確かめることができた。

江戸時代は家系を重んずる風習から、行司家の系図、それに伴う相撲故実が、いかにインチキな創作であり、これを鵜呑みにする研究家がいかに惑わされたかは、これまで詳述してきた。それというのも、戦後はあらゆる世界の価値観が大きく変わり、総ての歴史が史実によって書き替えられているにも拘わらず、相撲史だけは旧態依然とした皇国史観による時代錯誤が今なお横行して、その道の識者たちも相も変わらず孫引きによって、したり顔の記事を書いているという事実は、即ち相撲の歴史が厳しい学問の世界に入ってこないといえる現象だ。

そういう筆者も、『日本相撲史』を編纂するとき、「南部相撲」の一項目を設けるかどうか頭を悩まし、とどのつまり高名な「南部行司」二名をあげ、その紹介文だけに終わったことがある。それも虚実とりまとめての行司家伝であった。

　南部行司の「虚実」について、まず調べてみる。長瀬家の家伝によれば、岩井播磨守―生方治郎兵衛―小笠原嘉左衛門―長瀬善太郎（越後）―長瀬善次郎（越後）とあるが、別本には、生方治郎兵衛―小笠原嘉左衛門―岩井佐左衛門―長瀬善左衛門（のち善太郎また越後）とある。岩井は慶長年間（一五九六～一六一五）に京坂地方で活躍し、宮中の相撲に勤めたとあるが、これは吉田司家と同様に宮廷記録の史実には全く

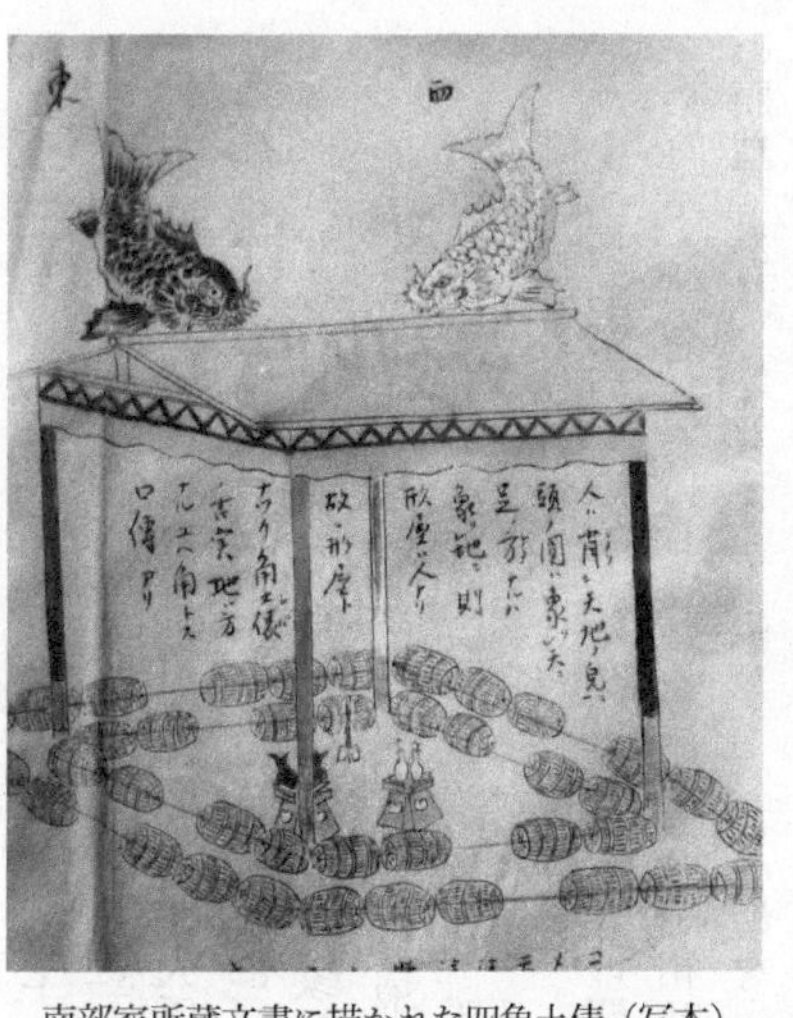

南部家所蔵文書に描かれた四角土俵（写本）

見当らない虚説で、織田信長の御前相撲に出場した木瀬太郎太夫を流祖とし、岩井を開祖としている。そうすると別本にある開祖生方のことになるが、これが発見した巻物の著者で、初めてその実在性を裏付けることができた。

　享保十七年（一七三二）四月、藩主南部利親の命で抱え力士十八人が、京都で相撲を催したが、このとき長瀬越後の指図で四角土俵を築き、四

柱に五色の布を巻き、屋根に鯱を上げるなど、南部長瀬流の方式をもって興行したため、当時すでに丸土俵が普及したときだけに、京都の人々は驚異の念を抱いたということが文書にある。このことが一條関白左大臣兼香公の知るところとなり、相撲の式法や起源を尋ねられ、なおかつ相撲をご覧になったという。

当時の東西三役の力士名は、（東）土蜘塚右衛門　一所関軍之丞　文字摺石平（西）西国森右衛門　荒滝音右衛門　秋津島浪右門で、土蜘は西国を倒してその名を挙げ、行司長瀬もまたその伎倆を認められ、兼香公からおほめがあって冠、装束、団扇を賜い越後守を名乗らせたという。

以上は長瀬家の由来であるが、このときの四角土俵が南部家所蔵の古文書に描かれ、その写本を筆者は所持している。これが昭和初期までに残された「南部の四角土俵」の原型であり、そもそも土俵発生当初の型をとどめており、相撲家元を誇称する吉田司家より古い行司家柄が、この一図によっても窺われる。

土俵発生当初の祖型

南部行司長瀬越後の『相撲伝書』に、自家の系譜を述べているので、読み下してみる。

「慶長二年（一五九七）四月、後陽成院の御世、五畿内（大和・山城・河内・和泉・摂

津）の軍用のため、力士を選抜して本方とし、また伊賀・伊勢・遠江・三河の五ヵ国の力士を寄方として、東西に分けて天覧の式があった。このときの御行事に、伊勢国阿濃郡の岩井市右衛門をお呼び出しになる。これが岩井播磨守であり、宮中御行事を仰せつかる」

とあるが、慶長二年は秀吉が朝鮮再征の命令を出し、翌年に没して全軍が帰還する騒ぎで、軍兵徴発の折に、朝廷で屈強な力士たちを集めることは不可能であり、節会儀式からいってもあり得ない話である。当時の宮中記録にも公家日記にも節会相撲の催しはない。

また、この『相撲伝書』には、岩井播磨守と明石道寿の二行司が、角土俵と丸土俵について論じたとあるが、慶長年間から百年余りも経て記された伝書は、他の司家系図と同様に作為の跡が歴然としている。江戸中期の家系修飾の流行を、頭に入れて判断しないと、とんでもない戯言に引っ掛かってしまう。

例えば延宝年間の行司の伝書に「土俵を築くこと天正年間（一五七三〜九二）より始まり、慶長に至りて諸国一同これを定む」とあるが、これも自家の家系を遠い時代に遡らせて古い時代におくための策案で、当時の相撲絵画に、土俵図を描いたものは一枚もなく、それより百年後の寛文年間（一六六一〜七三）に、初めて土俵の祖型ともいうべき、四本柱を紐で境界を区切っている絵が出現し、また四角土俵の絵も描かれている（註・二五三頁、「土俵はいつできたか」の項参照）。

江戸初期の相撲興行は、まだ見世物の域を脱せず、勧進相撲も未熟であり全国的な組織制度もない頃で、「角界」なるものが存在せず、土俵の角と丸を論ずることも、全く有り得ない時代背景である。『日本相撲史』を編纂中、相撲にとって重要な存在であった〝土俵〟について一項目を割けなかったのは、これら行司伝書の作為を分析し、体系づけ、実証的な流れを究明することができなかったからである。

南部の岩井播磨流を伝える長瀬越後が、その祖とする生方治郎兵衛は『伝書』に「岩井播磨の子、左太夫を家宰（家臣の長）生方治郎兵衛が奉じて南部藩に召抱えられた」と記している。これが万治二年（一六五九）のことで、それ以来長瀬氏はこれについてその故実を伝え、中興の長瀬善太郎が一條関白左大臣兼香の知遇を得て、越後守、行司官名を賜わったことは、前述した通りである。時に享保十七年（一七三二）、京坂を中心に職業相撲による勧進相撲が元禄以後、全国的に隆盛を見る時代である。

このときの京都興行は大成功で、この報告を受けた南部藩主は、翌年「南部相撲の古例を守って、子孫代々御行事（行司）を相勤めるよう」と長文の書付を越後に賜わったことが、旧藩主南部家古文書に残されている。

ところが、南部行司生方治郎兵衛所持の巻物一巻の奥書には、長瀬越後の京都興行と同年の享保十七年三月とあり、同じ時代の行司であることが判る。生方家が開祖で、その直系の何代目かと推測されるのは、庄之助代々と同様であるが長瀬家と共存していたように思われる。しかし、生方家の行司名は、南部行司家系のみに記録され、その末葉は杳として行方不明だ。

いずれにしても、土俵発生当初の祖型は、南部（盛岡）に残された四角土俵であることがかなりはっきりしてくる。これを古墳時代の円墳や銅鏡がヒントになって、土俵を円にしたという妄説は飛躍しすぎて話にならない。

土俵のない平安期の相撲節会の時代に、宮中馬場で「犬追物」といって、犬を追って矢を射る催しがあり、砂を敷いた地上に小縄と大縄で二重の円を描き、その中に犬を放って馬上から射る競技である。あえて古墳時代に遡行しなくても、土俵にやや類似した二重円があり、室町時代まで足利将軍によって伝えられ、江戸時代の元和のころ、薩州島津藩主が復活した事実は、多くの古文書の縄円の図に残されている。円土俵の関連はむしろ犬追

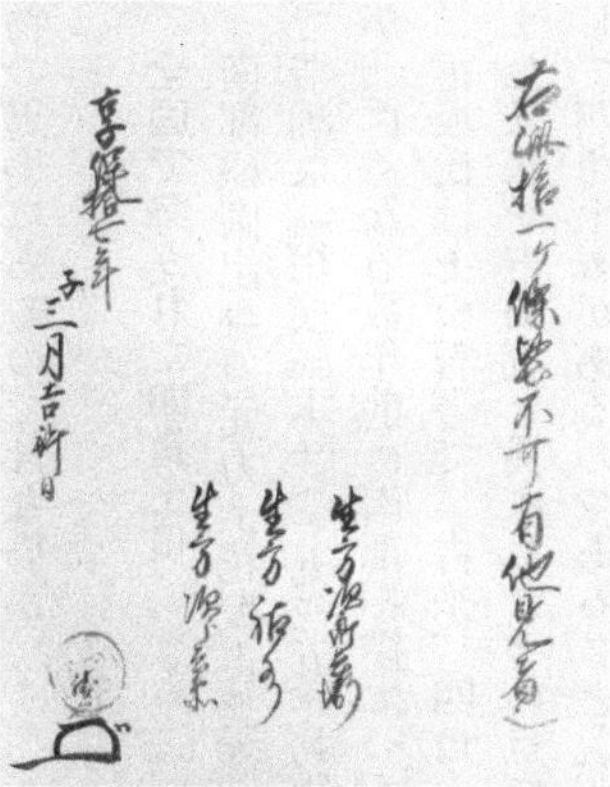

南部行司生方家所持の『相撲秘書』の奥書には享保17年とある

物の馬場にあるのではないか。

全国で築かれた四角土俵

南部盛岡出身の元力士花坂吉兵衛氏は、戦前に枡岡智氏（元相撲連盟会長）と共著で浩瀚な『相撲講本』（一九三五年初版の復刻本＝一九七八年刊）を刊行して有名であるが、亡くなる数年前に南部相撲について盛岡の花坂宅で論じたことがある。

花坂氏はその著書で「古来、四角土俵を以て天下に鳴る南部相撲の行司長瀬氏は、また式法を吉田流と異にしたその点で有名である。いな長瀬氏の祖の創むるところとして四角土俵があるのである」と説明し、吉田追風の流儀によらないことを力説している。この四角土俵について「南部相撲が発明したのでなく、土俵創設の元禄期には各流とも、四角土俵を京坂相撲で用いたのではないか」と、今に残る四角土俵の絵画を筆者が例証として挙げたところ「そうなんだ。その当時の四角土俵の作法をもって南部藩に仕えた行司が、その伝統を守ったのだ」と花坂さんは同調してくれた。

四角土俵は南部家の行司が創設したのではなく、円熟した元禄文化が花開く天和～貞享（一六八一～八八）の頃から、勧進相撲もまた隆盛になり、元禄時代（一六八八～一七〇四）にかけて、文化の中心地京都・大坂で四角土俵が築かれたことは、土俵絵画によって知ることができる。これは京坂だけではなく和歌山の神社に残る相撲絵馬の四角土俵を見てわかる通り、当時の近畿地方を中心とした近在は、この作法によったものであることが十分に推察される。

それを、四角土俵は南部相撲の発明のように誤認する史家もいるが、これは短見である。これも吉田司家の『相撲伝秘書』に、織田信長が江州常楽寺(じょうらくじ)で相撲を催したとき、吉田追風が土俵四本柱を定め——などとウソ八百を書き並べるあたりから生じた妄説であろう。

南部相撲行司の生方、長瀬両家は吉田追風家が台頭してくる遥(はる)か以前の古い家柄で延宝三年(一六七五)に生方治郎兵衛から、一門の岩井左太夫、長瀬伝左衛門へ授与した『相撲伝書』が、盛岡の旧家に今も現存しているが、吉田家とは全く流派を異にし、元禄時代の『洛内外記』には「相撲勝負の行司は播磨、東坂本、西岡の三流あり」とあって、当時京都にあった吉田追風の名は出てこない。これによって五畿内(大和・山城・河内・和泉・摂津)支配は、岩井播磨流の行司によって相撲が行なわれていたことが明確である。

この播磨流を継承する岩井左右馬が、安永五年(一七七六)、相撲家元を唱える新興の吉田追風に膝を屈しその門下になったが、本家の播磨流を継ぐ生方、長瀬の両家は、それより百年以上も前に京坂の地を脱し、丸土俵の祖型である四角土俵の古法をもって、遠く東北の地南部藩の盛岡に移っている。

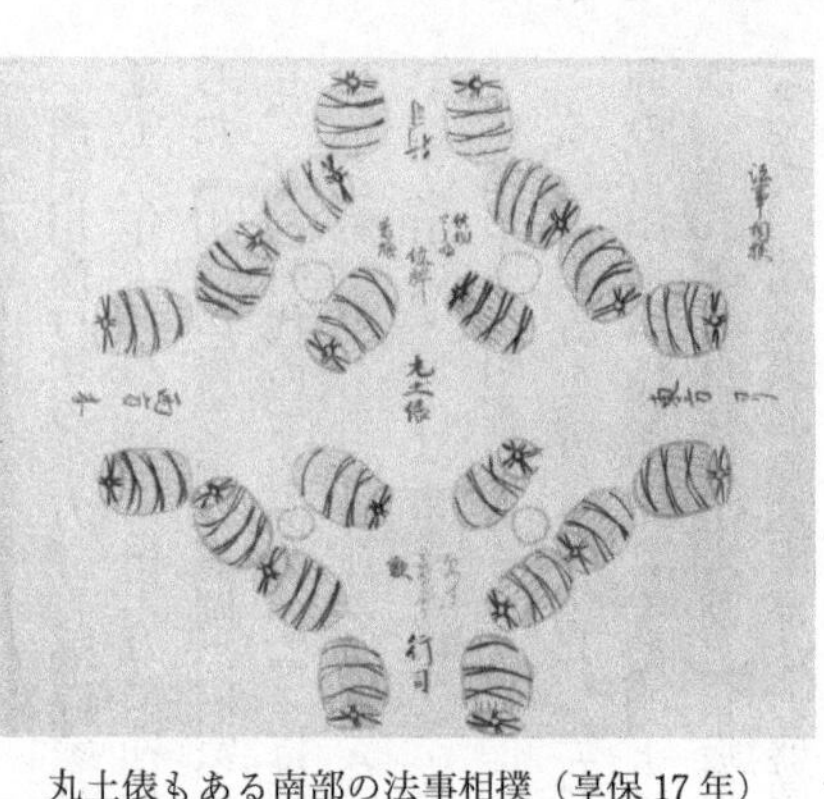

丸土俵もある南部の法事相撲（享保 17 年）

その後、享保十七年（一七三二）、丸土俵のみで繁栄していた京都で、南部の長瀬家が四角土俵を築いて興行し、衆目を驚かせたことは前述した通りである。

花坂氏は『相撲講本』で面白いことを書いている。「吉田氏はしきりに武家の鼻息を伺い、武家の故実を捻出するとき、岩井播磨は公家故実をもって叡覧相撲の御行司を奉仕した」というのである。公家故実とは京都の名家中納言五條家を相撲の家元として暗に認めているわけで、正二位の高官から始まる野見宿禰の筋目五條家は、久留米藩武家筋の吉田家と、家元の本家争いを避けた事件が幕末のころにあった。

さて、生方家の秘本『相撲秘書』の巻物に戻るが、内容は「相撲行司之図」十一条で土俵で用いる張弓、軍扇、片屋、土俵の構築法などを図解しているが、興行のほかに、法事相撲の屋形、土俵の作法を絵画で説明している。

面白いことに、本相撲は南部相撲独特の四角土俵であるが、法事相撲は丸土俵で文字ではっきり丸土俵と書き、北側の二重土俵の間に、位牌（いはい）や供物、香炉を供えている。挿絵のように俵の数は極端に少なく省略しているが、南部相撲もずっと時代が下る享保の頃には、法事相撲には丸土俵を用いたのは興味深いことである。

土地相撲と大相撲

誤り多い歴史家と作家の相撲史

もう随分昔になるが、岩手県平泉の中尊寺（ちゅうそんじ）貫主で小説家の今東光（こんとうこう）氏が中間読物に相撲取が出てくるマゲ物を発表した。その中に十両力士が盛んに登場してくるので、今氏の親友に会ったとき「寛政時代には、十両の呼称はまだありませんよ。明治からですよ」と物言いをつけた。

やがて今氏から返事があった。「小説はフィクションだからかまわん」というわけだ。なるほど、ヤボなことを言ったものだと、ひざを叩いて苦笑した。

だが、歴史を扱う高名な大学者が、こと〝相撲〟に関すると、全くいい加減なことを書くのが通例で、読者から問い合わせがあったので知ったのだが、トップクラスの歴史家と作家の共同執筆した紀行文の中に、「寛政元年（一七八九）、四代目谷風、小野川の両大関が出て、大関のいまひとつ上の位ができ、横綱と呼ばれることになった」とある。そこで、寛政の谷風と小野川が大関の上の階級、横綱に昇進する制度は、すでに、この時代に開かれたのかという疑問をぶつけてきた。

筆者は「江戸時代の横綱は〝注連縄〟を指していい、横綱免許とは注連縄を締めて四股踏みをする作法の免許で、横綱は大関の尊称でもない。横綱が大関の上位の階級として公認するようになったのは、明治四十二年（一九〇九）からである」と、三十年にわたり口うるさく、その来歴を詳細に書き綴ってきた。

これは、相撲史のポイントを力士の勝敗数等、記録におき、史実の内容についての移り変わりに無関心な人が多いからではないかと考えたくなる。勧進相撲の歴史は〝相撲〟という芸能史であるべきものを、近年は他の外来スポーツの隆盛からくる影響で、数字のアベレージをもって歴史を表現しようとして、日本古来の〝相撲〟が持つ〝芸能〟の面をおろそかにしすぎているといっても過言ではない。星取表と番付で相撲の歴史を綴ろうとしている現象が、現実に今の土俵を美学の観点から鑑賞しようとしない態度にもみられる。一方、相撲の持つ芸能を観客に提供しようとする意識の少ない力士たちは、相撲を全く面白くないものにしていることは、識者の指摘を待つまでもない。

さて、前置きが長くなってしまったが、昭和六十年（一九八五）一月の新聞に、かなり名の知れた文化人類学者の大学教授が、「大相撲は、江戸時代の都市文化の華といわれるものの一つであった。従って、大相撲は必ずしもそのルーツともいうべき草相撲と直接的に結び付きを持っているわけではない」と断じていた。この一文は、民俗的な立場から相撲のルーツを探り、大相撲を特徴づける土俵が室町時代に定着し、さらに平安朝の相撲節会の宮廷儀礼的対立の原理を解説しているが、土俵が室町時代にできたという妄想は、これまた昔の相撲雑書にある史実誤認の与太話である。

そもそも、大相撲（職業相撲）と草相撲（土地相撲）とは根が一つであることをご存じない。草相撲は野球でいえば大相撲の第二軍的な存在であったことは、端的にいえば江戸勧進相撲の時代に遡る。実例として、大相撲と草相撲の在り方を具体的に紹介して、草相撲が大相撲のルーツであり、いかに直接的にも一体になって結び付いていたかを述べていきたい。

土地相撲を収容した大坂番付

大相撲の発祥は、考古学的には弥生期から古墳文化時代の遺跡から発掘された土偶埴輪の中から相撲を取っている形の物を見出すことによって知れる。こうした事実により、日本においても上古時代から、相撲に近い格闘技が盛んに行なわれていたことがわかる。

弥生期に始まる稲作の農耕生活において、農民が豊作を神に祈願したり占ったりす

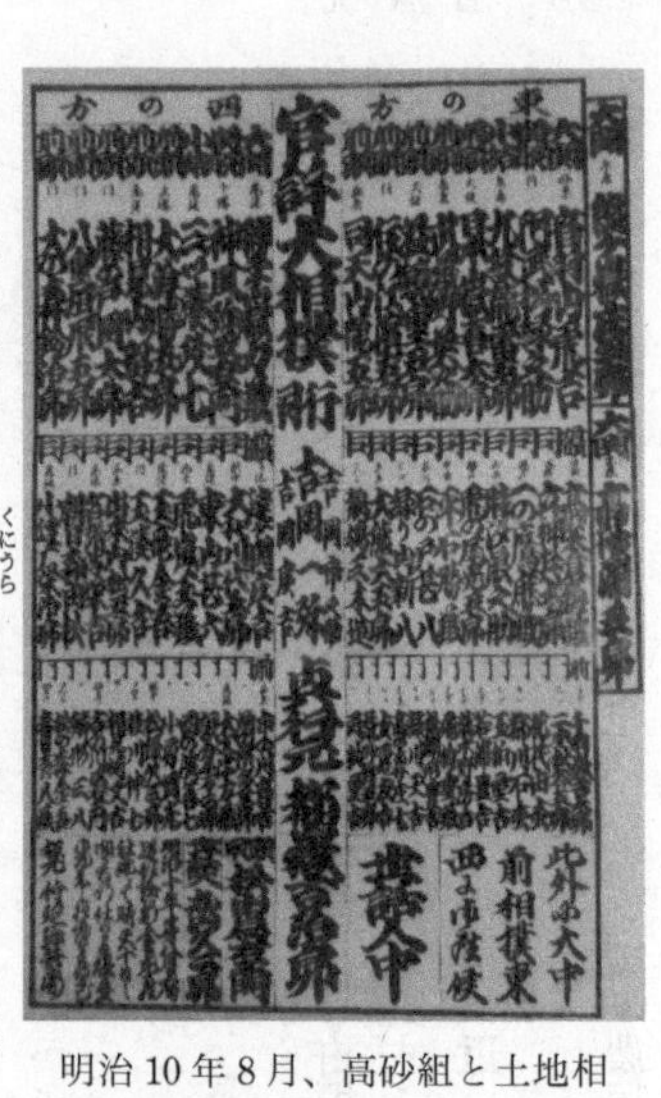

明治10年8月、高砂組と土地相撲の合併興行番付

る農耕儀礼として、村々で相撲を奉納する習慣が太古からあったことは、近年発達した民俗学の定説になっている。

言い換えると、相撲という格闘技は農村という広い底辺で発達し、やがて奈良朝になって天皇家で、この農耕儀礼を取り上げ五穀の豊穣と国の平和を祈願する国家的年占い（国占）の行事となったが、このとき相撲人（力士）として招集されるのは各地の農民が主で、相撲節の結果、この中から目ぼしい強者は宮中に残され、宮廷の守護、国府の衛士を選抜する手段とした。

奈良朝から平安朝にかけて三百数十年も開催された相撲節は、源平二氏の台頭でついに廃絶したが、この長い間の宮中儀式の相撲節によって、今日の相撲の基本が定められ、現在と、ほぼ同一といえる洗練された相撲技の内容と、形態が育成されたのである。その相撲人はすべて名もなき農村の子弟で、宮廷儀式の主人公でありながら出世しても衛士の番長で終る例が稀にあった。

宮廷絵巻の相撲節が終りを告げたのち、相撲人たちは農村に帰郷し、各地に正しい節会相撲の取り方を普及し、一般農民の間にも相撲に対する関心を一層促した。村々で鎮守の森を背景に、奉納相撲を主体とする草相撲が日本民族の根強い伝統となった。

さて、江戸勧進相撲の発展は元禄期に隆盛を迎え、大坂を中心に毎年全国から集合、南は九州鹿児島、長崎、北は青森の津軽南部、仙台などから力士たちを続々と引き抜いてきて、相撲渡世集団による興行が開催されたが、これは地方都市で近辺の農村から集め育成した草相撲のメンバーたちであった。そのため各都市には土地相撲の集団組織が発達し、土地相撲の頭取（年寄）たちが、それぞれ強者を選んで、中央に推薦して送り出した。

中央の京、大坂で活躍した力士は、毎年迎えられて番付の常連となったが、近畿を中心として編成される番付は、この地方の土地相撲のメンバーを下位に連ね、そのため東西二枚の横番付を作成し、この慣習は明治初期までに及ぶ。

一例として、明治十年（一八七七）八月の京都における東京、大阪、京都三府合併相撲興行の三枚番付のうち、東京高砂組番付を見ると、西大関、小結、前頭も二枚目から五枚目まで土地相撲の「愛知組」で、二段目、三段目にも頭書に尾張（おわり）とあるのが同組である。

東京相撲を破門脱走した初代高砂浦五郎は、土地相撲をメンバーに入れて各地を巡業し、大阪、京都で合併相撲を興行して歩いた。このように草相撲の集団である土地相撲は、大相撲に絶えず有力な相撲取を供給し、大相撲もまた巡業中は草相撲を交えて興行するのが江戸時代からの慣習で、そのために有望力士に日ごろ目をかけて世話をし、育成したものである。

江戸では、東北、関東に強豪力士が輩出した宝暦～天明期（一七五一～八九）になって力士を抱え、大名の江戸詰めという政治背景もあって、天明～寛政期にようやく中央化したが、宝暦七年（一七五七）に初めて木版摺りを刊行。小番付のため京坂のように土地相撲の力士を収容できなかったというより、このころから江戸相撲を傘下においた新興の相撲家元吉田司家（熊本藩五十四万石細川家家臣）は、職業相撲（相撲渡世集団）と土地相撲をはっきり区別した。土地相撲を「土相撲」と称して相撲作法の正統性の無きを、相撲渡世集団に強く吹き込み故実厳守を誓約させた。

困ったのは江戸相撲の年寄たち、これまで土地相撲（草相撲、鎮守相撲）を自分の縄張りとして育成し、巡業のとき有望な若手をスカウトし江戸に連れ帰っていた。そこで土地相撲を自分の傘下におくため、吉田司家に故実門人の許しを得て、その代理人の資格で「吉田司家門人、江戸年寄伊勢ノ海」などの名で、土地相撲に興行権、土地行司の免許証などを発行し、師弟の絆を確保していったのである。

京坂は古くから京都の相撲家元五條家傘下にあり、吉田司家の命令は撥ね付けていた。

アマ相撲の本流が土地相撲から学生相撲へ移行

土地相撲が相撲渡世集団のいかに重要な相撲取の供給源であったかについて述べたが、考えてみれば、これまで数多の相撲類書が出版されてはいるものの職業相撲の底辺に広がる土地相撲について、まともに取り上げた本が一冊もないのに気付く。しかし江戸時代の藩士が土地相撲と江戸相撲を併記していることには驚く。近年は農村構造の破壊から、全国に広く年中行事化していた土地相撲の伝統は、根こそぎに絶えてしまい、わずかに神事相撲の形態で細々とながら生きながらえているのが実情である。戦前は日本の農村人口が七〇パーセントもあったのに、現在は二〇パーセント足らずと聞くから、やむを得ない。高度経済成長の時代となったことに原因がある。「今年の秋も豊作貧乏ですよ」と、秋田県の友人から便りがあった。農村では鎮守様に〝相撲〟を奉納して豊作のお礼をする生活感情を失っている。

神事相撲については、碩学の畏友竹森章氏が昭和五十八年（一九八三）、一年間にわたって月刊『相撲』に連載してくれたが、本来神事相撲に深い関わり合いを持つ土地相撲に、あまり言及できなかったのも、こうした事情による。

これまで、すでに形態を失った上方の大坂、京都相撲を中心に、その東西二枚横番付を紹介し、その本場所番付に近畿地方の土地相撲が、いかに多数参加しているかを説明しておいた。

一方、江戸（東京）は縦一枚番付で収容人員が制限されるし、地方相撲を本場所に加入させる制度も最初からなかった。しかし江戸相撲も地方巡業のときは、興行に土地相撲の力士を参加させて土俵に登場させ、腕力や技能に優れた若者に胸を貸してテストしスカウトするのが常例であり、そのため日頃その育成に心を配り、土地世話人、地方相撲頭取（年寄）を介して養護にあたっていたことは、前に述べた通りである。

こうした職業相撲の育成の成果は、明治、大正のころまで、スカウトされて入門する若者が、幕下付け出しでいきなり登場する例をかなり見る。学生相撲で数々のタイトルを土産に、幕下付け出しで初土俵を踏む者は、輪島をはじめ、出羽の花、天ノ山、朝潮、藤ノ川らがいる。昔は土地相撲で地力を養ってから幕下、あるいは三段目、序二段で付け出しになる若者が目立っていた。

大正四年（一九一五）一月幕下付け出しで登場した能代潟錦作は、のち大関になって昭和十一年四十一歳まで取って引退したが、親しくしていた筆者は、彼の晩年（一九七三）に、草相撲で鍛えたその生い立ちを『相撲』に載せた。当時はまだ角界に身を投じる若者の前歴は、地方で頭角を現わしてから入門する例が多かった。

能代潟が新弟子になったころは、学生相撲もまた隆盛をきわめていたが、当時の学生チャンピオン、陸海軍のチャンピオンでも、職業相撲にかかってはせいぜい三段目程度の実力で、プロとアマの格差は、今と違って大きな隔たりがあった。

大正時代、大相撲の力士、年寄、行司らはすべて警視庁から営業用「遊芸人鑑札」を受けて鑑札料を払わなければ、相撲協会に加入できなかった。これは明治十一年二月に発布された警視庁令で、歌舞伎役者、寄席芸人と同様の扱いであった。こうした身分差別があった当時としては、猫もシャクシも高校、大学へ進学する現在とは全く違い、高校（専門学校）、大学出は稀少価値のあるエリートだから、いくら大学相撲のチャンピオンでも、間違っても遊芸人に属する職業相撲に身を投ずることは少なかった。

昭和３年３月場所で初優勝。天皇賜盃を抱く大関能代潟

この遊芸人（芸人）鑑札は昭和六年四月協会が「力士身分向上請願」を文部大臣に提出して、五十余年ぶりに遊芸人鑑札を免除されることになる。この鑑札制度の名残りが「二枚（力士、年寄兼務）鑑札」の言葉で今なお耳にすることがある。

いずれにしても、一般庶民の間か

ら発生し形成していった土地相撲の持つアマ相撲の本流が、現在は学生相撲に移行しているると見るのは、僻事ではなかろう。

セミプロの巡業相撲

異色の相撲集団〝兵次郎組〟

『相撲』誌の読者から「明治後期〝梅・常陸〟時代に、東北出身の幕内力士鶴ヶ峯が実在したか調べてほしい」という質問が寄せられた。「明治から大正にかけて鶴ヶ滝、鶴ヶ浜、鶴渡（三人）という幕内力士はいるが、鶴ヶ峯はいない」と回答した。

ふと、鶴ヶ峯の四股名が、頭の片隅に引っ掛かっているのを暫く経ってから思い出し、明治番付をめくっているうちに、本番付の間に挟まったセミプロ番付が出てきた。西前頭三枚目にその鶴ヶ峯の名がある。

明治末期の相撲黄金時代は〝梅・常陸〟の人気で、江戸寛政期〝谷風・小野川〟時代の賑わいを再現し、ついには、四十二年に両国橋の畔に相撲常設館（旧両国国技館）を完成させるという、古今未曾有の繁栄を招くことになる。

この相撲人気に便乗して、全国各地の土地相撲が農閑期を利用し、集団を組織して近県まで巡業して歩いたことは、今でも土地相撲の墓碑や記念碑が各地に散在していることで頷ずける。この土地相撲の中から、スカウトされて本職のプロ力士になった若者もかなりの人数になる。近年の学生相撲から相撲界に身を投じるのと同じようなケースといえよう。

これは、江戸勧進相撲からの風習で、土地相撲（田舎相撲ともいう）で鍛えた豪の者を、その地方を支配下とし縄張りを持つ江戸の親方（年寄）か京坂の親方（頭取）が、土地相撲の親方に渡りをつけていてスカウトするのが、長年の慣習になっていた。当時はその地方出身の力士が現役のときから、故郷周辺を縄張りにしていて、他の部屋の親方が巡業に来た際にも、手を出してスカウトすることはタブーになっており、この掟は昭和初期のころまで厳として守られていた。

現在では、学生相撲のスカウトに各部屋の親方が鎬を削っているが、昔はこのような風景はあり得なかった。例えば鹿児島県出身の西ノ海嘉治郎（初代）が井筒部屋を再興すると郷党の子弟はこぞって入門し、他の部屋へ弟子入りすることはなく、その伝統は今も伝わっているが、世相の変転から昔ほどに厳しくはない。鹿児島出身の者が井筒部屋以外の力士になった場合、県人会の人たちが後援しないという、暗黙の掟が戦前にはあったためだ。

この初代西ノ海も、土地相撲で二年鍛え〝九州大関〟の異名をとり、巡業に来た初代高砂親方からスカウトされたもので、当時の土地相撲は、野球でいえば第二軍のような存在であり、日ごろから目をかけて面倒をみていたものだ。

しかし、土地相撲とは全く別な組織をもったセミプロ相撲の集団があり、その代表格が、〝兵次郎組〟と呼ばれ、北海道の札幌、函館を中心にし、夏が終わると仙台を本拠に関東まで巡業して歩いた一行である。

セミプロというより相撲巡業を稼業にした一行で、仙台興行のときは、仙台の土地相撲が参加して番付に名を連ね、津軽興行では津軽力士が加入するというように、一行の主力メンバーは二段目、三段目以下の二十余名で、土地相撲の大関、三役クラスの実力者は上段、二段目あたりの番付に名を出してくれるから、東京相撲の巡業とまた一味違って人気があったという。

この相撲集団を引率する頭取木村兵次郎は、元東京相撲の行司だったという。番付を調べると明治二十年（一八八七）ごろから名を出しており、二十五年あたりまで幕下格行司として存在している。

この番付を昭和三十四年ごろ、出羽海相談役（元横綱常ノ花）にお見せしたことがある。「わしが新弟子のころ、東北方面へ巡業にいくと、北海道の兵次郎組が来たあとだ、なんていう話をよく聞いたが、一行は田舎相撲や、下っ端の三段目あたりまでいった力士の寄せ集めだ。兵次郎はもう六十すぎの老人で、興行地へ挨拶に来たことがある」というが、大正初期に解散した幻の相撲渡世集団である。

大正時代の少年だった私の耳にも、この異色の兵次郎組の話は伝わって、近所の相撲部屋の親方たちの間で話題になり、初切（しょっきり）の名人がいた話は興味深く記憶に残っている。

Ⅳ 番付

大相撲番付の変遷

江戸（東京）独特の縦番付

江戸の相撲番付が現在のような、縦一枚番付の形式で木版摺りにして発行されたのは宝暦七年（一七五七）十月冬場所からである。これは江戸の相撲渡世集団が制度組織を整えて、大坂・京都の上方相撲に、ようやく対抗できる力を持つようになり、地方相撲から脱皮して大場所を開催できるようになったので、当時としては、全くの新機軸である縦の東西一枚番付を発行した。京坂の東西二枚の横番付に対抗し、新興江戸力士団の存在を誇示したわけである。

この江戸古番付帳の奥書に、当時の所持者が次のように記している。「……宝暦丑のとし（宝暦七年）春迄は東西弐枚摺にて、今上方の趣とおなじなりしを、其冬より東西あはして、壱枚摺になして、二段目、三段目という事も是よりぞ知り安し」。この注記により、いまと同じ形式の縦番付が、このとき作成されたことがわかる。そして同じ前頭でも、二段目、三段目と呼んだことが推察される。

現在一番古い番付として残されているのは、元禄十二年（一六九九）と十三年の京都番付の写本であるが、当時はまだ木版摺りでは発行せず、盛り場や興行場の前に板番付を掲示したもので、摺物の番付の発行はそれから三十年後の享保年間（一七一六～三六）になる。

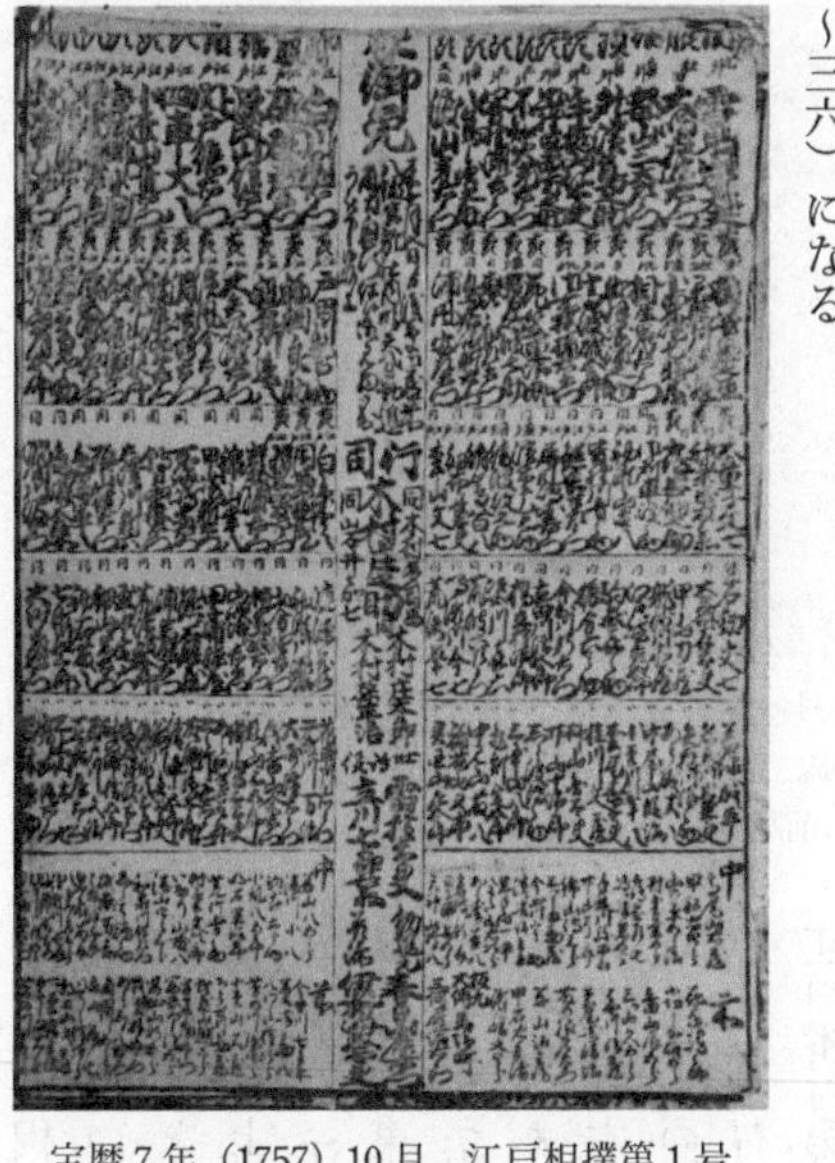

宝暦7年（1757）10月、江戸相撲第1号となる木版摺り縦番付を発行

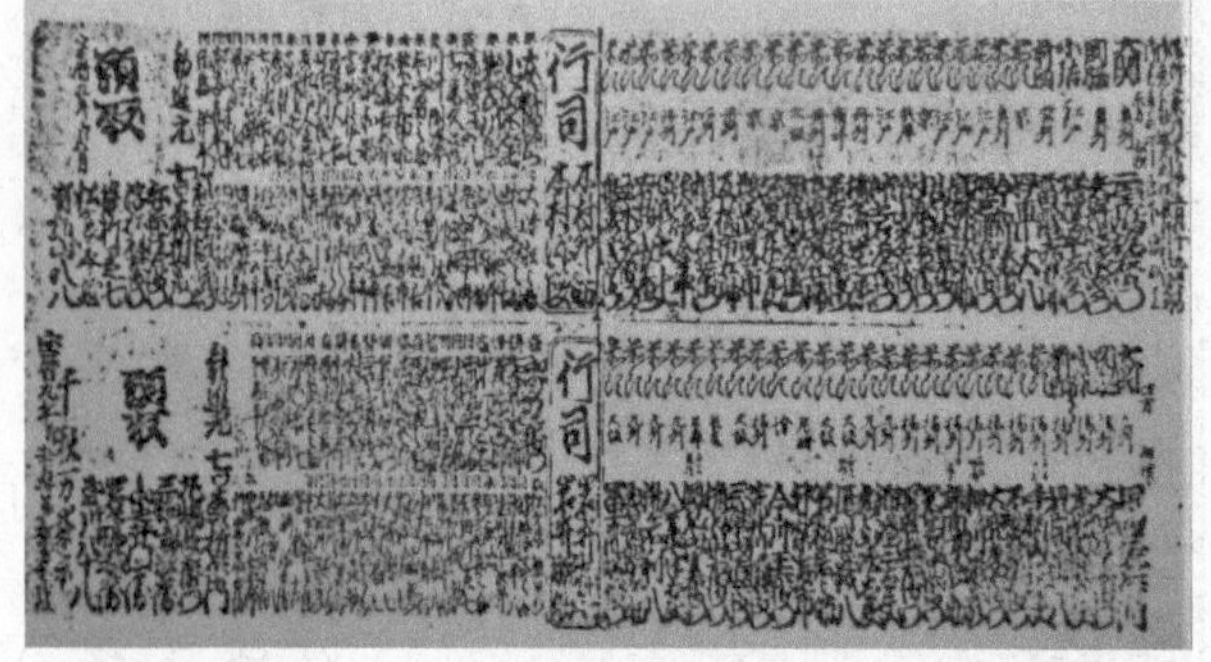

宝暦9年（1759）5月の東西2枚摺りの京都番付は東西に前頭が22枚ずつ並んでいる。中央に行司欄があり、その左の二段組の力士が「前」すなわち前相撲にあたり、今の番付外となる

当時の相撲界は、京坂が中心で、いずれも横番付の形式をとり、番付が一対という意味からきているように、東西二枚になっている（上方番付のこの形式は明治初期までつづく）。江戸相撲が木版摺りを発行する以前は、東西に分かち書きにした横番付を庵（いおり）看板（板番付）にして、盛り場に掲げたものである。

江戸の木版摺りは、力士人員が少ないため、京坂の横番付東西二枚を一枚に詰め込んで、左右に東西を分けたものであるから、江戸番付第一号は現在の番付と内容的にはかなり違う面がある。まず七段番付で、下位に「本中」「前相撲」が二段分を占めているから、これを除くと五段番付で、今と同じ形式になる。ところが、京坂番付の「前頭」は横に二十枚以上も並べているから、これを江戸番付で並べると、三段目あたりまできてしまう。そのため当初の江戸番付の「前頭」は三段目途中まで書き、あとは「同」として五段目まで流し書きにしている。

この前頭（まえがしら）は、「前相撲」の頭（＝あたま、上位の者）という意味で、序ノ口まで以下「同」と書いてあるのは現在も同様だが、前頭というのはのちに幕内（幕の内）だけを指していうようになった。

幕内の語源は、大名屋敷に力士たちが招かれて、相撲をご覧に入れるとき、上位力士は幕の内に控え、下位力士は幕の外で待つというのが慣習であったところから、幕の内と幕の外の言葉が生まれ、幕の外は前頭以下の前相撲（本中、間中（あいちゅう）以下）を指していったが、これがのちに幕下というように変化していく。なお、「幕下」の語は江戸相撲だけの用語である。

初め七段番付であったのが、四年後には五段になり、本中と前相撲を略し、現在と同様の左スミに「此外中角力前角力東西ニ御座候」と断り書きの形式が残されている。

そのあと六段番付が明和六年（一七六九）まであり、次に五段になり多少の変動があったが、この形が今日まで及んでいる。最初の江戸番付は大関、関脇、小結と前頭の序列を示すだけで、のちの幕内格は、前頭と頭書した三段目、または二段目までに当たるわけで、一定していなかった。

「幕内」の呼称が番付上にいわれるようになったのは文政年間（一八一八〜三〇）で、寛政のころは、二段目を含む上位力士を指す尊称で、はっきりとした番付上の階級ではなかった。したがって、二段目を幕下というようになったのも二段目力士が増員してきた文政年間のころである。

六段目の「中」は「本中」、その下の「前」は「前相撲」の略で、前相撲はこの番付に掲示しない新弟子がたくさんいた。この前相撲より先輩の兄弟子たちが、前相撲の上位にいるため「前頭」の語が生まれ、「本中」は、前相撲を勝ち越して出世した位置で、前頭と前相撲の間にいるため、本中（また相中ともいう）と名付けた。

序ノ口は江戸幕末まで「上ノ口」といい、出世の上り口の意だったが、明治から序ノ口と書くようになって序二段の呼称が生まれた。「前頭」が前相撲の上位ということから生じたのは、前相撲クラスの番付外（大坂では見習い）力士が、常に番付の半数、または三分の一位いたからであり、明治初期のころまで、今では考えられないくらい多勢の「本中」「前相撲」力士がいて、嘉永四年（一八五一）、本中力士がストライキを決行、回向院に籠城し、大相撲興行が中止になった「嘉永事件」が起きたほどである（註・三〇九頁「嘉永の紛擾事件」の項参照）。

番付に本中、前相撲の掲示がなくなったあとも、番付最下位の上ノ口（今の序ノ口）に出世するための段階で、江戸時代から昭和二十年ごろまで、前相撲で連勝して本中に出て、さらに連勝して初めて新序（序ノ口）になり、次の番付で序ノ口に掲示されたものだ。現在の前相撲は出場して土俵を踏めば、負け越しても次の場所に誰でも序ノ口に昇進できる。

江戸の縦番付の読み方について書かれた当時の文献はないが、京都、大坂の史料で推測し、また断片的な記録で調べると大方次のようになる。

大関―関脇―小結―前頭＝二段目、三段目、四段目、五段目（上ノ口、のちの序ノ口）―本中―間中―前相撲。

江戸番付は、何しろ新発明の形式だから、最初は京坂番付の模倣をしていたのが、しだいに独自の形態を整えていった。

はじめ「本中」「前相撲」まで載せていたのが、四年目から止めて、いまの五段番付の形式になるが、明和時代になると六段番付になり、前頭を二段目までいちいち記し、あとは「同」で簡略に済ませるようになる。

この二段目までを「前頭」と書くことは、五段番付に戻った明和七年（一七七〇）春以来、安永～天明～寛政へと続く。すなわち、二段目までが幕内格ということである。

このように、相撲の歴史は古く制度もいろいろと移り変わっているから、現在の番付制度にあてはめて江戸初期の力士をもって、「入幕力士」「横綱力士」（註・九九頁の

「横綱の起源」の節参照）と簡単に呼称するのは誤解が生じることにもなる。番付の変遷だけでも一冊の本になるくらい複雑である。

番付の上位にある大関、関脇、小結の三役は、番付が語源としている番文（つがいぶみ）の意味から、江戸時代には必ず東西に一人ずつが原則で、三役の張出制度はなかったが、この規則が破られたのは、文久三年（一八六三）七月の張出関脇陣幕が最初の特例である。それまでの張出は多く怪童、巨人力士の土俵入り専門力士のみに設けられ、前頭とあっても幕内力士の意味ではない。

「関取」は「大関」の意味だった

三役力士が東西にいる番付はいつできたかということは、相撲番付の発生はいつかということに関連する。江戸の寛政期に本居宣長の書いた随筆集に「相撲の最手といふもの、今の世の関なり」と説明しているが、関とは大関のことである。平安朝の宮廷相撲の最手は、江戸時代には大関の尊称として用いていたが、明治以後にはあまり目にしない。最手とは、最も優れた取手（技量者）という意味で、その最手の下に脇（または助手）の二役が王朝相撲にあって、これが江戸時代の関脇（大関の次位の意味）となる。

足利時代に主家が亡んで失業した牢人（浪人）たちの群が徒党を組んで、各地の武将、大名のいる城下町に行き、相撲を得手とする武士たちに挑戦し、辻相撲程度の興行をして歩いたが、また相撲集団同士の対抗戦に、相手を全部（小人数）倒して勝ち抜いた力士を「関を取った」といった。これが「関取」の語源である。

「関」とは、「関所、関門」の意味だ。物事を支え止めるもの、仕切ったもの、隔てなどの内容である。相撲の場合は、相手たちが勝負の場に立ち塞がって遮るのを「関所」と見立て、これをことごとく破って倒せば、関を攻略することになる。その相撲人の「関を取る」すなわち「関取」の呼称が強豪力士に奉られるようになり、略してただ「関」と呼ぶようになったのが、右に述べたように足利時代の末期に始まった巡業興行である。

今では十両力士以上は、関取と称しているが、この言葉の発生した当初は、後の大関の意味であった。江戸勧進相撲の隆盛を招いた元禄時代（一六八八〜一七〇四）になると、力士の強弱を示すランキング（序列）が作られ、初めて相撲番付の発生を見ることになる。そして「関」の上に「大」を冠して、「大関」の最高地位を示す名称が生まれ、その次位に平安期の王朝相撲の「脇」を借用して「関脇」の地位がすんなり作られた。

詳細に引用できないが、江戸時代の学者たちは大関の語源の由来について、随分チンプンカンプンな解説を書いている。これは王朝相撲の公卿日記など一部しか公開されていない当時のことだから、相撲節の実情をさっぱり知らないと見え、大関の語源を奈良時代の「防人」が関所を守ったところから来ていると解説したりしているが、これは全く見当違いな由来で、江戸趣味のつまらないゴロ合わせにすぎない。これら学者の由来説を否定しているのは、喜多村信節の『嬉遊笑覧』（文政十三年刊）である。「むかしは、関小結等の名称はない」と一蹴し、「後世に関というのは、関門のことで、これを越えるものがないというところからきている」と、明快に説明している。

大関と関脇の由来は、以上の説明でおわかりと思うが、難物は小結だ。

『角力旧記』という行司の伝書には「小結と言うは天正の頃より加入す」とあるが、天正といえば織田信長の時代、十六世紀末になる。

また別の伝書には「慶安年中（一六四八〜五二）に始まる」とあるが、当時は相撲番付は作られていないので、まったく眉ツバな話だ。

井原西鶴の『本朝二十不孝』の文中に、大関、関脇は出てくるが、小結の名称はない。これは貞享三年（一六八六）の出版であるから、まだ小結の役相撲はなかったに違いない。元禄末期の番付に初めて「小結」の役力士は見ることができる。

『古今相撲大全』にある「小結は役ずもう取の小口の結びなれば、故にかく言う」とあるのが、小結の唯一の由来記である。大全の相撲故実は、ほとんど信用できないが、これは、もっともらしい説であるといえよう。

また、番付の片方に大関一人の場合は、反対側の横綱が兼務することになっているが、これは明治二十九年五月横綱になった小錦が東大関を兼務したのが最初である。この場所の番付は大関と頭書して、下の出生地の脇に小さく横綱と記した。これは横綱がまた階級でないことを示している。

横綱が大関の上の階級として認知されたのは明治四十二年夏場所からで、この場所前二月に協会規則が改正され「横綱大関の称号は従来最高級力士と称せしも爾来最高位置の力士と改称す」となった。これで初めて横綱は位置（階級地位）として認められたが、ここで注意すべきは「横綱大関」とあって、これまで最高位の大関にして横綱の称号をもっていた力士が、横綱大関として最高位にあるという意味。大関にして横綱であるということで、単独の大関とはっきり切り離したわけではない。横綱は番付の大関を兼ねているわけで、そのために大関が欠けた場合、横綱は大関を兼ねて番付に「横綱大関」と頭書されるわけである。この慣習（伝統）は、横綱が地位になっている大正から昭和初期までつづくが、昭和十一年五月に男女ノ川が「横綱大関」と、番付に初めて頭書した（註・令和二年三月場所の鶴竜が同様の扱いを受けた番付は、記憶に新しいところである）。

本場所でありながら、異例な番付を二回発行したことがある。

昭和二年に東京と大阪両協会が合併したとき、東京の春・夏（一月・五月）のほかに、三月と十月の二回、「関西本場所」を開催する取り決めがあった。ところが、この関西本場所の成績は、東京の一月、五月場所番付に関係がなかった。二年三月の大阪場所の成績によって同年十月の京都本場所興行の新番付として編成発行された。そして京都の成績は翌三年三月の名古屋本場所の新番付に編成されたから、東京本場所の成績と完全に切り離されるという、かなり変則なものだった。

そのため東京本場所の番付昇降に影響がないと、関西本場所を休場する力士も出てきて、ファンからも評が悪かった。そうしたことから、翌三年十月の広島本場所から変則番付は出さないことになり、その代り関西本場所の成績と、東京場所の成績と合わせて、例年どおり一月（春）、五月（夏）の二回番付発行することになった。

この関西本場所は七年一月に春秋園事件が起こって、同年十月の京都を最後に打止めになった。また、この関西場所（広島や福岡で興行したこともあるが）優勝者には賜盃が授与され、四股名を刻んだシルバープレート（名札）が取り付けてあり、本場所同様に扱うべきであろう。

なお、江戸時代の四股名は、「音」さえ合っていれば、改名といわなかった。当時の漢字は「音標文字」の発音符号の役目もしているから、番付を書く行司によって、しばしば文字が変わっているのを見受ける。たとえば、宝暦八年の置塩川（おしおがわ）が十二年に押尾川となり、飾磨津（しかまつ）が飾間津—鹿間津になっても改名ではなかった。稲川―伊名川―猪名川も同様で、そのため番付にあえて改名として扱わない。

しかし、昭和になって、二十九年一月に千代ノ山が千代の山とカタ仮名の「ノ」を平仮名の「の」にしたことから、「富」が「冨」になったりするのも改名と見なすようになったので、いちいち改名を明記するようにした。これは姓名判断の字画から生じた現象といわれる。

年寄の起源と変遷

相撲年寄の起源と変遷

江戸勧進相撲の初期は、寺社の寄付金募集などの名を借りて、盛り場で木戸銭を取ったり、投げ銭を目当てとした、見せ物のような簡単な興行であった。まだ戦国時代の荒々しい気風が残っていたころで、力士のみでなく浪人者も多く参加し、また俠客、旗本などの飛び入りもあって、興行のたびに喧嘩口論は言うに及ばず刃傷沙汰さえつきものという有様で、取り締まりに手を焼いた幕府は、ついに慶安元年（一六四八）江戸市中の辻相撲、勧進相撲の禁令を出した。

当時、相撲渡世集団を統率して勧進相撲の興行を行なっていた者たちを「相撲浪人

（牢人）」と呼んでいたが、これは、元力士として大名や旗本に召抱えられていた者が、老齢となって暇を出され、相撲渡世集団の経営に当たっていたのである。

幕府の禁令によって生活の道を閉ざされた彼らは、奉行所へ毎年のように相撲興行を願い出たのだが、なかなか許可はおりなかった。ようやく貞享元年（一六八四）、勧進元の雷（いかずち）権太夫が監督責任者として寺社奉行に願い出て公許され、三十数年ぶりに勧進相撲興行が江戸市中で開かれることになった。このときの願書は、「相撲浪人たちは、渡世（商売）ができないため、露命をつなぎかねるので、老年の者どもは相撲年寄と改め、万事取り締まるゆえ四季に相撲興行を御免（許可）賜りたい」という趣旨で、勧進元の雷をはじめ相撲浪人十五人が共同の「株仲間」を組織して、この年寄連名で願い出たものである。これが職業的な力士を養成する相撲年寄の端緒となる。

享保年間（一七一六〜三六）からは興行の公許は相撲年寄を専業とする株仲間だけに限定されたため、年寄たちは結束し、年寄名跡は次第に重んじられてきて、代々師弟によって引き継がれるようになった。これら年寄たちの主な仕事は、相撲集団の運営、興行、弟子の養成、全国の地方集団との連絡などであった。

十五人から始まった相撲年寄の制度は、江戸相撲興隆期の天明〜寛政期には年寄の数も四十人前後となり、天保〜弘化のころは五十四人を数えるまでになった。その後明治に入って、三十六年に東京相撲協会規約によって八十八人の年寄名義を定員とし

相撲会所（現・協会）

た。このなかには明治になって新年寄として新たに創立登録された五家も含まれているが、そのほかのほとんどは、宝暦～寛政の半世紀の間に、現役力士が引退して、四股名を年寄名にして創家したものである。昭和二年東京相撲協会に大阪相撲協会が吸収合併されたとき、大阪の頭取（東京の年寄に相当する者）十七名が加わって百五名の定員となったが、その後東京、大阪の両方にあった年寄名の一方を廃家にしたり、大阪方の五家を復活させたり、さらに昭和三十四年それまで年寄名に入っていた立行司の木村庄之助、式守伊之助の両家を除き、また例外の世襲年寄――番付版元根岸家――が廃家になるなどを経て、百五家が年寄の定員となっている（一代年寄を贈られた大鵬、北の湖、貴乃花らは他の力士が相続することはできない）。

年寄名義は相撲協会の承認がなければ継承できないが、相続が許されると先代から受けた年寄証書（年寄株証書）の裏書をして、襲名の手続が終わる。

年寄となる条件、年寄株の価格

江戸時代から明治中ごろまで、師匠の年寄名義は二、三の例外を除き、必ず直系の弟子か一門の弟子によって襲名されていた。その際、襲名披露の意味で、年寄名になって土俵をつとめ、番付に名を記してから引退するのが一般的な風習であった。現在はたとえ年寄名を取得あるいは相続しても、現役を引退しない限り年寄名を名乗ることはできない。

江戸時代は幕下以下の序ノ口、三段目の力士であっても、師匠の後継者に選ばれればその年寄名を相続できたのだが、明治になって三段目以上、同三十六年からは幕下以上、そして大正末に十両以上に限って年寄名義を継ぐことを許されることになり、現在に及んでいる。また襲名の際は師匠名に限らず、他家の、一門に関係のない年寄名も相続できるようになった。昭和三十三年からは行司の年寄襲名は認められなくなったので、結局、現在年寄となる資格の所有者は十両以上の力士だけということになる。ただし十両以上なら無条件というわけではなく、現在の協会規則では、幕内を通算二十場所以上、または幕内と十両を通算三十場所以上、三役一場所以上、横綱、大関経験者が有資格者とされている。

もっともいくら資格があっても、定員百五家のうちに空株がなければ襲名できないわけで、師匠の後継者と決まっている者以外は、現役時代から、年寄を定年退職する者（六十五歳が定年）と年寄株の譲渡をあらかじめ契約しておかないと、引退してからでは間に合わない。近年、引退力士で年寄株の当てのない者は、すでに年寄株を入手している現役力士から借り、その力士が引退してその年寄名を襲名するまでの期間だけ年寄になる場合も多い。これを「借株」といい、その株を借りている間に別の空株を見つけて譲り受け、改めて名義変更する年寄もいる。師匠の跡目を継ぐことが決まっていても、師匠が健在の場合、一時他の空株を借り受けて師匠の定年を待つ場合もある。また借株から借株へ転々として名義を四回も五回も変更する年寄もいるが、借用の場合はいずれにしても、月々借用料を支払っている。

江戸時代から部屋経営者の師匠（親方）の名称を相続する弟子は、その師匠の娘と結婚して入り婿になるか、夫婦養子になるのが普通であったが、いまではその母子系家族の伝統はかなり薄れてきている。

年寄の名義を襲名する者には、その先代年寄である前名跡所有者とその家族を扶養する義務が付随するのだが、現在ではその手数を省くために適当な金額を支払い、つまり扶養料の一時払いの形式をとっている。そのため「年寄株を買う」という言葉が生まれたが、本来、年寄株は、先代一族の世話をする義務と引換えに、師匠から弟子に無償で譲られるものだったのである。

年寄株の相場は一口に億単位といわれているが、一門の年寄株を買うときより、他系統のものを買うときの方が少し高くなるというのが定説である。

年寄株は今でこそ娘一人に婿十人の引張りだこであるが、日清戦争前の明治二十五年ころまでは、維新後の相撲熱の下火が尾を引いて、生活の安定しない年寄の名跡を継ぐ弟子もなく、金一封や部屋となる家を付けて頭を下げて頼むなど、株をもらってもらうのに非常に苦労したという。

当時の勧進元は年寄が順番に回り持ち、興行が黒字のときは純利益をもらえるのだが、赤字のときは当番の勧進元が出金して穴埋めをしなければならず、それを恐れて年寄相続をためらう者もいたといわれる。

今では、どの名跡も値段の高低はないが、明治のころまでは、由緒ある名門の株は高額で、部屋持ちになったことのない平年寄の株は安く、これを「雲助株」と呼んでいた。

年寄になると弟子養成の義務があり、師匠の部屋で後輩の指導に当たる者もいれば、分家して独立し、運よく多数の花形力士の養成に成功して、一代で大部屋にのし上がり、協会役員に出世する者もいる。

年寄にはそれぞれ職務担当が細かく割り当てられる。役員は年寄（評議員）によって選挙されるが、一門の年寄票の数によって事前に調整され、定員だけ立候補するため、決選投票になることはほとんどない。

二人の相生松五郎

昔は幕下でも大出世

百聞はなんとやらで、相撲史の調査にあちこち歩いてみると、とんでもない間違いにぶつかることがよくある。

土地相撲の大関が江戸相撲の大関であったり、その反対に、江戸番付に三役として短期間ながらつとめた力士が、土地相撲で終ったと村史に記されているものもある。調査行でいちばん弱るのは、江戸相撲の幕下か三段目あたりで引退した力士が、故郷では立派な大関として通用し、村史に麗々しく記録されていて、「これは誤りですね」と説明すると、憤然として「このように、ちゃんと番付に書かれてるではないか」と食い下がられる。

出された証拠の番付というのは、地方巡業の番付で、上段（一段目）と二段目（幕下）は江戸力士、それ以下は土地相撲との合併番付だから、頭数だけは江戸番付くらいそろっている。ところが上段の三役幕内は、たしかに本職力士で江戸相撲だが、幕下か三段目力士。番付の二段目の幕下は、江戸の序二段以下といった顔触れ。江戸幕内ならまだしも——幕下下位でも巡業番付は大関で通る。

当時は、総勢十数名で小相撲の組合を編成して田舎回りの巡業に出ることは普通だ。そして故郷に錦を飾った幕下力士が大関、または三役の位置に堂々と名を連ねた番付を村人に配った。

ここでちょいと物言いの声がかかるかもしれない。

「幕下で故郷に錦を飾るとは、おかしいじゃないか」と。

ごもっともな話だ。江戸時代から明治初期は十両制度がなく、幕下上位から中軸までの力士は、いまでは考えも及ばないほどの権威があった。このことは番付枚数の少ないことに関係がある。そして幕下力士といえど、多くは大名の眼鏡にかなって何人扶持（ぶち）かの給料をもらうお抱え相撲になり、士分格といっても足軽くらいの待遇を与えられ、大名のお国帰りには行列に加わって、肩で風を切る大変な出世ぶりであった。

だから江戸時代から明治初期までにたびたび刊行された『相撲金剛伝』、今の力士一覧表にあたる略歴表には、三役から幕内、幕下力士まで、もれなく記載されてある。

言い換えると、幕下の二段目力士（これが正式の呼称だった）は、今でいえば準関取格といってもよかろう。錦絵の一枚絵に描かれたのをみても、髪は大銀杏に結っているし羽織袴も着用して、大小二本差しをゆるされ、堂々たる押し出しでまかり通ったから、幕下を出世力士といっても過言ではない。封建時代の身分制度のやかましい時代に二人扶持あるいは五人扶持（一人扶持は一日五合の米量）にときどきお小遣いを賜り、士分格として待遇されるのだから、食うや食わずの水呑百姓の倅が、土地相撲で名を売ったあげく江戸相撲にスカウトされ、幕下力士にまでなれば破格の出世といってもおかしくない。ましてや、幕内へ栄進すれば、ノーベル賞を取ったくらいの騒ぎで村人は迎えたものだ。

少し余談になるが、幕下力士や三段目あたりで年寄名跡を襲名するのはザラで、こんなところにも幕下といわれる当時の二段目力士の威光が窺われる。

村誌の疑問を解く

昭和四十一年の秋、徳島県内を一週間ばかり史蹟探訪をして歩いたときのことである。名高い鳴戸渦潮見物の鳴門フェリーボートの発着地点である鳴門市は、二人の相生松五郎の出身地であると聞いて、小首をかしげながら出かけた。

鳴門市内といっても、旧坂東郡大津村は市街より四キロも東手前で、海からは六キロも離れた県立自然公園大麻山麓の農村である。現在は鳴門市に統合され大津町大代といって、四国遍路第一番札所の霊山寺も近く、鳴門線と鍛冶屋原線に沿う街道筋で、池谷と鳴門のほぼ中間にあり、松茂から北上する道は、大代でT字路になって合っている。

姫路藩相生松五郎、後の大関綾瀬川山左衛門

　幕末の相生松五郎については、阿波徳島出身と知っていたから、いささかの不審も感じていなかったが、もう一人は明治までとっていた大関と聞いて、「これは大変な発見になるかな」と、胸をはずませて急行した。そして頭を抱えて帰京した。

　大津町は旧大津村で、ここに大正十四年六月に発行された村誌がある。

　これには、明治十六年に発行された『櫓太鼓音高砂』と題した初代高砂浦五郎一代記から、相生松五郎（のち大関綾瀬川）との経緯を抜き書きして編んである。

　村では相生松五郎の前名を庄太郎というが、はたして綾瀬川と同一人か、今まで大阪五軒町生まれで仲仕（荷担ぎ人夫）を業として育ったと『日本相撲史』中巻に書いておいたのが誤りか、あわてて結論は下せないと、時間の都合もあって調査を打切り帰京した。そして、大津町大代の旧家で、相生の四代目にあたる北代満明氏と何回かの文通によって、次第にこの疑問を理解することができた。

村誌には次のように記されていた。

大代北代家に生る。相撲史伝に曰く……（中略）明治五年十一月には綾瀬川進んで西の大関となり……綾瀬川は即ち相生なり……是より先き高見山（高砂のこと）は境川、手柄山、相生、兜山と共に姫路侯の抱へ力士たりしが、廃藩置県の日に当り、高見山等も亦姫路侯よりの抱へを解かれ是に於て高見山等相約して曰へらく今王政維新に際して我徒姫路侯の抱を解かると雖も年来の鴻恩は終に忘るべからず、縦今厚棒を以て招く人あるも、我徒相約して再び仕ふる事なかるべしと、既にして相生その盟に背きて土州侯の抱へ力士となり、名を綾瀬川と改む……（中略）明治六年偶ま濃州にありて綾瀬川、小柳、高砂は力士数十名と共に名古屋に駐り、綾瀬川は同士数人を携へて東京に帰へりたるが、明治の相撲史上に大波瀾を巻き起したる濫觴にして、復相撲中興の力士輩出の端緒なりき。

以上は、紛れもない高砂伝記の抜粋で高砂の相撲改革の脱退事件に触れているところなど、早呑み込みの承知之助ならずとも、相生改め綾瀬川は大津町大代生まれと合点したくなるが、墓は同地の勝福寺にあって、明治五年九月十三日歿とある。五年に死んだ者がどうして六年の改革事件に遭遇することができようか。

そこで念のため例によって番付調べが始まった。江戸番付では姫路酒井侯が二人の力士に播州の名勝「相生の松」にちなんだ四股名を同時代に与えるわけはないと、幕末から明治初期までの大坂番付を丹念に目を通してみた。

江戸と大坂に同じ四股名

調べること三日目、ついにあった。慶応二年（一八六六）五月、大坂天満砂原屋敷においての興行番付に、二人の相生松五郎が東西に分かれていたのだ。当時の大坂番付は、東西二枚摺りの横番付で、江戸力士の相生は、その年の一月姫路の抱えとなって達ヶ関から相生に改めて東幕下十七枚目にいる。大坂番付では東中頭（前頭の下のクラスで江戸の幕下）二枚目に位置し、四股名の上にヽヽヽヒメジと頭書してある。一方の相生は、西中頭三十五枚目にあって、アハ相生と記してある。アハは阿波の仮名書。ついで翌三年六月、同じ天満興行番付に、江戸力士の相生は東中頭三枚目に躍進している（一月の江戸番付は西幕下十枚目・今の十両格）。一方の大坂力士相生は西中頭四十五枚目。

ここで断っておきたいが、幕末までの大坂興行は、毎年一回夏ごろ、上位に江戸力士の西下を待って場所を開き、上位に江戸力士を列記してこれを中心に番付を編成したもので、それもこの頃は、江戸の全幕内が加入するわけではないから、その時々に応じて、大坂力士で実力のある者は、幕に入れてもらうこともあった。また江戸の幕下上位で幕内に名を記す場合もある。

換言すれば、大坂場所の大坂力士は江戸力士の下風にあって、常に幕下待遇を受け、かなりの差別待遇であったが、毎年実力のある力士は江戸相撲に加入して移籍するので、大坂は京都相撲と同様に、力士養成の第二軍的な役割を果たしていたわけだ。これをもって大坂力士は弱いという、一部の相撲研究家評は見当はずれも甚だしいといえよう。

さて、慶応四年六月は三ヵ月後に明治元年と改まるが、明治維新の動乱の真っ最中に、江戸大関で前年横綱免許をうけた陣幕久五郎が、脱退して大坂に来た。そして大坂相撲を独立させ、江戸相撲と相対して大坂だけの、独自の番付を発行した。

このとき大坂力士の相生は、西前頭三十一枚目に名を出し、江戸改め東京の相生の方は同年十一月（冬場所番付）、東前頭五枚目に入幕していた。

つまり、二人の同名別人が、同時代の大坂、江戸にいて、その履歴が誤って大坂の相生に混入したわけである。わかってしまえば、なーんだと合点はいくが、東京大関に出世した相生改め綾瀬川の方は、かって松竹蒲田の名女優栗島すみ子の祖父にあたる人で、その父栗島狭衣は、相撲評論家として明治、大正、昭和に聞こえた朝日新聞の記者であり、その家系は山陽道筋の某藩家臣が浪人して大坂に流れてきたと伝わっていて、相生の生い立ちも、あまりはっきりしていないだけに、「もしや」という考えは、これで帳消しとなった。

天保十一年（一八四〇）に入幕した初代の相生松五郎は、当時徳島藩の藩主斉昌侯が病気で隠居したため、無類の好角家で土地出身力士はもとより、他国出身の名力士を多数召抱えていたのに暇をとらしたおりだけに、抱えの沙汰もなく姫路酒井侯のお召に応じたという経緯がある。この相生は弘化二年（一八四五）引退して、二代春日野を継いで年寄になり、嘉永三年（一八五〇）十月二十六日に歿し、墓は生まれ故郷の大代西ノ須にも墓が建立され、「相生院玄修日行居士」と記されている。両国回向院にあったが今はない。大坂力士の相生は、この親類筋にあたる先輩の四股名を勝手に名乗ったものだ。

大坂相撲の相生を、大関綾瀬川と混同したため、後に大関相生松五郎の墓が建立されるような事態が生じたものと思われる。

江戸時代は同名力士が多く、このような誤りは、寛政の大関九紋龍清吉にもあり、新潟と富山が本家争いをしたこともあったが、これなど同時代に亡くなったことから土地相撲の四股名が江戸力士と結び付いたところに、誤りが生じたように考えられる。

関脇に落ちた横綱

順序が狂った手刀

パスカルの随想(パンセ)に「クレオパトラの鼻がもう少し低かったら、世界の歴史も変わっていたであろう」という有名な一節がある。世界史にくらべては恐縮だが、相撲の歴史だって、ほんのちょっとした気まぐれなはずみや、偶然の出来事が原因でそれが連鎖作用を起して、いわゆる「相撲故実(こじつ)」というものが生まれてくる。だから相撲故実じゃなくてコジツケだなんていわれるのも、無理からぬ話だ。

相撲故実をまとめた本が出始めたのは二百年前ころだが、当時の力士や行司が書いたもので、いいかげんなデッチ上げの眉ツバものであることは、明治初期の歴史学者がいちはやく指摘していた。

そういった雑書からの孫引きを、さらに孫引きして故実でございと長い間まかり通って来たのだから、心ある学者は、相撲の歴史というと、講談めいたものだけに、そっぽを向いて相手にしなかった。

故実とは昔の儀式や作法のしきたりをいうものだが、故実の誕生がいかに偶然の中から飛びだしてくるか、昔はさておいて、手近な例をあげてみよう。

昭和四十一年の名古屋場所に「懸賞金を力士が行司から受ける場合は、必ず手刀を切って受けること」と時津風（元双葉山）理事長の名で触れが出た。今までは協会内規になく、ムンズと摑みどりする力士もいたため、ファンからは不作法ではないかと非難めいた声もきこえた。もともと手刀の礼は、千秋楽に三役の勝者が、弓、弦、矢を受けとるときなどの儀式用作法で、弓取式では毎日見なれている動作だが、懸賞金受領の礼とはされていなかった。

昭和十三年頃と記憶しているが、当時角界随一の礼儀正しい名寄岩（年寄春日山）が、懸賞金を受けとるときに手刀を切って礼をした。この動作がいかにも美しいので他の力士も次第に見習うようになったのが、ことの起りであるらしい。

ところが、江戸時代のいろいろな古書を調べても、弓取式の作法には別な動作が記してあって手刀を切るようなことはさっぱり出てこない。いつ始まったか分からない。筆者の少年時代、近所に住んでいた行司さんが、「あれは、三段に切り打ちするのだ」といったのを覚えている。後のように、勝利の三神にお礼するとか、手刀を切るとかは聞かなかった。

ところが今度「手刀は左から右、中央への順である」と指示してあるから驚いた。大正の頃からまん中から始まることを見慣れていただけに、誰がこんな順序を新しく考え出したのか――現在の力士だって面喰らったに違いない。

大正時代の本には「中、右、左と切り打す」とあり、これは「火を鑽る」の意味で、不浄を清めて受けとるという解釈であろう。

なお明治中期から大正の中ごろまで弓取りの名手と聞こえた白の峯は、「東方の大関が勝ったときには、まん中を先とし、正面に近い右、それから左といく順になり、西方大関の勝のときは、中、左、右が順序になる」といっていた。

相撲故実というものは、このようにちょっとした思いつきがきっかけになって、ろくに調べもしないで生まれてくる場合が多いようだ。

〝横綱〟は尊称でなかった

さて、冒頭のクレオパトラの鼻ではないが、横綱の由来と起源、変遷について、これまで何度となく書いてきたが、まだ相撲関係者や一般に徹底してないとみえ、名古屋場所のテレビでも、「横綱は、むかし大関の尊称であった」とアナウンサーが放送していたが、これは大間違いだ。

すべての歴史は、そのときの時点において解明して内容をとらえ、その上で現在の目を通して過去を眺め理解するのが、歴史を知ろうとする者の態度である。いま現在の価値判断の概念と観点で、過去にあてはめて解釈するのは全くアベコベだ。伝統を尊ぶ相撲の世界だけに、関係者も心してもらいたい。

だいたい江戸時代に、横綱谷風とか横綱秀ノ山などという呼称はなかった。いつの場合でも大関谷風、大関秀ノ山で、これらの大関は、「横綱土俵入免許」を与えられた大関といった。略してもせいぜい「横綱免許」の大関だった。綱を締めて土俵入りをするのが、主眼だったわけである。

大関の中から横綱免許の力士だけを選び出して、特別に扱う考え方は、すでに幕末のころにきざしをみせはじめたが、これは横綱土俵入りの資格を与えられた大関力士を名誉としたまでのことで、必ずしも大関の尊称ではなかった。

筆者の所蔵している錦絵の一枚に、三代豊国（国貞）描く七人立ちの横綱姿がある。明石だけは綱を締めず、つづいて谷風から秀ノ山までの弘化ごろ刊行の版画である（次頁写真参照）。明石は日下開山免許、綾川、丸山はなく、谷風は横綱免許の初めとあるから当時の人の方が見る目があったわけだ。

江戸時代から明治の初めごろまで、当時の大関力士に、横綱土俵入免許を与えたのは、徳川将軍上覧相撲と明治に入っての天覧相撲に際して儀式上必要としたからで、それを一般興行のときにも利用して演じたにすぎない。

寛政元年（一七八九）の谷風、小野川の両大関に対する免許授与は、二年後に控えた十一代将軍家斉（いえなり）の上覧相撲の計画に備えて行なったもので、これが現在の横綱免許と形式は同一である。それ以前の三人の横綱は、明治に入って陣幕久五郎が「横綱力士碑」を建立するとき、順番を決めたものであるが、内容は全然異質である。もちろんそれまで、横綱力士という名称はなく、横綱免許の大関だけを選んで、歴代という代数で数えることもなかった。

陣幕は幕末の横綱であるが、横綱土俵入免許を非常に名誉として、普通の大関力士とは区別して考え、深川八幡宮境内に、横綱力士碑を建てる寄付金を募集するために、独力で明治二十八年に趣意書の文章を作成した。そのときはじめて、初代明石から西ノ海まで、十六人の横綱免許の力士を列記して歴代横綱の一覧表を配布した。

伝説の明石だけ綱を締めていない。「横綱鑑」（三代豊国画）

初代明石、二代綾川、三代丸山については、当時の相撲研究家から谷風を始祖とする説があって、かなり反論もあったが、三十三年に碑が完成し、その後、次第に横綱力士という存在が、大関の上位に位置する別格と考えられるようになり、相撲協会は明治四十二年六月の両国国技館落成に先立ち、改正規則の中に「横綱大関の称号は従来最高級力士と称せしも爾来最高位置と改称す」と明文化してやっと落ちついた。この最高級力士の意識は、「梅・常陸」免許の三十六年ころに始まったものである。

横綱の階級化も東西の上下もなかった

陣幕が歴代横綱力士というものを発明するキッカケになったのに、おもしろい話がある。明治二十三年三月に横綱免許を受けた西ノ海が、五月番付には大関に張出されることになった。

同門の小錦は一月場所八戦全勝、西ノ海は七勝二敗の星勘定だから、小錦は正大関に位置し、西ノ海の張出大関は当然。ことにこの場合は新大関の小錦と大鳴門が二人増え、これまでの東西一人ずつの大関という江戸時代からの原則が初めて破られた異色の場所である。そこで西ノ海は「横綱免許を受けた身を、張出とは何事か」と、協会に物言いをつけた。困りはてた幹部たちは、非常手段として番付面に前例のない「横綱」の文字を四股名の上に頭書明記して、やっと西ノ海をなだめてケリがついた。だいたい西ノ海は、大関から落ちてから数年関脇小結をつとめ、二十三年一月に大関に復活し、その一場所で小結小錦より悪い成績にも拘わらず横綱免許になったのは、今言われている「横綱は強豪大関に与えた称号」という内容に当たらない。これは三役時代数場所の好成績により、また同年三月九段偕行社で天覧相撲が催されるため、急遽横綱免許を与えて出場させたものである。現在のように優勝（当時は優勝制度なし）を条件とすることとはまるっきり関係がないことはこれでわかる。

こういう経緯で、番付面に横綱の文字を表示したことが、ひょうたんからコマが出た——ということになり、横綱が階級化する前提になったのである。

西ノ海が横綱を番付面に出したため、番付の体裁上、それまで西方にあった高砂系を東方に回し、西ノ海を東張出に据えたことから、これまで東西の上下がなかった番付に、東方を上位とする考え方が生じたのも、全く一つの偶然からである。

初代西ノ海の物言いで番付に「横綱」の文字が出た

なお、強豪大関に与えた称号が横綱という決まり文句を否定する材料に、文政十一年（一八二八）七月まだ関脇である稲妻雷五郎に五條家から免許があった。同年十月大関に昇進する前で、もちろん大関の実力はあったが、十三年三月の上覧相撲に備えての土俵入免許だった（吉田司家の免許は、十三年九月）。

おかしいのは、天保十一年（一八四〇）十一月吉田司家から免許を受けた不知火諾右衛門で、同年十月は大関だから文句はないが、二年後の十三年二月（春場所）には一場所だけ西関脇に落ちている。名誉の横綱免許を受けた大関が、関脇へ落ちるとは、とても考えられないことで研究家たちを悩ませたが、横綱免許が地位階級とは直接関係のないことは、この一事をもって立証できる。これとは別な古書には、十三年に免許とあるが、司家記録は十一年になっている。もっとも不知火は十四年九月の上覧相撲に大関として横綱土俵入りを行なっているから、不都合はないわけである。

このほか関脇の地位で横綱免許を受けた力士に谷風、小野川もいるが、次の寛政二年（一七九〇）に二人とも大関に昇進し、三年六月の上覧相撲に初の横綱土俵入りを披露しているから問題はない。

いずれにしても、現在の横綱の考え方で、江戸、明治初期の横綱と比較するのは誤りである。弘化二年（一八四五）免許の秀ノ山雷五郎の好敵手として活躍した強豪大関剣山谷右衛門は、「自分は土俵入りの姿が悪いから、秀ノ山に免許を」といって横綱免許を辞退した話も残っている。いわんや相撲史上最高の強豪である抜群の大関力士雷電為右衛門に、横綱免許の沙汰がなかったのは、上に谷風、小野川がいたし、またその機会に恵まれなかっただけのことである。

Ⅴ　土俵

土俵はいつできたか

眉ツバの相撲伝書

相撲競技にとって、一番重要な存在は〝土俵（どひょう）〟である。本当は〝相撲場〟というのだが、競技場をさして〝土俵〟と略していうのが習慣になっている。正しくは、俵に土をつめたものが〝土俵（つちだわら）〟で、この個々の土俵をもって、競技場を一定の大きさに区切り、その中で相撲競技を行なうところから、単に〝土俵〟という表現で通用しているわけだ。

この〝土俵〟は、相撲競技のあらゆる規則に優先して、相撲の内容と本質を規約していることは、言うまでもないことであるが、この肝心な土俵の出現が、いつの時代から始まったか、曖昧模糊（あいまいもこ）として、今まで究明されたことがない。

相撲故実の家元として相撲界に君臨した吉田司家でも、はっきりさせたことはなく、吉田家より古い他の行司家の覚書を鵜呑みにしている始末で、これも相撲七不思議の一つに違いなかろう。

これまで相撲史研究家と称する相撲通の人たちも、司家同様に、いささかの疑念も持たずに、行司の伝承を信奉しているから、始末が悪い。大体相撲の歴史を調べようとするならば、他の歴史書を一通り繙といてからやるのが常道のはずだが、相撲関係者の力士や行司の書いた記録だけを、金科玉条と心得ているから、一知半解の研究しかできないことになる。なかには、この行司記録を手掛かりとした上に、さらに飛躍した妄想を付け加える好事家まで出てきて、ますます神韻縹渺とした憶測の説をなすから、相撲史とは、神社仏閣の縁起物語と同様の扱いを受けることになりかねない。

江戸時代の行司が書き残した相撲故実の伝書ほど、眉ツバで無責任なものはない。といって、これを彼らだけが悪いと責めるのは的はずれだ。当時の風習として、自家の家系を整えるために、甚だしい粉飾と創作が行なわれたことは、周知の事実である。上は徳川将軍から下は足軽、物持ちの町民まで、家系を整えて家柄を誇示することが流行し、家系作りの専門家は、今の流行作家ほどに繁昌したらしい。

私事にわたって恐縮だが、筆者の家の系図も元禄ごろまでは信用できるが、それ以前になると、がらりと変わって、作りものであることが判る。先祖は清和源氏より出た新田義貞とあり、源氏系であるはずなのに、家紋は平家の揚羽の蝶を昔から使用しているが、この蝶々がどの時代から紛れ込んだのやら、全くチンプンカンプンの系図で、三流どころの系図家の手ででっち上げられたのだろうと、笑い話になったことがある。

吉田司家をはじめ、それより家柄の古い行司も、すべて家系を整えるために、それに伴う相撲故実を、粉飾してこしらえることは、時代の風潮として当然な成り行きであろう。だから、相撲故実を調べるには、当時の時代背景、政治経済などにも、一通り目を通しておかないと、とんでもない間違いを犯すことになる。たとえば伝説の横綱開祖明石志賀之助が、八尺二寸（二メートル四八センチ）の巨人だという伝承が、そのまま長い間信用されていたのも一例で、当時そんな大男の力士がいたら、必ず相撲関係以外の他の文書にビッグ・ニュースとして大評判になっていたはずである。相撲伝書だけを頼りにしていては、目隠しされた馬車馬のようなことになって、相撲の歴史は、他の歴史に関わりのない物語か講談となって浮き上がってしまう。

相撲場をさす〝方屋〟

〝土俵〟について一番古いといわれる記録は、延宝年間（一六七三〜八一）に、行司木村孫六という人の書いた『相撲強弱理合書』という写本にある。筆者も一本所蔵しているが、比較的新しい写本で、調べた限りでは、他に数本あり、宝暦のもの（一七

五一～六四）が、一番古く書写され、原本にはお目に掛かったことはない。これを読み下すと、

「土俵を築くこと、天正年中（一五七三～九二）より起こり、慶長（一五九六～一六一五）に至りて諸国一同これを定む。それより以前に境界なし……」

とある。また『相撲強弱理合書』よりかなり後に書かれた『角力旧記』（原文片仮名）には、

土俵之事

土俵を築きたる事、天正年中より、次第に盛んに成（なり）、元亀年中（一五七〇～七三）迄は、多くは不用之（これをもちいず）、相撲人東西を分け並居（ならびい）たり（下略）

と、『理合書』をまねた上に少し字を足しているが、元亀は天正の前の元号だから、それまでには土俵はなく、人が相撲を取る場所を囲んで並んでいたと解釈できる。

これは古くから人方屋（ひとかたや）といって、勝負をする取組の場所を二、三間（三六五センチ～五四五センチ）くらい広く開け、東西の力士が円陣を作る。その力士たちの中へ、

相手を押し込んで起き上がれなくした場合も、勝ちになった。もちろん円陣の中で、相手を倒すことが勝負の基本である。

この人方屋の形状で相撲を取っている絵画は、江戸初期のものに多くみられる。また人方屋と思われる記事が『曾我物語』に出てくる。河津三郎が俣野五郎を押しつめて「並びいたる座中へ直と押入れ、膝を突かせて入りしかば……」とある。河津、俣野の相撲（註・四〇頁「『曾我物語』と河津掛け」の項参照）は、八百年前の安元二年（一一七六）の平安時代になるが、物語は江戸初期の流布本であれば、これも後世に粉飾した話で、むしろ、江戸初期当時の相撲場を示唆しているとみるのが妥当である。「方屋」は相撲場をさしてかなり昔から言い古された言葉であ

江戸勧進相撲の初期、土俵はまだなく、相撲場の周りを力士が囲み、相撲を取り、人方屋といった

る。その昔とは、いつごろのことであろうか。

戦国時代の武将長曾我部元親の事績を記した『元親記』上の中に、「相撲之事」の一条がある。

> 兵庫ちっとも近よらず、手さきにてあへしらひ、かたや際を二三返ばかり廻り、ちやうと源蔵が両手のつま取をしたり……（註・傍点筆者）

この文中の「かたや際」が問題だ。すでに土俵に似た境界線が作られていたのであろうか。それとも人方屋の際をさして言ったのか不明である。元親は土佐（高知県）の領主で天正十三年（一五八五）秀臣に降伏したが文禄の役（一五九二）に功があり、慶長四年（一五九九）六十歳で没している。『元親記』はその後に書かれたものであるが、ほぼ慶長期（一五九六〜一六一五）の記録であるから、月日の隔たりはあまり大きくないとみてよい。

人方屋から土俵に

次に『大友興廃記』九巻には、大友宗麟（一五三〇〜八七）の家臣の原大隅という武士について記してある。年代は不詳であるが、あるとき都から、雷、稲妻、大嵐、辻風という一行が、今の大分市の豊後府内に乗り込み、勧進相撲を興行したが、この四強豪力士に、勝てる者は一人もなく、ついで同国の臼杵に来て、強力で有名な大隅に相撲を挑戦したことが、およそ次のように詳しく出ている。

「雷という関相撲（後の大関にあたる強者の意）かれこれ七、八人の者が、相撲の手合わせを仕まりたいと大隅にのぞんだ。大隅は今まで相撲を取ったことはないからと断ったが、それでもぜひと重ねて言うので、それほど言うのなら相撲を教えてもらおうと、仕度をして出てきた。そして家の者に申しつけ、大竹の太いのを一本庭へもってこさせた。雷たちは、何んのため大竹を持ってきたのか不審に思っていると、大隅は『我らが相撲のはじめなり、かた屋とやらを作り候はん』といって、庭に出しておいた大竹を手に取るや、根元の方から一節ずつ、ばりばりとつかみ割ってそれを引き裂き、ねじ合わせてから根元と先の方をむすんで一つの大きな輪を作った。そして大隅は『この輪の中から外へ足を踏み出した者を負けとなさん』と勝負のやり方をきめた。この大隅の怪力をみた雷たちは、目を白黒させて、『はや、われわれは負け申候、この四人の者どもは、相撲修行にて、諸国の大力をも試み申候へ共、かようなる力は見たる事候はず』といって、ついに大隅との相撲を辞退し、ほうほうの体で逃げ帰った」

この『大友興廃記』は、かなり後世になって出た書物であるから、この物語は、そのまま信用できないが、足利末期には、すでに相撲場をさして「方屋」といったことがわかる。しかし、大竹で輪を作ったことから、すでにこの時代に土俵らしいものができていたと結論するのは早計であろう。

彦山光三氏は、昭和十一年に「国技相撲の神髄」と題した文中に、「足利時代の末期から、土俵場に近いものができはじめ、織田時代の天正年間、この制度が完備するとともに、土俵外に敵を押出せば、勝とされるに至った」と書いている。この足利時代云々（うんぬん）は、大隅の怪力物語や、吉田司家の『相撲之式由緒故実』を読んでの推論であろうが、この一事をもって「土俵場に近いもの」と断言することはできない。相撲のことを知らない大隅が作った竹の輪が、どうして、いきなり土俵と結びつくのか、飛躍した想像にすぎない。相手の手を知らないから、強力で相手を押し出すルールを決め、竹の輪で境界線を設けることは、ごく自然な思いつきではあるまいか。大隅のいう「方屋」は〝相撲を取る場所〟をさしていたまでのことで、この方屋をもって土俵に近いものができ始めた、とは考えられない。

『古事類苑』（武技部十九・相撲上）の前文中に次のような文章がある。

凡そ相撲場には土俵を以て之を円形に築く、之を片屋と云ふ片屋又方屋に作る、旧と東西の相撲の相分れて屯集する處の稱なりしが、轉じて土俵の内の名となる（前後略）

これは『古事類苑』の編纂者が、明治二十年ごろに書いた解説で、当時一流の学者の筆によるものであり、卓越した解釈を示している。後世の相撲研究家は、ほとんどこの文献によっているが、これとて、この文章からは土俵発生の時代考証を得ることはできない。野天相撲の力士控え所が、片屋根の小屋を設けていたことから、相撲場を片屋と称するようになったことは、筆者の解釈で、土俵を置くようになっても片屋または方屋の名称は長く使用された。

後世作られた起源説

このように「土俵の起源」を明確にしてくれるような文献史料には、今までのところ、一つもお目に掛かったことはない。作り話の偽書には、長年飽き飽きしてきたが、だからといって尻込みするのも芸がなさすぎる。大体いつごろであろうという推理をはたらかせる根拠を、探し出すのが本稿の目的でもある。

吉田家をはじめ、それより古い家柄の行司家の相撲伝書に記された土俵起源については、全く信憑性のないことをもう一歩踏み込んで明らかにしておく必要がある。すべての事物の起源には、それ自体が発生する必然性と、時代の要求がその背後に必ず存在する。あるときは、偶発的な事故が重なりあって、事物の発生を促すことにもなる。土俵についても同様のことが言える。

相撲史上、暗黒時代といわれる足利期は相撲を武術鍛錬の目的として、地方大名の間のみに盛んだったが、見せる相撲でない武家相撲に、土俵のような狭い相撲場を必要とする理由は、いささかも見出せない。戦場を馳せ回って「打物面倒いざ組まん」と、相撲の手で相手をねじ伏せて首級をあげることを目的とした時代に、一定のワクの中から相手を押し出して勝ちとするような悠長なことをしていられるはずがない。

行司家による相撲伝書の類本はいろいろあって、土俵に関する起源説もいささか異なるが、「土俵を築くこと、天正年中（一五七三〜九二）より起こり……」と「慶長年中（一五九六〜一六一五）の行司岩井播磨が言いけるは、近年相撲に土俵というものを用い……」の二説が多く通説になっている。もちろん二説とも後世の創作であって、天正年中、慶長年中にも土俵についての文献記録はない。

「天正年中」を起源と記した延宝（一六七三〜八一）年間の木村孫六は、また「角力秘訣」という小冊子も残しているが、その奥書に「木瀬太郎太夫直政嫡流山中流藤原之姓木村孫六（先名喜平次）入道柳全守直」と落語の寿限無のような長々しい名を記している。ところが古く『相撲伝書』を著した木村柳悦守直は、同書の序に「享保寅暦初夏」とあって、享保の寅(とら)は、七年（一七二二）と十九年（一七三四）の二つのうちのいずれかの年になる。延宝の木村孫六の守直と、それより約五十年後の木村守直とは柳全と柳悦の違いはあっても、同一人であろうと考えられるのは、その著作の文体が全く同一であるからだ。こんなところからも、そのネタはほとんど同じ行司が、相撲起源を天正と書き、あるいは慶長と記していることが十二分に推察できる。古書をよく読みくらべれば、どっかにシッポが出てくるものだ。あまり古い相撲写本は、偽番付か偽骨董(こっとう)の同類とみてもよい。

『信長公記』相撲上覧記の改ざん

行司の相撲故実を伝える伝書で、一番古いのは、盛岡市に現存する行司絵巻であろう。岩手県の南部相撲は江戸初期のころ、京坂の中央において四角土俵をもって天下に鳴る岩井一流の流れで吉田司家より古い行司家だ。その家伝は岩井播磨守を開祖として、生方(うぶかた)治郎兵衛――小笠原嘉左衛門――長瀬善太郎――長瀬善次郎（のち木村越後）と伝系し、この二人目の生方より、岩井左太夫と長瀬伝左衛門に与えられた伝書がこの巻物で、奥書に延宝三年（一六七五）と記してあり、間違いなく当時の立派な記録である。

行司岩井家は、のちに興った吉田追風と違い、確かな文献がある。元禄時代の京の洛内外（らくないがい）を記した『日次紀事（ひつぎ）』中に、「相撲勝負をきめる行事（行司）には三流あり、播磨、東・坂本、西・岡がこれである」という意味のことが書いてある。これによれば岩井播磨は、七十年前の慶長の人というより延宝に続く元禄に現存した行司とも見られる。当時の行司は庄之助や伊之助のように、代々名跡をそのまま継いで名乗っていないのが通例だ。

さて、それにしても、「土俵を築くこと、天正年中……」の説はどこから生まれたのか、少し究明しよう。これはもとより、織田信長の一代記である『信長公記（しんちょうこうき）』中の相撲上覧記の改ざんで、孫六の創作をほかの行司もこれに従ったまでのことである。岩井流の跡目を名乗る岩井左右馬は『相撲伝秘書』と題した中に詳記している。

「元亀元年（一五七〇）二月下旬、織田信長公濃州岐阜にて徳川家康公と御武論有て御上洛有、其時江州常楽寺に着せ給ひ、暫く御逗留の内、御遊興と有て御相撲御上覧の砌（みぎり）、明智光秀蜂須賀抔（など）差図を以て、原大隅始めおかれし土俵の形にひしぎ竹にてはいかがと有て、吉田追風はじめ置かれし土俵四本柱を定め、木瀬藏庵春（木村の祖）、竹井夕庵（岩井の祖で信長公の祐筆（ゆうひつ））、右之面々天地陰陽の古法を論談の上差図をして定めを定む」

この誇張した伝書は安永五年（一七七六）に書かれたもので、由緒ある岩井家はすでに吉田追風の門人として下風に立っていたから、当時の権力者として台頭してきた追風の名を、無理にも掲げてお付き合いせねばならなかったのであろう。

およそ相撲に関する史実としては、平安朝の節会相撲以後は、『信長公記』ほど、詳しいものはない。無類の相撲好きであった信長は、戦陣の余暇に相撲見物するのが恒例で、それも天下取りするだけあって、大仕掛けの相撲大会をしばしば催している。公記によれば、元亀元年（一五七〇）三月三日、江州国中（近江国・現滋賀県）の相撲取（力士）を集め、常楽寺において相撲を取らせて見物。また天正六年（一五七八）三月二十九日、安土城を築いた時の祝いに、江州国中の相撲取三百人を召して、勝者にそれぞれに褒美をやったことが、人名、褒美の品々まで詳細をきわめて記してある。同年八月十五日には、さらに江州国中、京都の相撲取まで千五百人という多勢を安土へ呼んで、辰の刻（朝の八時）から酉の刻（夕の六時）の薄暗くなるまで取らせた。また同年九月、ついで天正八年六月、九年四月と相撲大会を開いている。

しかし、『信長公記』の相撲記事に、土俵のことすなわち相撲場については、一言半句も記されていない。もしも、土俵のような新しい設備が用意されてあるのなら、このように詳しい記録の中で、全く触れていないことはなかろう。

ただ、筆者の想像では、前代未聞の千五百人もの力士を朝から夕まで勝負をつけさせたということは、それまでの相撲勝負の決まり手の主眼である「相手を倒す」やりかたでは時間がかかりすぎるので、おそらく人方屋か、あるいは一定の区画の中から押し出して勝負をつけたのではないかと考えてみた。

双葉山全盛時代の昭和十六、十七年ごろの力士の頭数でさえ、千人をようやく超える程度で、未明の四時ころから取っていたから、織田時代の千五百人の飛び付き勝ち抜き戦といえど、かなりの連戦即決ではないと、勝負の進行はスムーズにいかなかったに違いない。

このような考察のもとで、安土の相撲のとき境界線らしいものが相撲場に設けられたのではないかと私見を発表したのは、昭和三十二年のことである。この独断とも思える考え方は相撲記者の賛同を得たらしく、その後よく引用されるようになった。

相撲絵画による実証

五斗俵の土俵

さて、土俵起源を文献史料で求めることはできない、とすれば、何によって時代考証をなし得るかと言えば、それは相撲絵画の歴史的配列順序を追っていけば、大体、いつの時代から土俵を描くようになったか、七面倒くさい理屈を抜きに一目瞭然（りょうぜん）としてくる。

　ところが、一口に相撲絵画といっても、その描いた絵師や時代が不明なものもあり、画中の風俗などで判断しなければならないものもある。浮世絵は、江戸中期以後で、すでに土俵が制定されている元禄前後から見るので、明和元年（一七六四）以後の錦絵同様問題にならない。

　時代がはっきり判っているのは、慶長十五年（一六一〇）、名古屋城を築いたときの襖（ふすま）壁に描かれた相撲絵、狩野永徳（かのうえいとく）（一五四三〜九〇）の永禄のころの作品と伝えられる「河津、股野の取組図」、狩野派の永徳から山楽（さんらく）時代の数種類に及ぶ洛中洛外図屏風（びょうぶ）など、また「元禄絵巻」と称される慶安〜明暦（一六四八〜五八）時代の相撲絵巻には土俵は描かれていない。しかし、この時代の古画には相撲を囲む人方屋の構図が多く見られる。

　この人方屋に代わって、五斗俵をそのままの型で地上に円形に囲んで置いたのが、寛文〜正徳（一六六一〜一七一六）のころの絵画に見られるようになってくる。即ち、土俵の発生である。

　土俵の祖型と想像できる古画は、幕末の考証家・喜多村信節（きたむらのぶよ）（一七八三〜一八五六）が、天保十年（一八三九）に刊行した『画証録』の中に相撲絵の断片二枚を掲げて次のように述べている。

（前略）志賀之助が四谷にて興行せしといへる。寛永の年号は、恐くは寛文の誤なるべし、寛文、延宝（一六六一～八一）のころさかりなりし丸山仁太夫といへるものと。志賀之助相撲とりしと也。（中略）近世奇跡考にも其を引て。丸山仁太夫を仁王仁太夫といへるは心得がたし、此者さる大名ある事を聞ず、又志賀之助と市郎兵衛と共に。寛永中をさかりにへたる者也といへるも非なり。

この相撲古画（画像参照）の断片は、屏風の下張りから出てきたもので、同じ下張りの文反故（ふみほうご）が全部延宝年間の年号であるところから、この絵も同時代のものと推定されている。この絵の右側に胴と右足だけ見える力士の下に、明石志賀之助ではないかと思わせるような「志か之助」の名が変体仮名で記されている。行司は木村喜左衛門、左の控え力士に「大竹」の名がみえる。この行司は、『相撲家伝鈔』に出てくる。だが、志か之助だけでは、明石であるかどうかはっきりせず、これが明石の絵姿の断片であれば、寛永のときより約五十年あとの寛文～延宝（一六六一～八一）の人ということになる。明石の相手力士である仁王仁太夫については、『相撲大全』『相撲鬼拳（おにこぶし）』にも、明石の名はあげていても仁王仁太夫の名が全くない。

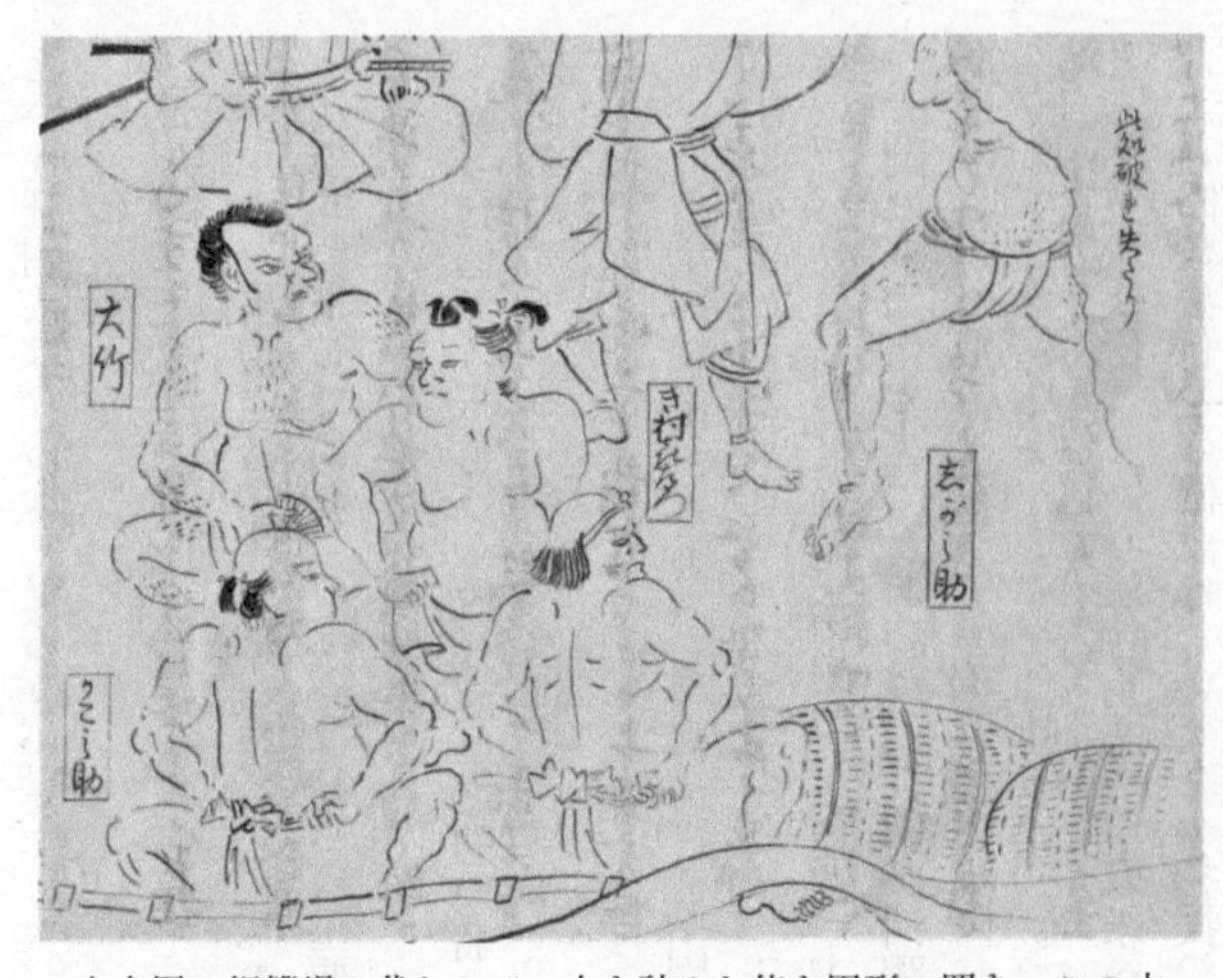

人方屋の相撲場に代わって、土を詰めた俵を円形に置き、この中で勝負をつけるようになった。正徳年間

ところが、この絵は五斗俵らしいものが二俵、右下端（手前）に見えるだけで、俵をもって円、または角形に囲んだ相撲場とはみえない。現在いうところの土俵の体裁をなしていない。これはどういうわけだろうか。控え力士の前に二俵見えるだけで、相撲を取っている力士の左と向う側には俵の姿はない。

この頃の土佐絵や、大和絵はよく省略法を用いているので、この伝と解釈することもできる。翻って思うに、土俵を用い始めた当初は、ただ単に相撲場の境界として、地面に置かれて、相手を外に出す勝負の意味を持っていなかった、という証明にはならないだろうか。

土俵の起源は三百年前

すべての事物の発生は、ほとんどが曖昧のうちに出現してくる。ある種の必要性から偶発的に生じてきたものは、はじめは重要な観念で受け取られないのがあたりまえで、土俵の起源もまたその例にもれない。

喜多村信節は、もう一枚、志か之助の名が出ている絵と同時代（寛文〜延宝）の相撲絵を掲げている。この絵には土俵はなく、屋根のない四本の角柱だけを建て柱から柱の間に紐（ひも）のような一線を引き、相撲場としてある。画中に記されている庵（いおり）看板の「天下一丸山仁太夫」をもって、仁王は丸山仁太夫の誤りではないかと言っているが、丸山は延宝のころ実在した力士であり、仁王と誤り伝える理由にはならない。貞享三年（一六八六）刊行の井原西鶴の『本朝二十不孝』に「無用の力自慢中にも、勧進元の大関は丸山仁太夫」とあって、丸山が活躍した時代から僅（わず）か十数年後の本であれば、寛永の明石の相手にもっていくには、時代が隔たりすぎる。

伝説の仁王太夫にあてはめ、明石とともに論じたものだが、これは『古今侠客伝』と『関東遊侠伝』という侠客（きょうかく）物語の草双紙から生まれたもので、明石志賀之助と同様、なんら時代裏付けの確証はない。この相撲絵で面白いことは、人方屋から、丸い土俵を使用するまでの過渡期として、境界線らしいものを引いて、その中を相撲場としたことである。

この四角の線で囲んだ相撲場は、南部に伝わった四角土俵の原型と思われるが、この形態について、次のような説話がある。

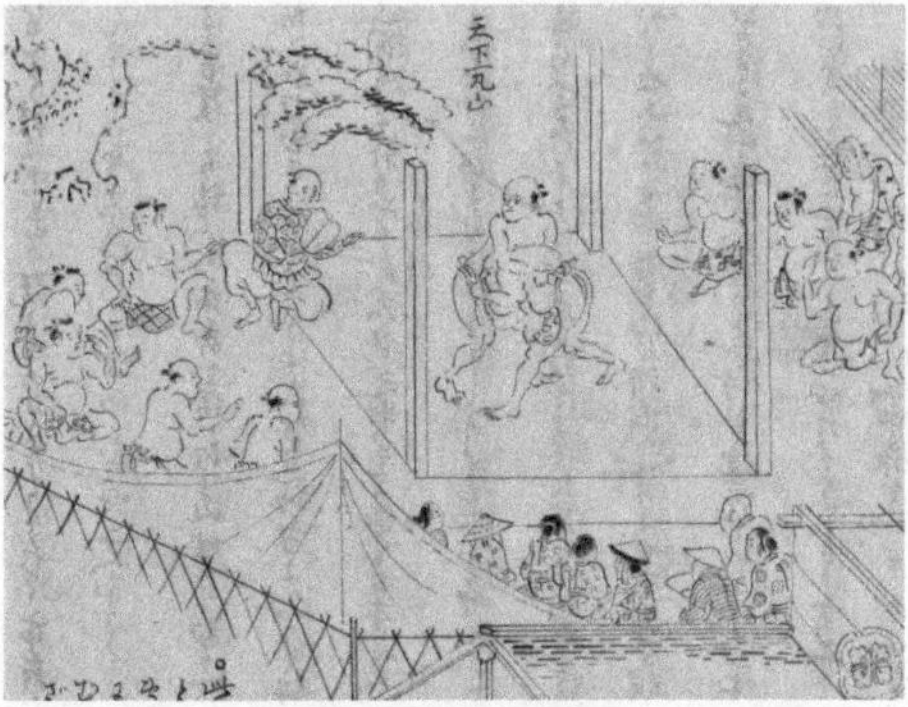

土俵はまだないが、その祖型ともいうべき四本柱の相撲場　（『画証録』より）

関白豊臣秀次（一五六八～九五）の御前相撲の際、当時の相撲関係者が集まって相撲作法（規則）について論じられ、行司の岩井播磨の角土俵と、明石道寿の丸土俵との論戦があって、合理性ある丸土俵が勝をしめ、角土俵の岩井流は江戸から南部へ落ちたという話である。これも後世の『相撲伝書』の創作で、天正末から文禄（一五九〇～九五）頃の説話としているが、その文中に「慶長年中の行司岩井播磨がいいけるは、近年相撲に土俵というものを用い、あるいは膝をつき、指をつくを負とす。かくのごときのこと新法なり、もちろん土俵にて勝負に限ること、古語旧記にも載せず、これらの儀いぶかしきことなり」とある。

この慶長の年代を、五十年後の寛文～延宝（一六六一～八一）まで引きさげれば話は史実に合ってくる。ただ、膝をつき手をつくのが負けになるのは新しい作法（規則）だと説明しているのはおかしい。平安朝の相撲節会の頃、すでに勝負の決まり手になっているので、当時の相撲ルールがまだ未完成であることがわかる。

大坂相撲の四角土俵（『本朝二十不孝』の挿絵）

相撲四十八手の裏表

土俵の起源を寛文～延宝と想定したが、その発生のきっかけは時代背景にある。その頃は元方といった、勧進元の相撲渡世集団に対する飛び入りの連合集団の寄方が挑戦して興行する制度組織もいい加減だし、相撲のルールも定まっていない状態だから飛び入り相撲の御小姓組と御書院番の侍同士が勝負の遺恨に、殿中で刃傷沙汰まで起こす始末だった。

幕府の奉行所も放置できず慶安元年（一六四八）二月、まず江戸で第一号の〝相撲禁止令〟の触れが市中に掲げられた（註・五五頁「勧進相撲の禁止令」の項参照）。以後、この慶安の触れを機に、三年後の慶安四年、寛文元年（一六六一）、延宝元年（一六七三）と、たびたび禁止令が出された。

こうした相撲禁止令が出るというのも、徳川初期の頃は、いかに相撲熱が盛んだったかがわかる。

江戸では続いて貞享四年（一六八七）、元禄七年（一六九四）、同十六年、宝永四年（一七〇七）と四回は、辻相撲だけを禁じている。喧嘩早い腕っぷしの強い無法者たちが集まっては、あちこちの盛り場に出没し、役人の目をかすめては、それこそ伝助賭博式に、ワッと客を集めて相撲を取って騒いでは散った。

辻相撲は素人相撲が集まって、飛び入り勝手に取る相撲だが、投げ銭目あてのセミプロでもあったわけで、もちろんゴロツキどもがやるのだから、相撲作法（規則）などあったものではない。相撲好きの良民を引っ張り込んで、強請、たかりに類した目に余る風俗が横行したので、ややまともな勧進相撲まで弾圧された。

こうした時代背景があって、相撲を渡世（職業）とする連中も、いろいろと知恵を絞らずにはいられない。それには、喧嘩口論の原因となる相撲作法の乱れを正さなければならない。ちゃんとした組織制度を設けてルールを作り、幅を利かしている遊侠無頼の徒が、勧進相撲をタネに良民を困らせるような欠陥を自主的に除去しなければ、いつまでたっても、禁令は解かれないという意見にたどりついた。

まずは、喧嘩の切っ掛けとなる人方屋の相撲場の改良をしなければ、という名案が出たに違いない。慶安元年の禁止令が出て、二十年後の寛文の頃に、相撲場に境界線を引く土俵が、人垣に代って現われ始めた。それまで、人垣の中に相手を押し込んで倒せば勝ちとなるルールがあって、自然怪我人も出て騒動の原因となっていた。

こうした相撲渡世集団の目覚めは、各地の行司家の協力を求めて、相撲作法の改善に努力するという風潮が見られるようになり、相撲四十八手の裏表という決まり手も公表され、武士が戦場の組打技に用いた逆手は、禁手として厳しく戒め、また行司流派によって四十八手の名称は異なっても、各地でルールが制定された。

四十八手の名称は、数多い決まり手という意味で、この数にあてはめ、当時各行司家が投げ、掛け、反り、捻(ひね)り、それぞれ十二手を編み出した。これは、土俵が出現した寛文～延宝の頃から始まっている事実によって、相撲作法が時を同じくして、確立しつつあったことを裏書きしている。

また四十八手の裏表に、土俵の外へ押し出したり、突き出す技が入っていないことは、土俵内で相手を倒すことに主眼がおかれたことに、注目すべきである。俵を土中に埋めることはなく、俵のまま地面上において境界とし、その中で争い相手を押しつめれば、俵に後足が引っ掛かって倒れることは必然である。

井原西鶴の『本朝二十不孝』は貞享三年（一六八六）に出版されたが、その中の挿絵は四角土俵で、三都では元禄の頃まで四角土俵を見ることができる。これより三年前の貞享元年正月に、禁止令の出ている最中、江戸深川八幡境内で公許勧進相撲が行なわれたことは、面白い符合である。この時の許可条件は、相撲稼業で世渡りする者（相撲渡世集団）に限り、勧進元雷権太夫に対して相撲場の取り締まりに監督、責任を持たせたことである。

元禄時代には四角土俵が主流で南部盛岡の岩井播磨によって移され、昭和初期ころまで伝えられていた。一方、円形（丸）土俵は、浮世絵の始祖菱川師宣が晩年の元禄年間（一六八八〜九四）ごろ描いた絵に、十八の大俵を円形に置き、東西中央一俵ずつを空けた絵がある。享保年間には、四角土俵から丸土俵が主流になって定着したものである。

本稿はあくまで私見考校の研究発表でご批判を乞う次第である。

VI　相撲と浮世絵

相撲の浮世絵

墨摺り主体の浮世絵初期

江戸時代の大衆の娯楽は、芝居、相撲、遊里の三つで、それを画材にして浮世絵師は腕を競い、大量の版画が制作されて売り出された。

相撲の場合は、江戸中期になって勧進相撲の制度組織が整備され、年二回の春秋（冬）の興行が定期的に行なわれるようになってから、ようやく軌道に乗り、一般大衆の人気を獲得することができるようになった。そのため、浮世絵としての相撲画題は、版画初期のころの作品は他のものより少なく、上方（京都、大坂）方面の洛中洛外図屛風（びょうぶ）肉筆画の一隅に、相撲の絵が描かれているにすぎない。風俗画としての相撲絵もあまり多くはない。

明暦三年（一六五七）の「振袖火事（ふりそで）」は、江戸の町の大半を焼き払い、それまでですべて上方で熟した芸能が江戸へ下ってきたのだが、この大火以後江戸独特の文化と生活風俗をもたらす端緒になった。そして、その開花が元禄期の絢爛たる文化を生む。

元禄時代の相撲は、まだ京坂が中心地で西鶴の『本朝二十不孝』（貞享三年〔一六八六〕刊）の挿絵に、四角土俵の相撲絵があり、相撲版画がようやく見られるようになる。このころの代表的な相撲版画は、墨一色で描かれた元禄相撲絵巻と銘される四十八手図で、当時活躍した力士名が図中に記されている（写真版参照）。

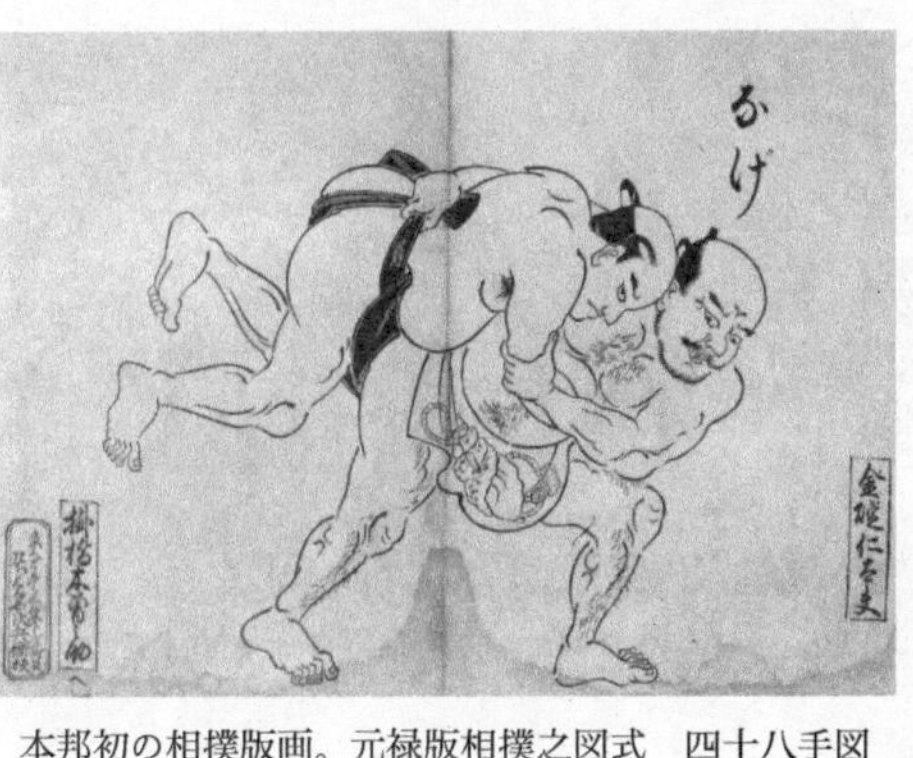

本邦初の相撲版画。元禄版相撲之図式　四十八手図

ついで、宝永～正徳にいたって、三ヶ津（京坂、江戸）の勧進相撲は一段と隆盛になり、さらに享保年間（一七一六～三六）には、黒一色の墨摺りか、丹絵の如く素朴で味わいのある相撲版画が制作されたが、これは多く芝居看板絵、絵番付を描く鳥居派の絵師の手によったものである。

俗に「ひょうたん足・みみず描き」という画法で描かれ、なかにはデッサン風の荒っぽいオ

元文年間（1736～41）の力士たち。墨摺りのオモチャ絵

モチャ絵も多く制作された。これは一枚の紙に数人、または十数人をコマ取りしたもので、おそらく厚紙を裏打ちして、こどものオモチャにしたものでないかと想像され、のちのメンコのようなものではないかと思われる。それだけに消耗品とみえて、あまり目にすることは少ない。

こうした版画初期のころの享保時代に始まった相撲絵は、独立した力士一人立ちの画題は少なく、また絵師の名を記したのもあまり見ないが、わずかに鳥居清倍（きよます）、清満、清信、清広、重春、重信、西川祐信（にしかわすけのぶ）の名を知ることができる。

この鳥居派の画法は、明治以後の多色摺りの錦絵（にしきえ）時代になっても、相撲絵に用いられて、安永末ごろの勝川春英の若描きにも見られる。

これは、後の風俗画という趣（おもむき）は全くなく、いずれも両足を踏んばって両手を広げバンザイしているスタイルに決まっていた。ある程度は、似顔になっているのであろうが、誇張した力強い四肢の描線はどれも似たり寄ったりである。しかし、この筆法は豪壮で怪力を表現することを必要とした力士に相応しいが、似顔としての肖像画にはほど遠い版画ということができる。

錦絵創始時代の飛躍

相撲版画の隆盛は、歌舞伎芝居と同様に江戸相撲の勃興によって、初めて最盛期を迎えるのであるが、明和二年（一七六五）鈴木春信（一七二五?〜七〇）がこれまでの墨一色摺り、紅摺り絵から多色摺りの錦絵を発明して、版画は飛躍的な発達を見ることになる。

この錦絵創始時代というのは、明和〜安永（一七六四〜八一）のわずか十七年間にすぎないが、初めは五、六度の版木を重ねての色摺りで、これまでの粗悪な薄紙から厚手の奉書を用い、さらに絵具も良質なものを使うようになって、絵師はもちろん彫師、摺師の技術も一段と向上してくるのは当然のことで、錦絵は飛躍的に発達して世界に誇る豪華絢爛な町人芸術の花が咲き乱れることになる。

しかし、この時代は遊里（吉原）、歌舞伎の世界に画題を求めることが多く、相撲版画は、錦絵としてあまり多く制作されていない。わずかに、二代目鳥居清信の筆になる釈迦ヶ嶽雲右衛門（安永元年十一月、関脇付出）、清満の力士像くらいのもので、あとは墨摺り、紅摺りの力士画が多い。そして、歌川派の祖豊春が、遠近法の画法をとり入れた相撲場全景画を、五、六度摺りで制作したのも、安永末から天明にかけてのころである。春信にいたっては、美人画が主であるため、こども相撲の錦絵を一枚見るにすぎない。

勝川派による浮世絵黄金時代

相撲版画の多色摺り、いわゆる錦絵は、宮川春水の弟子で、勝川派を興した勝川春章(しゅんしょう)(一七二六～九二)によって始まる。これまでの鳥居派のパターンであった「ひょうたん足・みみず描き」の相撲絵(役者絵)を打破して、まったくみずみずしい革新をなしとげて、すぐれた肖像画を描き出すことに成功した。

春章も、明和のころの初期には、鳥居派の画風であったが、明和末～安政のころに力士似顔絵が試みられ、これによって力士の面影を今日でも知ることができるようになり、多色摺りの相撲錦絵が出現した。この画風は、弟子の春好、春英、春山、春潮、春朗、春亭らによって引き継がれ、天明に始まる寛政相撲の黄金時代の谷風、小野川、鷲ヶ浜、九紋龍、雷電などの大力士の風貌(ふうぼう)は、主にこの勝川派一門の手によって多く描かれたものである。

また力士風俗画として、春章によって両国橋橋上の力士群像、土俵入り風景などが初めて制作され、このパターンは弟子たちが踏襲し、さらに歌川派の絵師によって幕末から明治に至るまで継承されている。

初めは一人立ちから二人立ちの姿絵が多く、やがて取組の土俵を中心に場内全景を描写するなど絵師の苦心した工夫が見られ、着物姿など各種の絵柄を案出した。春章の傑作は、一人立ち、二人立ち、三人立ち全景、土俵入り、取組などがあり、ことに当時の角界の第一人者谷風を多く描写し、力士の姿態の力強さを表現した点では、他の絵師の真似できない技量であるといわれている。

春章の高弟春好は、着物姿の美しい風俗画で、非凡な似顔絵として成功し、この面では師の春章よりすぐれているという賞讃(しょうさん)を得続けている。

また、弟子の春英は、二十歳ごろから相撲絵を描き、安永二年(一七七三)の達ヶ関(のち谷風)を鳥居風な絵柄で表現しているが、寛政の相撲黄金時代には、一番多くの相撲絵を扱い、当時の上位力士をほとんど版画に残している。

天明〜寛政期の江戸相撲は、これまでの京坂相撲界の繁栄を奪って、全く中央化して隆盛を誇っていたが、この時期に描かれた勝川一門の相撲錦絵は、芸術的にも非常に評価が高く、世界の錦絵蒐集家(しゅうしゅうか)が早くから目をつけ、かなりの数の相撲絵が海外へ流出した。また春章の弟子勝川春朗、のちの葛飾北斎(かつしかほくさい)も、春朗時代に相撲取組のすぐれた版画を若干制作しているが、大半は海外へ流出して、ボストンの東洋美術コレ

幻の写楽下絵 10 点の内、谷風と大童山の１枚

クションにも所蔵されている。

また謎の世界的絵師東洲斎写楽が、相撲版画五点、相撲版画下絵十点を描いたのは寛政六年五月から翌七年二月までの僅か七ヵ月で、その相撲錦絵で怪童大童山に興味を寄せたのは五点になるが、熱海美術館（現・MOA美術館）所蔵の大童山土俵入り（三枚続き）は有名である。

この三枚続きの左右東西の控え力士に谷風、雷電らの名力士を配しているが、その描写は、力士の姿だけでなく内面の人間性にまで及んでいて、誠に個性的である。

なお美人専門の喜多川歌麿には、力士だけの絵柄は扱わないが、当時の江戸ナンバーワン美人に配する谷風、怪童力士大童山に美女、相撲人形を操る美女というように変わった題材を描き、礒田湖龍斎、勝川春潮も同様の力士戯画に手を染めている。

浮世絵廃頽時代

寛政相撲の黄金時代が過ぎて文化時代に入ると、相撲界は雷電一人の土俵となり、相撲熱も下火になり、相撲版画も芸術的な匂いが薄れて、下降線をたどりはじめる。これは、いわゆる寛政の改革の反動期に入り、幕府は国外からの刺激で国内の政治を顧みなくなり、町民は、しだいにデカダンスな生活を追うようになった。こうした時代の風潮はたちまち錦絵に反映して、この化政時代から幕末までの六十年間は「廃頽時代」といわれるが、相撲版画は主題が力士だけに、美人画のようなデカダンスを感じられないのは、筆者一人だけであろうか。

相撲版画の品位は、たしかに天明～寛政期の作画がもつ芸術性は薄れたが、相撲絵の持つ面白さに、浮世絵研究家のいうような堕落は見られない。安直な表現の版画が多くなったことは事実だが、なかにはすぐれた版画もあり、文化以後の版画が改めて見直され再評価されるようになったのは、近年のことである。

春英は文化期にも相撲絵を描いているが、この時代は彼の弟子の春亭の活躍期で一人立ちの絵が多い。また勝川春和（しゅんわ）は、文政に入って春亭（二代目）と改名し相撲絵を多く描いている。

文政時代になると相撲熱も上昇線をたどり、この時代から力士一覧表ともいうべき国貞、国安らの描く絵姿入りの『相撲金剛伝』が刊行されるようになる。

歌川豊国の高弟国貞（のち三代豊国）の作画期もこの時代からで、元治元年（一八

春亭の筆になる雷電為右衛門と柏戸宗五郎の取組

六四）に没するまで、半世紀にわたって美人画、役者絵、相撲絵など、他の追随を許さない夥(おびただ)しい数の版画を制作し、江戸時代において浮世絵画中最高の制作数を誇っている。

美人画では女性の魅力を奔放に描き、退廃的といわれるまでのエロチズムを生々しく描き出しているが、その華麗な彩色美は相撲版画にも多くの傑作を残している。私がメモした相撲版画だけでも、一千点を超えると思われる数量が残されている。

ある浮世絵研究の大家が、「相撲を報道している浮世絵が〝相撲絵〟である」と喝破している。その意味からいって、江戸勧進相撲の普及に、国貞が尽力した功績は大きく、顕彰碑を建立してもよいくらいの仕事を残している。描いた横綱力士だけでも、阿武松緑之助、稲妻雷五郎、不知火諾右衛門、秀ノ山雷五郎、雲龍久吉、不知火光右衛門と六人に上り、画号を豊国に改めてからもなお、息の長い仕事をしている。

歌川国貞の弟子も師にならって、いずれも相撲版画を描いていて、文政以後の歌川一門の繁栄にともない、これもまた夥しい数量になる。

歌川一門の相撲版画

初代歌川豊国は、美人画、役者絵が主で相撲絵は少ないが、国貞と同門の二代豊国、広重も何枚か相撲絵を描いている。

武者絵の名手国芳は、相撲昔話に題材を求め、河津、俣野の取組などに雄渾な筆を走らせ、ほかに一門の豊丸、国安、貞広、国虎、貞秀、芳虎、国盛、芳幾、国綱、国久、二代目国盛、芳盛、芳艶、芳春、国麿、国郷、豊盛、芳員、芳藤、二代目国貞、国明、国周など、いずれも相撲版画に手を染めている。

錦絵の弾圧は、寛政の改革以来、しばしば行なわれているが、天保十三年（一八四二）に「一枚絵は彩色七、八遍ずりに限る」という老中水野越前守の発令により、錦絵に十五、六遍摺りの豪華な色彩も見られなくなったが、これまでの相撲版画は、美人画、役者絵などと違い、だいたい色数の少ないのが主流であるから、大した影響を受けることなく、明治時代まで続くのである。

明治に入ってから、国貞晩年の弟子国明（二代）と国輝（二代）の二人が相撲版画の専門家といってよいほど多作していて、師の三代豊国（国貞）にならって似顔絵として成功している。ほかに探景、春宣、豊宣、春斎、年昌、清親などがいる。

国貞が弘化元年（一八四四）二代豊国と改め（実は三代目）てからもかなりの数量の相撲絵を刊行しているが、晩年の安政〜文久年間の作品は、弟子の二代目国明が代作していたことが、その歌川派の直系国峰の家に残された代作依頼状（礼状）からわかったといういきさつもある。

明治に入ってから、色インクの輸入染料を使うようになり、色調の生々しいいわゆる赤絵で、俗悪な版画が多く刊行されてきた。用紙もまた西洋紙のザラ紙も多く使用された。大正の初期まで、これらの版画が絵草子屋兼ブロマイド屋の店頭に吊り下げられ、こどもの筆者が五銭くらいの安い値段で買ったことを覚えている。明治中期から写真のブロマイドが流行し錦絵は明治四十年ごろ全くすたれ、力士姿を版画にして刊行する出版元も影をひそめてしまったが、これは相撲絵だけではなかった。

錦絵で芸術的にすぐれた相撲版画は、天明〜寛政期（一七八一〜一八〇一）の二十年間が絶頂期で、次第にポピュラーな風俗画になり、写真のない江戸時代にブロマイドの役目を果たしてくれたことは、相撲愛好家にとってありがたいことである。

再評価による高騰

相撲版画の蒐集家として著名だった中尾方一氏と、たまたま「相撲版画は、いったいどれほどの種類があるのか」という話になった。中尾氏は、「せいぜい六千点くらいではないか」という。筆者は「いや、一万点近くあるのではないか」と譲らなかった。筆者の主張は、元禄年間に始まる四十八手絵解きの墨摺り一色の絵巻（初期版画）から、明治四十年に及ぶざっと二百年間に亘る相撲版画の点数である。といっても、実際はその三分の一の三千点くらいであろう。相撲博物館には錦絵（黒摺りのオモチャ絵など含め）が五千点近く収蔵されているという。筆者は約五百点ほど愛蔵しているが、博物館にもない珍しいものもある。知人、友人らの所蔵を合わせ、同じ種類の絵を除き、大雑把にはじき出した点数が一万点くらいではないかという想定であるが、自信のある数字ではない。上野の東京国立博物館の相撲版画も、かなりの数を所蔵しているらしいが、昭和三十三、四年ころ調査に行ったときは未整理で、その数は摑めなかった。外国の美術館にも予想外に相撲版画が所蔵されていると聞く。

日本の浮世絵研究家は、美人画、役者絵が中心で、相撲絵は武者絵以下に置かれて、ほとんど研究の対象にされず、長い間継子扱いにされていたのが実情で、むしろ海外の錦絵愛好家のほうが、相撲絵を高く評価しているような趣旨の話を、彼らから聞くことができる。

これは、日本人の観点から言えば、絵の主題を美人や役者においたほうが、より情緒的であり、審美眼を満足させるという利点がある。むくつけき力士たちより興趣があるのは当然で、相撲版画のコレクターは、ごく少数の相撲ファンに限られ、そのため写楽や春章など三、四の特殊な絵師以外の相撲絵は、十年ほど前には、ごく安価な値段で入手できたものである。それが大阪万博（一九七〇年）以後はうなぎ上りに高価になり、今ではすっかり品薄になって、たまにお目にかかっても、もう手が出ないような高値になってしまった。

近年の浮世絵ブームが拍車をかけたのはもちろんだが、一般の錦絵ファンも相撲絵に注目するようになった傾向は、相撲版画蒐集家には痛し痒しという実状である。

奇怪な錦絵の謎解

偽物まかり通る

江戸相撲独特の縦一枚番付（現在の形式）は、宝暦七年（一七五七）以前には発行していないことがはっきりわかっているから、あったとしても、大坂風の東西二枚番付の「写本」であって、問題は全くない。

錦絵のほうは、明治に入って、例の建碑狂といわれた横綱陣幕久五郎が、横綱碑を深川八幡境内に建立するために、PR用の安錦絵と、寛永の偽番付（明石のいる）を作ってバラまいた。これは全くお粗末なもので、少し錦絵を見慣れている人なら、一目で文句なく看破できるという代物だ。曰く、明石志賀之助、雷電、阿武松などいろいろこしらえたが、複製・復刻とはお世辞にも言えないし、まるきり似顔になっていない。

実在したかどうかも判らない寛永（一六二四〜四四）の明石にいたっては、当時錦絵などない時代だから、これは論外として、寛政期の雷電為右衛門など、多くの名手が立派な錦絵を数多く描いて残している。これをお手本にして少しは増しな絵を描いたら良さそうなものだと、呆れるより他はない。しかし、明石の研究記事に、この想像画物を断り書きなしに載せている向きもあり、甚だ不親切といえよう。

この程度ならまだご愛敬で済むが、『日本相撲史』を編纂中に、まことに奇々怪々な錦絵にぶつかって、頭が痛くなるほど考え込んだことがある。全くこれには、ご愛敬では済ませていられなくなってしまった。後世の偽物か贋作かという問題ならまた別だ。まったく一分一厘も寸分違わずそっくりな同一人物の錦絵が二枚出てきた。それも、全く違う力士の四股名が、ちゃんと記してあるのだからおそれいる。

もともと相撲の版画は、錦絵専門の学者や研究家にとって、興味の対象外とみえ、これまでまとまった研究書はない。かなり前、浮世絵雑誌に二、三回特集されたくらいで、それも底は浅く、相撲錦絵に興味を持つ者にとっては、甚だ物足りない。

それだけに、これら大家が世界の謎といわれる写楽の相撲絵などについて触れた記事を見ると、随分いい加減なことを書き、ノホホンとしていることは、昔も今も変わりがない。ことに写楽の相撲絵は、彼の短い制作年月の決め手になるだけに、役者絵（歌舞伎）と同列に置いて研究しなくてはならないと思うが、悲しいことに、一万種類に及ぶ相撲絵については、専門家も手をつけていない状態だ。

明和（一七六四）に入って、春信が多色摺りの錦絵を開発すると、勝川春章がはじめて力士の似顔を描くようになり、その門弟の春好、春英も腕を振い、ことに春英は寛政の相撲黄金時代に、夥しい相撲絵に筆をとって、その名品は今も数では群を抜いて多く残されている。

問題の看板大関・鳳谷五郎

この春英の門弟から出た春亭（？〜一八二四）が、表題「奇怪な錦絵」を残して驚かした張本人だ。『浮世絵類考』に次のようにその略歴を記している。

勝川春亭（寛政享和文化の人）

春英の門人なり、武者絵を善す。浮世絵役者絵一時に行はる、草双紙を多く画く、絵本も二、三種ありし。壮年にして病の為めに業を廃し、其居所を知らず、惜むべし。

春英について、相撲絵の作品が多いのは春亭で、その後は国貞（三代豊国）が長い年月描いている。春亭は師匠と同時代であるが、師に負けぬくらいの作品を残している。版画としては春英にはるかに劣る二級品で、あまりよい相撲絵ではないとされているが、寛永末から文化の初めにかけての絵は、春英に次ぐすぐれた描写力の腕をみせている。

ところが文化十年（一八一三）ごろからは、ガタッと絵が悪く筆力も落ち、ひどいのはデッサンが狂ってきて、これが同一人と思えないほどの相撲絵である。しかしその中にまたすぐれた絵も二、三交っているから、いよいよ奇怪だ。

いろいろ推理してみると『浮世絵類考』に記載してある「壮年にして病の為めに業を廃し」、おそらくこの年あたりに筆を捨て、彼の門弟あたりが二代目春亭として相撲絵を描き、糊口をしのいでいたのではあるまいか――専門家の研究では、春亭として明和七年（一七七〇）に生まれ、文政三年（一八二〇）五十一歳で没したことになっているが、そうすると江戸時代の壮年は三十代として、四十そこそこになって筆を折ったことが考えられる。また春亭は二、三人いたらしいという説もある。

さて、〝奇怪な絵〟というのは、文化十年（一八一三）の十一月冬場所、本所回向院興行に、突如として、東大関に付け出された鳳（おおとり）谷五郎の版画である。

この力士ははじめ荒鷲玉之助と名乗って、文化七年の冬場所東幕下四枚目（いまの

春亭描く奇怪な鳳谷五郎

十両）に付け出され、八年冬西前頭六枚目に入幕し、雪見山堅治郎と改名した。幕下二場所でわずか一勝しかあげてない鳳が出世したのは、かなり体格が偉大なため、興行政策上の抜擢（ばってき）としか考えられない。入幕場所は全休して姿を見せず、四場所休んで十年冬にいきなり大関として再登場したことは、寛政の中ごろまで恒例であった看板大関の復活である。

彼は筑前（福岡県）の生まれとしかわからず、その略歴は全く不明。この年江戸へ下る前に鳳は雪見山の名で大坂、京都で東大関をつとめているところをみると、やはり京坂で、看板大関としての客引きに使ったものとみえる。

大関としての土俵は五勝二敗――なかなか立派な成績と思われるかもしれないが、それがなんと、相手はほとんど幕下だから、この星で実力をはかることはできない。翌十一年四月春場所も西大関で三勝一敗一引分。東方に休みが多いので同じ西方の力士と取り組んで、幕内力士には一勝一引分をとっているあたり、いささか体力勝ちする地力はあったらしい。そしてこの場所限り引退しているが、彼はその後京坂相撲にも姿を見せず、文政二年（一八一九）に一度江戸へ出たが、全休して相撲を取っていない。

高根山の絵が本物

鳳と同じ姿絵の一方は、高根山宗吉という力士で、九州唐津（佐賀県）の出身と伝えられ、大坂の小野川の門人。初名は鉄（くろがね）、文化九年春幕下に昇進して高根山と改め、十一年春より数場所貧乏神（幕下筆頭）にいて、幕内の大物や大関柏戸を倒して好成績を続けながら、十五年春東六枚目の幕尻（まくじり）に入幕した。しかし貧乏神時代の元気はなく、幕内二場所つとめて、文政元年（文化十五年）と改まった冬場所限り引退した。

この高根山のほうが、鳳よりはるかに実力もあり、その略歴ははっきりしている。この二枚の春亭描くところの同じ錦絵を眺めて、いずれが真なりや偽なりや、大いに迷ったものである。当時幕下力士でも人気があれば、浮世絵師は筆をとっている。

二枚の絵を比較して、同じ板木で摺られたことは疑いない。しかし、仔細（しさい）に比べると、高根山の絵には、極（きわ）めつきの極印が捺（お）してあるが、鳳のほうにはそれがない。

極印は、当時の錦絵を摺って版行する前に、下絵を奉行所に出して検閲を通った印であるから、鳳のは届出のない絵ということになる。そうすると「西方大関鳳谷五郎」と書かれているのは、高根山の板木を流用して、後にこしらえたものか、疑ってもみたくなる。

おまけに板元の屋号印まで入ってないところをみると、ひそかに看板大関の鳳ゆかりの者が、帰郷する鳳の土産用か、または記念の意味で四股名を摺り込んでこしらえたものか、いずれにしても私の推理はここまでである。

純然たる看板力士だと、当時としても一枚絵にして売り出すほど物好きな版元はいないし、人気力士でないものを相撲ファンが買うはずはないわけだ。これより少し後の文政十年（一八二七）江戸に上って、高根山と同じ勝ノ浦部屋に入門した大空武左衛門は、土俵へも上らず相撲も取らず、もちろん番付に載ったこともないにも拘らず、十数種の錦絵が出された。彼の場合は七尺五寸（二二七センチ）という超巨人ぶりが、物好きな江戸っ子の耳目を集めたところから、これは力士というより巨人という意味で版行された異例である。

さて、鳳の版画を偽物と決めつけてみたものの、別にはっきりしたデータをもっているわけではない。彼の体重身長を明記した資料も文献もない。看板である以上は、ただ体が大きい力士であったろうというくらいの想像からである。『日本相撲史』上巻に鳳の錦絵を掲げることは、内心すっきりせぬものがあった。しかし、結論がつかないまま載せてしまい、今でも忸怩たるものがある。

相撲錦絵は、安永～天明～寛政期を頂点にして、文化時代から下り坂になり、歌川国貞こと、のちの三代豊国（一七八六～一八六四）一人、文化～天保～弘化のころまで、すぐれた錦絵を残している。しかし、相撲版画は美人画、役者絵に比べて、多く二級品の扱いを受けていたことは、見逃せない事実といえよう。文化期ごろから、首だけすげ替える錦絵がよくあり、こんなところにも、研究家からつれなくされた原因がある。

だからといって、浮世絵研究家から継子扱いを受けることはおかしな話である。筆者の大先輩で、この道の権威者中尾方一氏がつねづね嘆いていたことであるが、相撲絵に関心のある相撲ファンが力を合わせて研究会などをつくり、江戸錦絵がやかましくいわれている折柄、まとまった研究調査を果たしてもらいたいものだ。

なお余談であるが、大正の横綱に鳳谷五郎（二十四代目）がいる。彼は師匠の鳳凰の一字を四股名にもらったのであるが、たまたま文化時代の大関鳳の古番付を見たことから、まさか看板大関とは知らず、この谷五郎をもらったという。当時『日本相撲史』が出版されていたら、こうした四股名をつけなかったに違いない。

おかしなおかしな横綱

横綱を締めた偽絵

筆者が所蔵している錦絵の中に、これはまた珍品といいたいおかしな版画がある。いつどこで入手したかはっきり覚えがないところをみると、十把一絡(じっぱひとから)げに購入した相撲絵の中に、紛れこんでいたに違いない。

おかしいというのは、横綱免許にもなったことのない大関と関脇力士が、堂々と綱を締めている一人立ちの一枚絵だからである。こんなバカバカしい錦絵は、相撲博物館でもお目にかかったことがない珍物だ。その一人は明治初期に活躍した大関若島久三郎。もう一人は、若島が晩年にあたる関脇司天龍芳五郎(後の大関大鳴門)である。

昔から「講釈師の張り扇」「絵かきの絵そらごと」という虚偽と誇大を形容する言葉がある。それにしても、立派な色摺りの版画であれば、当時の相撲ファンへ売り出したに間違いなかろう。物事が万事大雑把でのんびりした明治の初めごろとしても、まことにのんき千万な話だ。

若島は会津若松(あいづわかまつ)の出身で、明治七年春入幕し、初代梅ヶ谷を好敵手として土俵をわかした人気者で、十四年春に大関に栄進した。十五年には年寄名の楯山を襲って、二

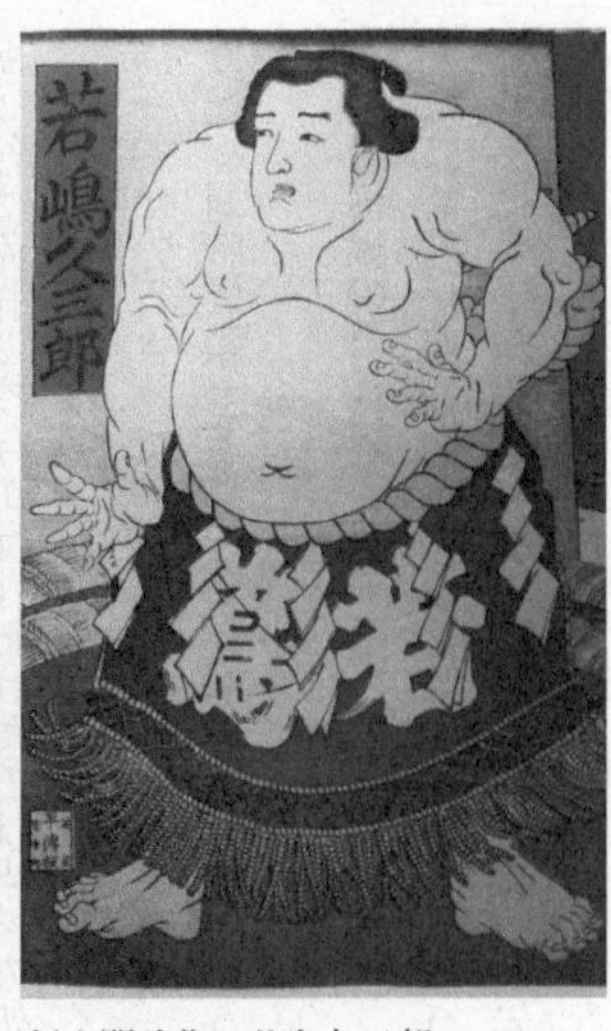

小結時代の司天龍芳五郎、新大関時代の若島久三郎

枚目鑑札のまま土俵をつとめ十七年に引退している。

若島の最後の土俵になった十七年三月に、浜離宮の芝延遼館（現在の浜離宮恩賜庭園）において明治天皇の天覧相撲が催された。横綱免許の大関境川はすでに十四年に引退しているので、恒例の横綱土俵入りの儀式をつとめるものがいない。

その一ヵ月前の二月はじめに、東大関梅ヶ谷は、急いで横綱土俵入免許を受けるよう伊藤博文から強要された。長州（山口県）萩の毛利侯の庇護をうけて、番付にも長州と頭書していた梅ヶ谷は、長州萩出身の博文から贔屓されているだけに、二月ただちに五條家と吉田司家から横綱免許があった。あわてたのは梅ヶ谷、土俵入用の三つ揃いの化粧廻しをつくる金もないと断ったが、これは博文が金を与え、廻しを作ることを道楽にしていた贔屓が、天覧までになんとか間に合わせてくれた。

この三月の天覧相撲の一月番付は、梅ヶ谷、若島ともに東西の両大関、当時は東西の上下がないから同格。しかし梅ヶ谷の力量抜群は、天下周知のことで、若島改め楯山は大関になってから近年あまり振わず、梅ヶ谷のうしろだてに、当時飛ぶ鳥を落とす勢いの権力者伊藤博文が控えていては、ただ単に横綱土俵入り儀式の免許とはいえ、梅ヶ谷に免許の授与が行なわれたのは当然の処置であろう。

しかし、若島は梅ヶ谷より入幕は一場所早く、関脇まで雁行し、大関は四場所早く梅ヶ谷に先行されているという経緯もあって、どうも悪いクジを引く運命にあったようだ。対戦成績も若島一勝一引分十一敗という星であればやむを得まい。

階級横綱の再検討を

はじめ若島が綱を締めた錦絵を眺めているうちに、ふと妄想が湧いてきた。あるいは若島にも横綱免許の沙汰が内々あって、お先走りの錦絵板元が、摺っておいたのではあるまいか、と。ところがドッコイ、そんな血の巡りの悪い推理は全く成立しない。

もう一枚珍妙な錦絵が出てきた。関脇力士の司天龍芳五郎が若島と同じように綱を締めている一人立ちの錦絵がそれだ。

司天龍は淡路国（兵庫県）津名郡志筑町（現・淡路市志筑）の出身で梅ヶ谷の門弟。入幕は明治十三年五月、のちに大鳴門灘右衛門と改めたが、若島の好敵手で入幕三場所目で三役に入るという早い昇進は、毎場所二個以上の負けをとることはなく、一度も三役を下ることはなく十一年もっとめた。二十三年五月には大関の栄位について、わずか二場所で引退した名力士の一人である。

さて、この錦絵版画は、いつごろ描かれたのであろうか。両人とも改名以前の絵であることは間違いない。版元は「芝区宮本町・平伝板」とある。ところが絵師の名が記してない。当時は国輝、国明の両人が相撲絵の大御所で両国大平板を一手に出版していて、芝の平野伝吉は画工であると同時に「出板」を兼ねている二流どころであることがわかった。

他にも、この筆法の錦絵と紙質、色彩も同様なものを数枚所持しているが、綱は締めていない。一枚には明治十四年十月という年月が入っているから、ほかの顔触れから推しても、この若島、司天龍もほぼ同時代と断定できそうだ。そうすると、若島が大関、司天龍が小結のころにあたる。

横綱でもない力士に、どうして綱を締めさせた絵を摺って売り出したのか、その理由は全く理解の外である。翻って、当時まだ、「横綱」に対する一般の知識や理解が、この程度であったことを物語る、一つの例証になるのではあるまいか。

こうした例は同時代の大阪力士にある。これは一色の墨摺りの粗末な版画であるが、絵の左上に「山響改・不知火光右衛門・横綱土俵入図」とある。明治十四年七月の難波興行に山響光五郎が不知火と改めているから、その後の巡業相撲に、横綱土俵入りを興行政策上、客寄せに見せたのかもしれないが、横綱に関する証拠は、東京力士の若島、司天龍と同様伝えられていない。

山響は明治九年十月の大阪番付で西大関に昇進しているが、幕末横綱の不知火光右衛門が帰阪してからの弟子で、後にその名を継ぎ、師匠にあやかって、土俵入りを巡業でひそかに演じたのか。

また、これより少しあとの明治二十年ごろに、磯風音次郎という京都大関が、大阪相撲に参加して九州熊本に巡業中、吉田司家から巡業用の横綱免許をもらって、旅興行を続けた事実があり、おかしな横綱の横行した時代だけに、そのころの世相が垣間見えて面白い。

こんなつまらない話を持ち出したのは近頃横綱に対して、風当たりの強い批判が容赦なく浴びせられるので、長い相撲の歴史の流れからみて、完全に階級化した生身の横綱に対して、あまり短見で神がかり的な要求は、行き過ぎではなかろうかと考えたからに他ならない。横綱の問題が、相撲道の低下のような錯覚を起しがちなので、一席ぶってみたくなったまでのことである。階級である以上は、問題は別なところにある。

Ⅶ 事件・騒動

越後国地蔵堂力士殺し

二百年前の大出入り

昭和三十三年（一九五八）の夏ごろだと記憶している。新潟県下を巡業して燕市附近の地蔵堂町で興行してきた親方たちが帰京し、「土地の世話人の案内で、昔の力士の墓をお参りしてきたが、なんでも相撲取がチャンチャンバラバラやったあげく、村人に殺されたというハデな出入りだそうだ。本当に、そんなことがあったのか」と、尋ねられたことがあった。

「ああ、それは〝地蔵堂力士殺し〟の一件で、昔から相撲界の親方たちに語り伝えられていた有名な話ですよ。私も子供のころ、大正時代にはよく聞かされたもんです」と返したのだが、親方が聞いてきた話は、時代も殺された力士名も違っていたので、ノートを引っぱり出して、詳しく説明したことがある。

この事件は、明治の末に常陸山が著した『相撲大鑑』の初版に掲載されていたが、これは相撲界の伝承を記録したらしく時代は幕末になっていたため、年寄年長者の中には、現役時代の若き日に聞き覚えていて、百年くらい前の話として語り伝えている向きがある。しかし、事実は幕末よりさらに百年も昔に遡る明和九年（一七七二）の遠い日の出来事である。

明和九年というと、明和九（めいわく）で語呂が悪いからと同年十一月に、安永と改元した年であるが、江戸相撲の制度組織がようやく整いはじめて、谷風がまだ先名の達ケ関を名乗って、友綱、関ノ戸、越ノ海らとともに大坂相撲と対抗できるだけの実力を誇示してきた新興時代である。そうした江戸相撲の勃興期に起きた事件として当時のプロ相撲（相撲渡世集団）と土地（草）相撲の相違、制度など知る上で、貴重な史料といえよう。この事件の始末書ともいうべき「越後国相撲出入一件」という公式文書も残されているからこの事件のあらましは知ることができる。

明和九年七月下旬、越後国蒲原郡新城村（のち国上村、地蔵堂町在、現燕市に併合）大字新堀の浄土宗永了寺（古文は栄竜寺）の檀家総代が、仏堂向拝正面階段の廂を修築する資金募集のため、近在の土地相撲を集めて勧進相撲を興行したのが、そもそもの事件の発端となる。

江戸は当時、祭礼相撲（草相撲）と雖も、勧進を目的とした興行は勿論、江戸相撲の支配下にある土地相撲の世話人がいなければ、土俵の四本柱を建てることはできないうるさい規約があった。村には江戸相撲年寄から下付される四本柱許可状を持った者も、また木村、式守両家から故実門弟を許可された田舎行司もいなかった。

江戸時代から明治のころまで、土地相撲の盛んなところは、土地相撲の頭取（多くは元力士出身）が江戸、大坂、京都相撲の免許を得て、その地方一帯を差配し、また村々に世話人がいて、相撲渡世集団の巡業興行のときは、勧進元を引き受けて一切の面倒を見るのがしきたりだった。また、この巡業興行のとき土地相撲が参加して、実力を認められた者は、中央へ呼ばれて弟子入りするのが習慣になっていた。例えば、長野県下は浦風部屋の縄張りでその支配下にいる地方頭取と世話人が、これと思われる若者を部屋へ送りこむ——すなわち、土地相撲は相撲渡世集団の第二軍的存在だったから、部屋の親方は村の祭礼相撲に土俵と四本柱の免許を与えるなどよく面倒をみていた。

しかし、新城村の興行は村の土地相撲のみで行なう純然たる勧進相撲であるため、この村には世話人がいない。そこで近くの燕町に、以前、世話人をしていた十七山（としちやま）八十平の名儀を借り受け、三條代官所へ願い出て、無事に許可がおり、七月二十七日から晴天三日間興行をすることになった。

角文字は竹槍で落命

その初日になって折悪しく、村から南へ十キロいった三島郡与板、井伊家二万石の城下町に、江戸相撲井筒万五郎（初代）巡業一行の興行がかかっていた。

新城村の勧進相撲を聞きつけた親方は、「江戸相撲が興行に来ているときは、四里（十六キロ）四方の草相撲法度（禁止）の掟を知っていないとはおかしい」と、六力士を村の勧進元へ使いに出して厳重な抗議。名儀人の十七山は帰農してすでに興行権を失っていたことも、そうした厳しい掟のあることを知らない村人はびっくり。使いの力士に金二分の包金に酒肴料を添え、勧進相撲は三日間日延べして、江戸相撲の興行にはご迷惑をかけないからと詫びを入れ、一応目をつむってもらうことになった。

騒ぎで延期した村の勧進相撲は、八月一日を返り初日として再びふたをあけたが江戸相撲の物言い事件が評判になったためか、近在近郷から聞きつけ集まった見物人は押すな押すなの賑わい。そこへ、また二人の江戸力士がやってきた。井筒万五郎の弟子で角文字林平と四海波勘五郎の二人（村の話では角文字は伊勢ノ海、四海波は佐渡ヶ嶽の弟子でいずれも三段目力士）。二人は木戸口に貼り出されている「飛入勝手」の貼札に目をつけ「そっちが元方（勧進元）なら、こっちは寄方で取り組もう」と申し入れた。木戸番は井筒親方へ諒解済みだと金一分を出して謝ったが、魂胆がある二人は引っ込まない。飛入り勝手とあるじゃないかと、無理やりに土俵へ上がって、二人で入れ替り立ち替り村相撲を相手に取り組み、片っ端から投げ飛ばしてしまった。古写本には次のようにある。

「元来稽古之無素人故、壱人も不残被投候に付、作法之通礼銭並諸道具に至る迄、相渡候様申聞候処、其儀にも不従、……」

そりゃそうであろう。プロ相撲が飛入りして勝ち抜くのは当り前だが作法（規約）通りに木戸銭の入った銭箱を渡せと言ったって、お寺を修築するための寄付金（勧進）であれば、村人達が黙っておいそれと渡せるわけがない。

さあ、大変なことになった。力士達の談判に頭にきた村人は、手に手に竹槍、鋤、鍬、薪割り、斧などを携えて集まってきたのが七、八十人、角文字と四海波をぐるりと取囲んだ。二人は大いに怒って、「相撲の作法を乱し、勝手に勧進元になるばかりか、無法の振舞は言語道断、この上は江戸相撲の年寄に訴えてやる」と怒鳴ったが、村人達は、このゴロツキ野郎とばかり、得物をもって容赦なく打ってかかる。両人は短刀を抜き秘術をつくして戦ったが多勢に無勢、そのうちに角文字は竹槍で数ヵ所の深手を負い、ひるむところを斧で頭を割られて即死。

これを見た四海波は、寺の縁の下をくぐり闇にまぎれて数町先の西川（新川上流）の流れに飛び込み、からくも逃れて西へ十二キロ先の与板で興行も終り帰り仕度をしている井筒親方のもとへたどりついた。

そして事の次第一部始終を報告、驚いた親方は村へ人をやってひそかに調べると、四海波のいう通りである。越後方面の巡業を終えて江戸へ戻ると、ときの南町奉行牧野大隅守成賢の御番所へ、四海波と連名で恐れながらと、角文字横死の一件の委細を届け出た。これが九月五日。

四海波は判決を待たず牢死

新城村は越後村上五万石の領地で、近くの三條代官所がこの騒動を聞きつけ、調査しているところへ、村上の領主内藤紀伊守の江戸馬場先御門内上屋敷から飛脚がきて永了寺の住職をはじめ関係者は、そろって江戸へ出頭せよと命令があったのが九月十八日。

十月三日から南町奉行所のお白州で、生き残りの四海波と村人を対決させて吟味すると、はじめ食い違っていた申し立ても、尋問が進むにつれ騒動の輪郭も次第にはっきりしたのが十一月（この月の十六日に改元して安永元年）。

裁きの決着は翌安永二年に持ち越され、十月二十七日に判決が下りた。力士側は四海波が「江戸十里四方追放」、師匠の井筒は弟子の監督不行届きで三十日の押籠（謹慎）、村人側は十人が遠島、四人が手鎖（自宅で蟄居）。住職円什は謹慎、村役人は三貫目の過料と、それぞれ罪科が決定した。

供養碑を建てた明治の四海波静太夫

ここに哀れをとどめたのは、四海波と村人の遠島組十人で、小伝馬町の牢屋で残暑厳しい百姓牢に入れられてから丸一ヵ年、当時の牢生活は最悪の環境におかれていたから、判決が下ったときはすでに一人残らず牢死していた。

横死した角文字の惨死体は、事件の翌日永了寺の墓地に埋められたが、百年後の明治八年（一八七五）八月、この地方を巡業中の四海波静太夫（のち初代鏡山）は、この話を聞き、自分の四股名にゆかりある四海波勘五郎（惨死したのが四海波という誤伝）を哀れみ、村の素封家小川五平と計らい角文字共々弔う供養碑を寄進し、今なお香華を絶やさず、当時の騒動は村人の口から口に語り伝えられている。

なお角文字林平と四海波勘五郎の名を、明和時代の古番付で調べたことがある。だが、四海波の名は全く見当たらないからおそらく本中相撲でもあろうか。角文字のほうは林右衛門の名乗りで、当時の六段番付の四段目に、明和三年から六年十月まで載っている。そのころは三段目あたりまで幕内待遇であったから、四段目といっても幕下上位くらいの格であった。また村に伝わる二人の脱走力士云々の話も、案外真実を伝えているかもしれない。

四海波静太夫は、もと荒馬大五郎といった力士で、明治四年春入幕して上位で活躍し十二年六月限り引退、古くから大坂にある鏡山名跡を東京で創設した初代である。

嘉永の紛擾事件

本中力士たちの要求

この事件の主人公は、今九代横綱に数えられている秀ノ山雷五郎、それも引退して秀ノ山親方になってからの騒動である。

江戸時代から明治のころまでは、年寄名跡を継ぐ者は現役中に襲名して、改名披露の意味から番付に載せるのが慣例で、二段目、幕下でも年寄名に改めて翌場所に引退というケースが多かった。

秀ノ山は横綱免許の大関としての土俵歴がものを言って、引退してたちまち中改め（検査役・審判員）になった翌嘉永四年（一八五一）の二月、春場所に事件は起こった。

そしてこの場所の五日目、突然百余名の本中相撲（前相撲、間中から昇進の力士）が結束して、早朝から一人も場所入りせず、本所回向院の念仏堂に立て籠って、会所幹部の取組編成の非を鳴らし、すみやかな改正を要求した。

この頃の相撲界は、尊王攘夷の騒乱をよそに、益々の隆盛を極めて力士志望の者は踵を接して相撲部屋の門を叩き、前相撲、間中、本中の力士数は二百人以上もいた。それに加えて当時の昇進方法は前相撲から飛び付き三番勝ちで、「間中」へ上り、今度は仕切って取り組み。また三番勝ちで「本中」というような方法だった。しかも本中へ出ても、さらに三番勝ちして「新序」（次の場所序ノ口へ上がる資格）へ進むことがなかなか出来なかったので、本中が前相撲の溜り場のようになって、新弟子と一口に言っても、四、五年以上も本中に燻る古参力士が少なくなかった。

それに本中相撲は、木刀を腰に場所中の掛小屋を警備し、出入り力士の木戸改めをする監督権を与えられていたため、たとえ大関でも場所の出入りには、本中の命に服さねばならなかったし、出入りの桟敷方（相撲茶屋）や出方も一目置いたので、本中力士の居心地良さから、わざと序ノ口へ進もうとしなかった不心得の者もいたわけだ。騒乱の時代背景と当時の本中力士の性格を知れば納得がいくというものだ（註・一九七三年三月から「前相撲・本中」は廃止され「番付外」一本になった）。

本中力士の要求とは、新任の中改め秀ノ山が、自らの権威を頼んで、自分の愛弟子である本中の萩ノ森と赤沼を、必ず一日おきに土俵へ上がらせ、他の新弟子たちは三日に一度しか取り組ませない。これは前場所から引き続いての不公平なやり方だと本中力士の連中が申し合わせて、会所幹部と秀ノ山の反省を強く訴えたわけだ。

ところが「たかが取的たち、何をほざく」と、会所の世話役雷権太夫、追手風喜太郎たちをはじめ秀ノ山も取り合わない。

ついに、この五日間の取組は、前相撲や間中を順番に繰り上げ、本中を抜かすことにして強引に開場した。

土俵の四本柱を背に控えた年寄秀ノ山

殴り込み寸前での落着

さあ、これを聞いて収まらないのは、念仏堂に籠城(ろうじょう)した本中力士、ますます怒りに油を注いだような結果になった。

殺気だった一同は、こうなれば老いぼれの秀ノ山を打ち殺して、脱走するより手段はないと決議し、草鞋(わらじ)、脚絆(きゃはん)を買いにやらせ、旅仕度を整えるや、大川(隅田川(すみだ))河岸にある竹蔵から竹材を運び、手に手に竹槍をしごいて、回向院の相撲会所と横(よこ)

網町の秀ノ山部屋へ殴り込みをかける形勢になった。この状況をみた回向院の住職は、このままでは血を見ないでは収まらないと、会所へ急報する。

はじめは、たかをくくっていた会所の幹部親方たちも、この険悪な空気を知らされてびっくり。もし騒ぎになれば、さっそく寺社奉行のお咎めで、興行中止になることは必定だ。慌てた雷、境川、追手風たちは秀ノ山を迎えにやらせ、逐一ことの次第を伝えて説得した。

思いがけない事件の進展に驚愕した秀ノ山は、念仏堂へ駆けつけ「わしの手落ちだ。今後は取組編成のワリは必ず公平につくるから……」と一同に率直に詫びた。かくもいきりたっていた本中力士も、「要求を入れてくれれば」と怒りを解いて、相撲小屋へ引き上げ、急遽編成し直したワリで取り組むことになり、さしもの騒動も流血の惨事をみることなく解決した。

秀ノ山は意志堅固で、努力型の人柄だけに、一度言い出したらテコでも動かぬ一徹な性質が災いして、このような悶着を引き起こしたといわれる。

こうして相撲界未曾有の事件も、内輪だけで落着したが、いつしか世間に漏れて明治の末頃まで語り継がれていたから、事実は相撲界浮沈の大騒動だったに違いない。

五大紛擾事件

いつか折をみて、相撲騒擾史を書いてみたいと、長年ノートにメモしていたが、これは平安時代の古記録から始まるもので、いつしかかなりの量になってしまった。しかし、明治以後になると、高砂浦五郎の革新運動、中頃の中村楼事件、明治末の新橋倶楽部事件、大正末の三河島事件、そして昭和七年の春秋園事件の五つに指を屈するのが、ごく常識的なことであろう。

〝祇園精舎(ぎおんしょうじゃ)の鐘の声、諸行無常の響あり〟を聞かなくても、栄枯盛衰の世の移り変りは相撲という特殊な世界にも、いろいろな変転の影を落としている。裸一貫、なんの掛け値もなしで、土俵で火花を散らす力士たちにも、生活権を主張する権利はある。ところが封建制が最も根強く残っている相撲社会は、いつの時代にも、下からの突き上げがないと、なかなか改革が行なわれにくいのが実情であることを、長い相撲の歴史が物語っている。

その一、高砂組の除名脱退事件

明治維新後、政変に次ぐ動乱は江戸（東京）の繁昌(はんじょう)を奪い、市中は寂れて相撲興行

角界の反逆児・革命児、高砂浦五郎

も火の消えたような状態になった。このとき無為無策の相撲会所（今の協会）幹部に対して、高砂浦五郎一派がクーデターを起そうとして除名された騒ぎがあった。

この事件は、高砂が功成り名をとげた明治十六年三月に刊行された、『櫓太鼓音高砂』と歌舞伎まがいの外題の草双紙中に書かれており、彼の生い立ちから取締に出世するまでの半生を描いてある。

著者は孤蝶園若菜（戯作家で新聞記者）で、内容は講談調の読物、波瀾万丈の筋書だから、高砂を英雄豪傑に仕立ててその功績をベタぼめにするあまり、玉垣、伊勢ノ海の会所代表を悪玉に仕立て、それにからませて仲間の綾瀬川を、遺恨相撲の敵役に登場させるなど、その潤色ぶりは史実に合わない矛盾が目立っているが、当時としてはベストセラーの一つであったらしい。

いつの時代にも、権力者に媚びる御用記者はいるもので、高砂の功を賞め讃えるために創作された物語だから、高砂の相撲界革新の功績は認めるとしても、かなり気をつけ、割引いて読まねばならない。

高砂浦五郎はかねてから、相撲会所の封建的な経営に不満を持ち、幕府の土台が崩れ落ちようとしている戊辰戦争、王政復古の時局をチャンスとみて、この際、積もりつもった弊害を取り除こうと考えた。慶応四年（明治元年）五月、東幕下十一枚目に進んだ高砂（当時は高見山大五郎）は、同志二百五十余名の連判状を作って、相撲会所の筆頭玉垣額之助、筆脇伊勢ノ海五太夫に改革案を提出した。一同は王子（いまの東京・北区）の海老屋に会合し、会所が応じなければ脱走して一旗あげる準備をしていた。

しかしこのとき、大原三位家（勤王家）の家来である北川南城という顔役が仲裁に入り、今後は、幕下力士の待遇を改善するという会所の条件をのんで円満に解決した――というが、このへんまでは、多分張り扇で叩き出したフィクションが感じられる。

明治六年綾瀬川、高砂、小柳一行が地方巡業に出て美濃（岐阜）にいたとき、高砂（前頭筆頭）は年来の宿望であった会所改革の考えを、綾瀬川（大関）、小柳（関脇）に打ち明け、「近年力士生活の窮乏は酷い。年に二回の勧進相撲や地方巡業に出ても、会所は力士に給料は渡さず、わずかに衣食をくれるだけだ。そのため力士をやめて無頼の仲間に入るものも少なくない。これに引き換え会所幹部の地位にあるものは、権威を笠にきて私腹を肥やしている。また勧進元に回ってきた年寄にも利潤を渡さず、損失のときだけ分担させるなどの不正は見るに忍びない。今この専横を一掃しなければ、今後相撲道の興隆を望むことはできない。この改革はわれわれ数名が決起しなければどうにもならない」

これを聞いた綾瀬川らはすぐに賛成して、血判の誓約書をつくり高砂一行は名古屋を改革派の活動する本拠地とし、綾瀬川が東京へ帰り会所の年寄たちを説得して改革を行なわせようとした。

帰京した綾瀬川はまず東大関の境川の賛同を得て、年寄たちを説得したが、かえって維新後の会所の赤字経営の実情を説かれて、使者の綾瀬川は腰くだけになり、やむなく、名古屋の高砂に、自分の微力のため改革の説得に失敗した旨を書き送った。

高砂はこの飛脚文を受け取って、なお初志を翻さず、そうこうしているうちに、十一月場所の番付が送られてきた。高砂一派の名をことごとく墨で塗りつぶしてあった。ここで高砂は、翌七年愛知県県令の許可を得て、高砂改正相撲組を組織して、東京会所に叛旗(はんき)を翻した。しかし小柳は組に入らず帰京したので、高砂は同調する京阪力士をスカウトして、苦汁をなめながら、地方巡業しつつ改正組の陣容を強化し、二年間のうちに百数十名に膨れ上った。一時、京都から西ノ海(のち横綱)、大阪から熊ヶ嶽らの有名力士も参加した。

明治八年、虎視眈々(こしたんたん)の高砂は改正組を率いて上京し、神田竜栄寺に本拠をおき、神田秋葉原で興行するなど、東京相撲に対立して公然と持久戦を挑んだ。

ところが、明治十一年二月に、警視庁から「相撲取締規制」が発布され、東京相撲が二組に分離して興行することは許可されず、鑑札を受けるよう指示があった。折悪しく改正組は巡業に出ていたため、鑑札も受けられず、東京で興行はできない。高砂は警視庁に出頭して「われわれも東京相撲である。東京に二つの相撲団を置くことを許さぬのであれば、二団を合して鑑札を賜りたい」と強く懇請した。ときの川路利良（かわじとしよし）大警視（今の警視総監）は好角家であり、高砂の進歩的な考え方に理解をもっていたので、仲裁調停をする者を立てて、ついに六年間もゴタついた脱退事件は解決し、このとき新たに相撲規則十二条を制定した。もちろん年寄高砂として会所入りした彼の改革案が盛りこまれたことはいうまでもない。

高砂の野心満々たる脱走行動は、改革運動としては失敗であったが、彼の義侠（ぎきょう）的人間味は多くの同調者と応援者を得て、合同復帰の際は年寄高砂として対等の形で乗り込み、老齢になった玉垣、伊勢ノ海の旧勢力が退いたあと会所の実権を握るという幸運に恵まれた。そして年来の理想である改革を次々と実現していったのは、凡人ではなし得ない手腕といえよう。

彼の相撲再興の情熱は、ついに初志を貫徹し、衰微した江戸相撲の旧弊を一新して時代の流れに乗せることに成功した。

その二、中村楼事件

一代の風雲児高砂浦五郎は、明治初年に相撲会所（協会）の改革運動を起こし、東京相撲はまったく高砂の手中に収められた。しかし永らく角界の独裁者として君臨しているうちに、専横の行為が多くなり、非難の声も高まり、ようやく表面に出てきた。これに感づいた高砂は明治二十四年一門系統の年寄に内諾させて、永久取締であることを宣言したが、これに対し雷（初代梅ヶ谷）、尾車、友綱らは極力反対して紛争の結果、永久取締宣言は葬り去られた。

二十八年夏場所中に、高砂のとった傍若無人な言動は、ついに多くの力士を巻き込む騒ぎに発展した。この場所中の六日目、東横綱西ノ海と西前頭三枚目鳳凰との対戦に、西ノ海が土俵際で鳳凰を打棄ったが、西ノ海に踏み切りありと軍配は鳳凰へ上がった。東から物言いがつき騒ぎになった。聞きつけた西ノ海の師匠高砂は土俵へ上がって、「砂の上にかかとの跡があるが、この下を掘れば俵だ」といって、かかとの跡のある砂を払ってしまった。

ついで二十九年一月の番付発表から、積憤はついに西方力士によって爆発した。番付をみると、問題の鳳凰が東方の高砂系に回されている。鳳凰はガンとして承知せず、一月十一日の初日が開場しても場所入りせず、西方力士もこれに同調、協会は仕方なく、強風のために入れ掛け（休場）という口実で閉場した。

西方大関の大戸平以下三十三人は、不正な取り締まりの下では相撲は取れないと、一月十五日、協会に檄告書を提出して決断を促した。大戸平らが提示した檄告書に対して、十七日雷、友綱、八角、若藤、尾車、武蔵川、伊勢ノ海らは、「協会の改革は春場所終了後、ただちに着手して、夏場所を期して実行する」旨回答し、これを諒承した東西力士たちは、春場所に出場することになり、ようやく解決を見るにいたった。

十八日、両国中村楼で手打ち式を行ない、十九日から改めて初日を出すことになったが、西ノ海だけは休場してそのまま引退となったのである。この事件により、同年二月、協会規定が改正され、七十条の申合規約が発表された。

かって明治第一の革新運動の旗頭であった高砂が、第二の革新運動に追い落とされたのは、権力におごる者の辿る運命であろう。

その三、新橋倶楽部事件

明治四十四年一月、春場所を前に力士一同から協会に対して配当金、養老金（退職金）などに関して待遇改善の要求が提出された。一月十日回向院に集合して決議し、浪ノ音ら十一名の代表委員は、両横綱、四大関を訪問して、協会への交渉を依頼した。

当時相撲人気は全盛で協会の収益は多かったが、国技館建設の借入金利息のため純益が少ないことを理由に再三再四にわたる交渉も成立せず、ついに関脇以下十両以上五十四名は独立興行をめざし、新橋倶楽部に籠城、土俵を築いて稽古（けいこ）を始めた。

協会、力士間の対立はますます悪化したので、好角家の三宅碩夫（みやけせきお）、黒岩周六（くろいわしゅうろく）らが調停案を作成して仲介の労を取ったがまとまらず手を引き、さらに調停者が立ち、新たに「覚書」を提示した。力士側からは国技館建設に関する諸支払いなど、詳細な決算書を提出することを協会に求め、慰労金の支給、養老金（退職金）の積立て案についての原案を、常陸山、梅ヶ谷の斡旋（あっせん）で協会も大体承認することになり、初め強硬だった協会側もついに譲歩することになった。

二十三日調印し、同日午後、国技館の土俵上で和解の式を挙行した。翌二十四日同盟力士一同は新橋倶楽部で解散式を行ない、それぞれ師匠の部屋に帰った。この争議により引退力士の養老金支給の道が初めて開かれた。

その四、三河島事件

大正末の相撲衰退期にあった十二年（一九二三）一月九日、春場所開幕の直前、力士会は協会に対して、次のような養老金（退職金）の倍額など三ヵ条の要求を提出した。

一、養老金（退職金）を倍額となす事。

一、本場所収入の分方を五分増となす事（一割を一割五分となす）。

一、一度十両に入りし力士は、幕下大頭以下に下がるとも、相当の処置をなす事。

協会は初日を目前に控えて、このような重大な問題を軽々しく解決することは困難であるから、場所後に考慮すると回答した。

しかし、力士会は即時決行を主張し、十一日に至って横綱大錦、栃木山、大関常ノ花、源氏山、千葉ヶ崎を除く幕内三十六名、十両二十九名、行司十四名、合計七十九名（幕内伊吹山のみ不参加）が結束して各自の部屋を去り、上野駅前の上野館に籠城した。力士会は代表委員に鶴ヶ浜、三杉磯、太刀光、司天龍の四名を選び、協会の使者と折衝したが、協会側は具体的な解決方法を示さず、無条件に妥協するよう説得したため、力士会はさらに前の三ヵ条に代る十一ヵ条の新要求を提出した。

協会は態度を硬化し断念、力士会を除外すると、予定通り十二日から本場所を開くことに決定、不出場者は破門するむね声明した。力士会は交渉決裂とともに、三河島の日本電解会社工場に移転して土俵を築き稽古を始めて、独立興行する方針で、「新角会」を組織し相撲興行を警視庁に願い出た。このとき横綱大錦、栃木山、大関源氏山、常ノ花、千葉ヶ崎、庄之助、伊之助の七人組が調停を力士会に申し込んだが拒絶され、交渉は失敗に終った。一方協会は十両以下で開場を強行したが非常な不入りだ

幕内力士の籠城により、横綱が交代で土俵入りを行なった三河島事件

った。

赤池警視総監は力士の労働争議の紛糾を重くみて調停に立ち、ついに双方無条件で総監に託すことになり、事件勃発以来わずか九日目に解決した。十八日、日比谷の平野屋で和解の手打ち式を行なう宴を開いたとき、横綱大錦は別席でマゲ（髷）を切り、調停の不成功の責任をとって引退の決意をつげた。養老金捻出のため、次の夏場所から場所日数を一日増やし、十一日間興行することになった。しかし、改革要求はほとんど実行されず、後の春秋園事件まで尾を引いた。

その五、春秋園事件

昭和七年（一九三二）一月六日、春場所番付発表の直後、当時出羽海一門で固

めていた西方幕内力士二十人と、同門の十両力士十一人とが、相撲道改革を唱える天龍、大ノ里の呼びかけに賛同して品川大井町の中華料理店春秋園に立て籠って、相撲協会に要求書の決議文を提出するという大紛擾が勃発して世間を驚かした。

このとき、力士側から協会に手交された改革案は次の通りである。

一、相撲協会の会計制度を確立し、その収支計算を明らかにすること。
二、興行時間を改正すること。
三、入場料を低くして角技を大衆のものとすること。
四、相撲茶屋と中銭制度も撤廃すること。
五、年寄制度を漸次に廃止すること。
六、養老金制度を確立すること。
七、地方巡業制度を確立すること。
八、力士収入を増加し、生活を安定させること。
九、冗員を整理すること。
十、力士協会を設立し、共済制度を確立すること。

巷間では七年一月番付で、武蔵山に大関を先んじられた兄弟弟子天龍の不満とその両力士をそれぞれ支持する、出羽海一門の新旧二派（常陸山と両国）の抗争が原因となり、改革問題にまで持ち込まれたものであるといわれるが、真相はもっと根の深いところにあった。天龍は前年の秋、すでに友人の松本正雄弁護士（のち最高裁判事）らと、相撲協会改革案を作成し、印刷して用意していた。

力士の人権と生活の擁護を旗印に決起した指導者の関脇天龍三郎の提案に賛同した大関大ノ里万助らは、要求が入れられずとみるや、マゲを切り新興力士団を組織して協会を脱退した。

一方の東方幕内力士のうち、鏡岩、朝潮（のち横綱男女ノ川）、錦洋ら九人と、十両力士八人はこれに呼応して協会不信任をとなえ脱退、革新力士団を結成、天龍の新興力士団と提携した。幕内残留力士は玉錦、能代潟の両大関らわずか十一人では番付編成もできず、角界は未曾有の混乱に陥った。

東西幕内力士の大半を失って壊滅的打撃を受けた協会は、大関武蔵山の帰参に力を得て、十両から双葉山、旭川、大ノ浜の三人、幕下から出羽ノ花、射水川、国ノ浜、鷹城山、瓊ノ浦の五人を幕内に引き上げて変則な改正番付を編成し、辛うじて二月に開場したが、一般のファンは天龍一派に同情的で、異例な八日間興行も連日がら空きであった。しかし、残留組は国技館の土俵に殉じようという真剣な勝負で好角家の評判をよんだ。

一方の天龍らの新興力士団は、二月四日から東京中根岸で六日間旗揚げ興行を開催したところ、一般の関心を集めて連日大入満員だった。新興、革新の両力士団は大日本相撲連盟を結成して、三月大阪で合同選手権試合を興行した。

事件のあった翌八年一月、脱退した新興、革新両力士団から天龍らの理想にあきたらず、多数の有力力士が協会に復帰し、別格として土俵に登場したため、この場所は連日満員となり、協会もようやく重大な危機を脱することができた。

一方、あくまで初志を貫こうと、復帰を断わった天龍、大ノ里を中心に、同年二月、大阪で関西角力協会を結成、多くの人気を集めていたが、時利あらず十二年末に解散し、この事件は終末を告げた。

次郎長相撲三国志

相撲と侠客は同じ畠

「次郎長相撲三国志」と題しても勿論、清水の次郎長こと山本長五郎（一八二〇〜一八九三）が相撲を取った話ではない。波瀾万丈の生涯を送った任侠一代の彼にまつわる相撲秘話は、肩のこるような話柄ではないが、そうかといって、神田伯山の講談や二代目広沢虎造の浪花節を鵜呑みにしての考証でもない。次郎長をめぐって出没する群像の中に、相撲関係の者が意外にも多いので、これらを実録伝記から拾い出して史実の鏡に映してみたまでのことである。

渡世人時代の次郎長は、斬った張ったの博奕打の大親分として、東海道筋は申すに及ばず関八州に売り出したころ、御用役人の十手に追われ、三度笠に道中合羽の旅姿で、郷里の清水港を留守に、行方定まらぬ旅ガラスの〝逃亡者〟だった。江戸研究家の大家、三田村鳶魚は相撲と侠客はともに似たような同じ畠から発生したものだとして、『侠客と角力』(昭和三十二年)中で次のようなことを書いている。

「……侠客と称せられる博奕打、あの人達が殖えたのは天保度ですが、その他にも無頼の徒が多く、素行の修らぬやつが激増しました。角力の落ちこぼれが村々へ行って、博徒の群に入って強い者勝ちの姿になる。侠客の話の中に角力が出て来るのは化政度(註・文化―文政)からの話で、それ以前には聞いたことが無い。勿論この手合が、どの地方でえらい親方になったといふことはありませんが、大兄哥程度の者になってあばれたことはあるやうです」(原文のママ)

次郎長が今日は東、明日は西と旅の草鞋をはいたのは、鳶魚のいう化政度のあと天保十三年(一八四二)からで、土地相撲くずれや、プロ相撲の落ちこぼれにあちこちでかかりあいになったわけだ。

次郎長は二十三歳のとき人を斬って、生まれ故郷の国を売り(出奔)侠客修業に入った年に、まっさきに草鞋を脱いだのが三州寺津（現・愛知県西尾市寺津町）の侠客今天狗治助のもとである。治助の父は寺津の土地相撲六角山といわれ、また兄とも伝えられているから、今天狗の綽名も草相撲の四股名くさい。尾張相撲にもおそらく顔を出していたのであろう。

それから三年後の弘化二年（一八四五）甲州（山梨県）の大立物紬（津向）の文吉と、駿州（静岡県）庵原郡（現・静岡市清水区）和田島の太左衛門が、話の行き違いから、庵原川を挟んで刃を交えようとしたとき、単身間に割って入った次郎長は、みごと仲裁を果たして、一躍侠名をとどろかしたのが二十六歳。

静岡市梅蔭禅寺にある次郎長の銅像

この年、三河で捕まった次郎長は赤坂の牢に入り、翌年夏釈放されて、三河の吉良（現・西尾市）の剣道の達人で侠客でもある小川武一のもとに、身を寄せていたが、三河大野（いまの飯田線大野付近）の高市で、はからずも苦境にあった八尾ヶ嶽宗七という相撲取を救った。

この八尾ヶ嶽については、京坂番付

を丹念に調べてみたが、さっぱり出てこない。もちろん江戸番付にはない。大坂相撲には、大阪八尾市あたりの出身者で八ッ尾潟、八尾ヶ関などがいる。

江戸時代の三河相撲は、吉田（豊橋）、岡崎、挙母（豊田）、刈谷、西尾などを中心に土地相撲が盛んで、腕自慢の者は尾州相撲にスカウトされ、さらに抜群の力量のある青年は、京坂か江戸相撲へ加入を許されるというのが、当時の相撲界の風習で、土地相撲は野球でいえば、第二軍のような役割を果たす職業相撲の供給源であった。

尾州相撲はセミプロ級で番付も発行していたが、今はほとんど残っていないので、八尾ヶ嶽の土俵歴は知ることができない。

このころ尾張相撲から江戸へ出て出世した者に、知多郡名和村（現・東海市名和町）出身の和田ヶ原甚四郎（のち高砂浦左衛門）がいるが、これなどは珍しい例だ。

田舎相撲の保下田の久六

鳶魚は地方へ落ちこぼれた力士上りの侠客について、次のようなことをいっている。

「これはどういふことかといひますと、素行が修らず、人柄もよくないから、角力仲間から排斥されるとか、破門されるとかいふやつが多い。江戸では暮せないから、故郷へ流れて來る。さうすると腕力があるので、何もしないで威張ってゐられる。これが博徒の中に入って行く、といふことになるのです。また一つには角力が見世物氣分になった爲に、角力の身入りが前よりよくなった。角力の懐工合がよくなれば自然下廻りの者まで潤ひますから、餘計不身持になり易い。そこで不人柄なものを追出さなければならぬ、といふやうになったものでせう」（前出『俠客と角力』）

八尾ヶ嶽がこの例にあてはまるかどうかは、はっきりしないが、力士上りで博奕打になったことは事実だ。

嘉永三年（一八五〇）、八尾ヶ嶽が尾張一宮の俠客久左衛門と喧嘩し、子分の相撲取十数人をつれて、清水の次郎長のもとへ逃げてきた。次郎長が大野の高市で八尾ヶ嶽を救ってから四年後のことになる。この記録から推理してみると、八尾ヶ嶽は三河で土地相撲の頭取（親方）兼力士として、三河、尾張地方を農閑期に巡業して歩く、当時はやりのセミプロ相撲ではなかろうか。

次郎長から盃をもらって、力士稼業から足を洗った八尾ヶ嶽は、保下田の久六と改め、尾張方面でかなりいい顔役になったが、安政二年（一八五五）秋、久六は再び一宮の久左衛門と、縄張り争いを起こし、久左衛門に歯がたたない久六は次郎長に助けを求めてきた。

清水一家の一の子分大政は尾州常滑（愛知県常滑市）の出身で、土地に明るいから、彼に〝相撲常〟ら十七人をつけて名古屋へ急行させた。大政は身長六尺二寸（一八八センチ）もある大男、十八歳で次郎長のところへ来るまで田舎相撲を取っていたという前歴があるので、彼も尾張相撲に顔を出していたのであろう。通称政五郎が体が大きいので綽名が大政。従う清水二十八人衆の一人、相撲常は力士上りではないが相撲の強いところから人は常吉を〝相撲常〟と呼んだという。名古屋に乗り込んだ大政は、調停に入って血の雨を見ずにうまく収めることができた。

こうして次郎長に度重なる恩義のある久六は、それから三年後の安政五年の十二月、恩を仇で返すとんでもない裏切り行為をやった。

捕手に追われた次郎長が、名古屋の侠客巾下長兵衛の家に妻おちょうと共に身をひそめていた。ところがおちょうは逃避行の長旅に患い、その年の暮に病死という悲運。明くる元旦密葬して野辺の送りを済ませたが、一家に連なる弔問客がつめかけ、この噂が久六の耳に入ったのは、松の取れた正月八日。腹黒い久六は、尾張にまで延びている次郎長一家の縄張りをせしめようと、次郎長は長兵衛宅に潜伏していると役人に密訴。長兵衛の機転で間一髪のがれた次郎長は、寺津の今天狗の家へ落ちのびたが、長兵衛は次郎長を隠匿したという理由で捕縄にかかり、ついに牢死してしまった。

憤怒した次郎長は、久六の警戒をそらすために四国讃岐（香川県）の金毘羅へ祈願参詣のち尾張へひそかに舞い戻って、逃亡する久六を、六月尾張亀崎（現・半田市）に追いこみ、ついに斬って捨て長兵衛の恨みを晴らした。

この事件のため次郎長はまた役人に追われて、旅から旅への三度笠となったが、翌年四月に、金毘羅へ仇討祈願達成の御礼に刀一振を子分森の石松に持たせて代参させた。これが広沢虎造の浪曲で一世を風靡した有名な、「神田の生まれだってねえ、寿司食いねえ……」石松代参詣り「石松三十石船道中」のくだりになる。

京都小結の見請山

石松は金毘羅からの帰り道、近江草津の侠客見請山鎌太郎の家に寄り、おちょうの香典二五両を預ったことから都田兄弟のだまし討ちにあうわけだが、次郎長はこれまで何度も逃亡中見請山の家に草鞋を脱いで、義兄弟の盃を交わした仲。

この見請山はれっきとした京都相撲の関取で、京都御幸町の出身。京相撲の大関小柳の弟子で御幸山鎌太郎といって小結まで取った豪の者だが、当時は江戸相撲を迎えて、年一回七月から八月ごろ四條河原で大場所興行を開催する。江戸相撲が上京しないときは、大坂相撲を交えた番付で、中相撲程度の興行をするのが慣例。大場所であれば江戸相撲の下に名を連ねるが、御幸山の小結も師匠の小柳の大関も、江戸相撲が在京しない中相撲のときの地位である。だから実力は江戸相撲の幕下上位くらいだ。

御幸山は後に身受山とも書いたので、後に見請山と四股名の字句を変えて、男伊達の名にしたものと見える。彼は天保九年(一八三八)に事件を起して京都相撲から追放されたが、その後、地方相撲の頭取として近畿方面を巡業して歩き、近江草津(滋賀県草津市)で勧進相撲をやったとき、彼を世話する者があって、ここを永住の地と決めたのが三十七歳のときである。次郎長より年上であったが、よく気が合って、その苦境を度々救けて流亡中の次郎長をかくまった。

見請山は元治元年(一八六四)一月中風にかかり、二年後の慶応二年二月二十日に病死し、彦根市の清凉寺に葬られ、その墓は現存していると聞く。彼は三田村鳶魚のいうような〝大兄い〟でなく、立派な俠客として成功した例であろう(註・御幸山鎌太郎について、相撲史跡研究家竹森章氏は『京都・滋賀の相撲』で、天保十年から嘉永二年ころにかけて京都相撲に御幸山徳蔵が見え、江戸番付にも天保十一年から同十四年までの三場所、三段目に彼の四股名があり、引退後の安政四年ころまで京都相撲世話人を務めていたと記している)。

見請山が亡くなってから二月後の四月、清水一家は映画などでも〝荒神山の血煙り〟として有名な事件が起きて、黒駒の勝蔵一派を相手に大喧嘩を演じ、次郎長はこれによって東海一の大親分として更に売り出すが、初代高砂浦五郎との出会いは、これから八年後のことになる。

横綱雲龍と次郎長

慶応三年（一八六七）五月、駿府城下（現・静岡市）で境川、追手風一行の巡業興行が掛かった。例年なら三月か遅くとも四月ごろ江戸相撲がやってくるのだが、この年の春場所、回向院興行が延引して四月十六日が初日で月末に終ったものだから、運悪く静岡の新茶一番摘みの忙しい時節にぶつかってしまった。

駿府はもちろん次郎長一家の縄張り、勧進元は土地の顔役と相場は決まっている。予定より一ヶ月も遅れて、小田原興行を終って駿府に到着した巡業の顔触れは、二年前に引退した横綱雲龍久吉の追手風喜太郎一門、幕内の花形力士照ヶ嶽、田子ノ浦。境川浪右衛門（元大関）一門は君ヶ嶽、増位山（のち横綱境川）という今売り出しの新進力士を引き連れての乗り込みだから、景気は好いはずなのが、お茶処駿州地方は農繁期でさっぱり。入りが悪ければ勧進元も無い袖は振れない。引退後も雲龍の名で一人横綱土俵入りを見せてサービスしていた追手風親方は、次の興行地遠州浜松へ旅仕度をしているところへ、勧進元が挨拶に来たが、不入りの原因は一行の乗り込み遅延にあって、赤字欠損だと不平タラタラ……。

そこへ境川親方、関取たちも顔を出して若い連中は血の気が多い。売り言葉に買い言葉。そのうちに、ポカリとやったのが喧嘩の始まり。力を売るのと、男伊達を売るのが商売の連中だから、相撲小屋の中と外で睨み合い、険悪な空気になり、あわや血の雨を見ようというとき、二里（八キロ）隣の清水港から急を聞いて駆けつけた次郎長は、雲龍、境川とは現役時代から顔見知りの間柄、小屋の前で大手を広げて、「ここはおれに預けろ」と鶴の一声。

律気で正義派の雲龍は、先に手を出した力士側の非を率直に謝れば、次郎長はお互い様だと、子分たちをなだめて、さっそく手打ち式の一席を設け、若干の餞別を巡業一行に贈って和解の手を締め、事件は落着した。この話は、雲龍の跡目を相続した高砂門下綾浪徳太郎の嗣子高木織右衛門氏からの聞き書きである。

次はそれから三年後、維新後のことで明治三年（一八七〇）の夏、春日山一門の三段目力士玉ノ川元吉が巡業中師匠に無断で脱走、清水港へ来て次郎長の盃をもらって子分になった。そこへ東京相撲一行が、清水の江尻町（現・静岡市清水区）の興行に乗り込んできた。一行中に玉ノ川の師匠である佐渡ヶ嶽（鏡山力蔵）がいて、相撲小屋を覗くと玉ノ川を見つけ、「この野郎、師匠に断わりなしに逃げやがって……」と、いきなり胸倉を摑んで鉄拳制裁、ほかの力士たちも一緒になって蹴るやらなぐるやら、袋だたきにしてしまった。

怒った次郎長は清水一家に招集をかけ、相撲小屋に大挙押しかけるという風聞で町はひっくり返ったような騒ぎ。驚いたのは佐渡ヶ嶽親方。「次郎長の子分になったと聞いていたが、本当にそうだったのか」と、謝罪の手紙を使いに持たしたが、次郎長の憤怒を鎮めることはできない。止むを得ず親方をはじめ玉ノ川に手をかけた力士たちは、マゲを切って次郎長のもとへ届け、ようやく怒りを解いて大事にいたらず解決した。

その年の九月、「壮士の墓」三回忌に、次郎長は先に紛争した佐渡ヶ嶽一行を呼んで追善相撲の興行を行なっている。壮士とは明治元年九月、清水港で官軍に攻撃された幕府の軍艦咸臨丸（かんりんまる）の乗組員（幕臣）のことで、次郎長はその水死体を拾い集めて埋葬し、山岡鉄舟に墓碑銘を書いてもらっている。

玉ノ川は次郎長が、富士の裾野（すその）の開墾を始めるとこれに従事したらしく、現在の富士市の開墾地「次郎長町」に、相撲取の墓と伝えられる小さな塚が残されている。

高砂の報恩美談

一代の俠勇清水次郎長と、角界の風雲児高砂浦五郎との劇的な出会いは、明治九年五月のことになる。高砂は、三年前に相撲界の革新運動を興して除名され、改正組と称す一団を同志と組織して名古屋市を根城に興行して廻り、この年は京都力士百余名を加えて東海道筋を巡業しつつ静岡まで来たが、雲龍が先に失敗したように、折悪しく茶摘み時にぶつかって、相撲小屋は見物人より力士の方が多いという散々な不入りで、宿料も払えず立往生してしまった。

さすが剛気の高砂も思案投げ首で弱りはてていたが、ふと思い出したのは知人の山岡鉄舟から聞いていた清水次郎長のこと。さっそく巡業ご難の窮状をざっくばらんに語ると、五十七歳の次郎長は、十八歳年下の浦五郎の竹を割ったような性格が気に入って、宿料から東京へ行くまでの費用を持たして送った。

高砂は十一年に復帰して、やがて角界を一手に牛耳る権力者にのし上がり、飛ぶ鳥を落とす勢いになったが、このときの窮状を救ってくれた次郎長の恩義は終生忘れず、場所毎に回向院場所へ招待し、また巡業の途次は必ず清水に立ち寄ってその晩年を慰めたという。

明治十七年、維新後きれいさっぱり博奕打(ばくちうち)の渡世から足を洗った次郎長は、山岡鉄舟の指導感化もあって晩年を社会事業に専念していたが、この年の二月、県令(今の県知事)による博徒の一斉検挙が行なわれた。捕まった三下奴(さんしたやっこ)のなかには、「へい、次郎長一家の某(なにがし)と申します」と取調べに答える者もいる。次郎長こと長五郎は、清水一家の親分としてその責任を問われ、懲役七年の体刑に過料四百円の判決。ただちに井ノ宮監獄に収容されたのが五月、六十五歳の老齢。

この報知をうけた高砂浦五郎は、贔屓(ひいき)の政府高官へ、次郎長救出の裏面工作を盛んにやった。ときの元老院議官鷲尾隆聚(わしのおたかつむ)は元の愛知県令で、浦五郎が名古屋で改正組の旗上げをしたとき、その胆力と義侠心に感じて、愛知県諸興行取締役を命じたくらい、大の浦五郎びいき。鷲尾議官に次郎長の旧幕時代はさておき、維新後は社会事業に貢献している立派な男であり、富士の裾野開墾の監督に必要な人間であることを力説し、鷲尾は直ちに静岡県令奈良原繁に、次郎長減刑釈放をはたらきかけた。

一方維新後、次郎長の人物を見込んでヤクザの世界から正道に連れ戻した山岡鉄舟は、二年前から元老院議官になっていたが、浦五郎の次郎長救出運動を蔭から大いに助力し、獄中へ激励の慰問文をしばしば託したという。浦五郎の必死の嘆願と鉄舟の口添えにより、獄中における次郎長の待遇は特別扱いで、看守たちも非常に老いの身を大事にいたわってくれたそうだ。浦五郎の救出運動は、翌十八年九月にきっかけをつかんだ。台風で監獄が倒壊したとき、次郎長はケガをして病床にあると聞き、県令は仮釈放という当時として前例のない特赦放免を次郎長に与えた。

出獄したのは十一月十六日、相撲協会取締の高砂浦五郎は一門を率いて静岡まで行き次郎長を出迎えたということである。次郎長が本所回向院に大相撲をしばしば見物に来たのはこの後の事らしい。

山田長政の記念大相撲

相撲茶屋高砂家は、浦五郎の弟子花菖蒲（小林米蔵）が始めたもので、部屋の名をもらって屋号としたわけだ。高砂家の先々代の番頭林兵衛さんから聞いた話だが、次郎長は上京すると高砂家の二階にしばらく逗留していたが、聞き伝えて関八州の大親分たちが毎日挨拶にきたそうである。そして高砂家の玄関先で口上を述べたあと、次郎長の返事がないと、家人は敷居をまたがせなかったという。何しろ大変な格式だった。

鉄舟の勧めで一時、次郎長の養子になった天田五郎は、後の歌人天田愚庵で子規に大きな影響を与えた傑物だが、愚庵は無類の相撲好きで、明治三十六年夏場所、病軀をおして伏見から上京し、そのときの観戦秀歌の連作がある。これも次郎長と浦五郎の交友から始まった回向院通いであろうが、翌三十七年一月五十一歳で没しているから、最後の相撲観戦となったわけだ。

明治二十五年、次郎長七十三歳。維新後は清水港の発展に尽力して蒸気船建造に奔走した次郎長は、山岡鉄舟と広瀬武夫、小笠原長生ら海軍軍人から、駿河生まれで江戸初期にシャム(タイ王国)にわたり王族にまで出世し、日本の通交を計った山田長政の武勇談をきき、郷土の誇る海外発展の先駆者の偉功を讃える記念碑を建立することに思いたった。さっそく、高砂浦五郎に相談して、「山田長政記念大相撲」興行を同年七月、静岡(明治二年駿府は静岡と改称)城内本丸で開くことになった。文字通り建碑基金募集の勧進相撲である。

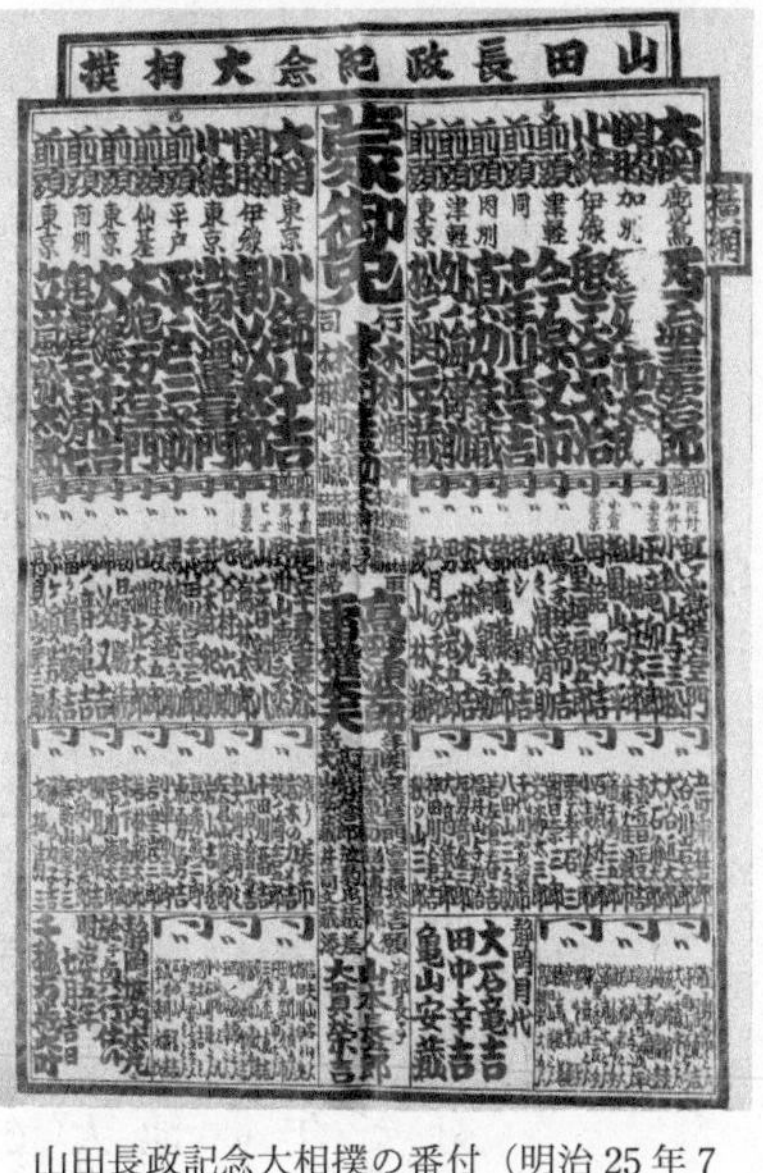

山田長政記念大相撲の番付（明治 25 年 7 月）

この山田長政番付を筆者は戦後間もなく入手して珍重していたが、清水市（現・静岡市清水区）の梅蔭禅寺に行ってみると次郎長遺品の中にも同じ番付があった。よく見ると、文字の傷んだ個所もそっくりで、複製印刷ものとわかりがっかりしたことがある。

一行の顔触れは高砂一門の横綱西ノ海をはじめ小錦、朝汐ら本場所の東方陣営をそっくり連れてきて、あとは雷一門の鬼ケ谷、鬼鹿毛、尾車部屋の大砲など、巡業興行として本場所にくらべあまり遜色(そんしょく)のない豪華な番付である。

勧進元は、もとより次郎長こと山本長五郎、差添大貫栄吉はどういう人か知らないが、静岡目代三名は東京相撲協会が免許した県下の地方目代である。

この寄付金募集興行は一日だけで盛況だったらしいが、どういうわけか、建碑のことは行なわれなかった。それというのも、翌二十六年六月十二日。次郎長は七十四歳で病死したためで、その遺志を継ぐ有力者がなかったのであろう。

仲の良かった高砂浦五郎の財力で建碑完成は、わけのないことだったが、何か土地に複雑な事情があったのだろうと考えられる。

Ⅷ　こぼれ話

古今珍名・奇名・シコ名くらべ

シコ名の由来

二つ三つよき名望まる相撲取り　（蕪村）

ザンギリ頭で初土俵、新弟子がワクワクする胸に聞く豆行司の名乗りは、大概が佐藤とか池田とか本名の苗字である。勝ち越して序ノ口、三段目、幕下と昇進するにしたがって愛弟子の四股名を何んとつけるか、親方たちは頭を悩ます。

昔は名乗りとか四股名と唱えて、力士のアダ名のようなものであったが、勧進相撲以来は、四股名を土俵の呼出し、名乗りに慣用する一種の芸名となって、その名乗りになるべく強そうな、あるいは豪華な四股名をつけて、重々しい貫禄を誇示したわけである。

有望力士として期待されるにしたがって各部屋に所属する四股名がまず考えられる。

追手風部屋の清水川、高砂の朝潮、二所ノ関の玉ノ海など部屋の名流伝統を継ぐだけの大器と目される力士に与えられる栄誉でもある。

わが里の名乗りゆかしき角力かな（一瓢）

『相撲人国記』が愛読される理由も、わしが国さの自慢話の一つに郷土出身力士が必ず語られるからだ。そこで自分の生まれ故郷、そこの美しい山河を読み込んだ四股名が多いわけ。岐阜県羽島市の羽島山、北海道名寄町の名寄岩、愛知県の愛知山、秋田市土崎湊の大土崎など数限りなくある。

しかし時代の変化にともない、新しい四股名も付けられる。NHKの相撲解説で令名高い元関脇の神風正一氏は昭和十二年に入門して、同年朝日新聞社の亜欧連絡飛行で世界に名を轟かした「神風号」を四股名にした。ところがあにはからんや、明治二十四年（一八九一）ころの三段目にも同名が見える。

十八代横綱大砲万右衛門は明治中期の新兵器たる大砲を四股名にし、日清、日露の二戦には勝鬨、大勝利という勇ましい名の力士が現われ、国威の宣揚とともに鴨緑江、威海衛、日本海など戦勝を記念してつけたのもあった。面白いのは地雷火捨次郎という名が明治三十七年頃にあった。

珍名な江戸の怪名

近年はふざけた、キテレツな四股名はないが江戸、明治の頃は随分と思いきった名をつけて相撲ファンを笑わしたものである。

江戸時代の元禄の頃には小分銅金左衛門、兎角是非内、釘貫禰次兵衛、弘化に同じく釘貫鉄蔵がいる。享保に忍山色助という色気たっぷりなのと、鉄壁破右衛門という強そうなのがおり、ついで元久の頃は幕内に長く名をみせている呉服織之助があり、明和に唐糸織右衛門と呉服屋まがいの名がみえる。ふざけたのでは寛保に虎ノ尾長之助、延享に唐獅子外平、時鏡百度平。元文の頃の荒牛若之助に対し寛延に鞍馬山鬼市があり牛若丸（うしわかまる）にちなんだ四股名を名乗っていた。宝暦にいたって女男音之助、十五夜弾平とこれも色模様である。明和に雁渡り戦八、荒飛黒右衛門、寛政に山巡り運八、文化の遠近早太郎にいたってはまるで飛脚の名である。弘化の螺貝（ほらがい）鳴平は田園風景。嘉永の倶利加羅竜八は、まさか倶利伽羅紋紋（くりからもんもん）の入れ墨をして土俵に上ったわけでもあるまい。文久の渡ス守勇吉、これは「ス」と訛（なま）ったところが面白い。大体珍名は大坂力士の方に多い。

ハイカラな明治調

江戸時代はこれくらいにして明治に移ると、御維新で万事が新しくなった文明開化の影響で、おそろしくモダンな四股名が明治人（びと）の度肝を抜いた。最もハデなのは、明治二十四年（一八九一）ころ、伊勢ノ海部屋にいた器械舟源吾で、正に珍名東の横綱である。筆者が子供の頃、深川、本所あたりの老船頭が蒸気船のことを器械船といっていたのを聞いた。汽車のことを陸蒸気といった類である。一方珍名西の横綱は明治三十五、六年頃の電気燈光之介で、この人は若ハゲでてらてらした頭からつけたのであろう。その当時横綱常陸山のチャンコ鍋当番をやっていた片福面大五郎も珍名の尤たるもの。この人は出羽海元理事長（元横綱常ノ花）の著作『私の相撲自傳』（昭和二十九年）の新弟子時代のくだりに出てくるが、その名が示す通りのヒョットコ顔で演ずるタコ踊りは有名であった。

明治の頃有名な胃腸薬で次亜燐というのがあって、明治四十三年一月の序二段に次亜燐神太郎というのが現われ、ついで大阪にも次亜燐金蔵が出て、さても商業地浪花だけのことはあるとびっくりさせた（この次亜燐はのち赤垣源蔵と改名した）。それに負けじと改名届に仁丹というのがあって、さすがの協会もこれにはお冠で枉げて不許可にし、東京の次亜燐は日の丸という名に改名させ、ついでに軽気球という力士にも奇抜過ぎるからと小松島に改めさせた。

明治二十七年五月に入幕して三十一年頃まで幕にいた唐辛多喜弥は大阪に行ったり東京へ来たりしていた。ついで明治四十一年五月の番付三段目に寒玉子為治郎、それに白米升三郎と、民生委員の世話になりそうな名もあるが、これなどは罪がない。寒玉子は四十五年一月入幕し、大正六年一月若島と改名、同年五月まで幕におり、戦前、北品川あたりで元気な姿をよく見かけた。

明治二十四年一月の番付にあるむさし坊弁慶、鬼の臍常吉などになると、もう無邪気すぎて草相撲の四股名にありそうだ。当時大阪力士にも鱧(はも)の子(こ)、熊の子の奇名が見える。その後大阪の陣幕が、どういう考えか、一時名を寛永の名大関・仁王仁太夫からとって陣幕仁王仁太夫と、落語の寿限無式(ジュゲム)にえらく強そうだったが、得てしてこういう空威張の四股名は強くならない。昭和八年五月場所東十両に可愛嶽、西に愛ノ花の名がみえる。

珍名の代表は「猫」

昔からシコ名に獅子、竜、虎、熊、馬と動物の強そうな名をつけたのは多い。なかでも猫をつけたのが案外たくさんあるが、もちろん大概は珍名なること御多分にもれず。幕末の頃の大関象ヶ鼻平助ほど著名な力士になってしまうと、さほど珍名とは思えぬが、明治三十七年頃の野狐由松、狼七三になると、暴力団狩りにひっかかりそうなハッタリの効いた名ではある。大正十四年幕下にも狼の四股名がみえる。

猫といえば、明治二十四年一月番付に猫又虎右衛門というのが伊勢ノ海部屋におり、白猫正太郎が雷部屋にいた。このほか黒猫白吉の名も見える。同じ頃、大阪の大関に猫又三吉というのがいて、この力士は越中富山の生まれ、最初小猫と名乗っていたのも面白い。また大阪千田川部屋に山猫三毛蔵というのがいたが、ここまでくると一寸人間離れをしてくるし、同じく大阪三保ヶ関部屋に招猫末吉なんていう、待合の長火鉢に置きそうな可愛らしいのもいた。明治三十五、六年頃に虎猫という老力士がいて、引退後は双葉山時代に国技館売店で働いていたのを見かけた。

数多い一字名乗り

横綱稲妻雷五郎の生家を茨城に訪ねたとき、遺品の中に、棧シ（カケハシ）初五郎の巻物が桐箱に納めてあって、うっかり棧シ（サンバシ）と読んで同行の中尾方一氏にさりげなく正されたことがあった。江戸時代にはこの一字名の四股名が相当あって、珍名というには些か当たらないがこのあたりの奇名もならべてみよう。

享保の頃、静（しずか）、紅（くれない）、桂（かつら）という、力士名にはあまり相応しくない女性的なものがあり（昭和三年五月に乙女川が十両にいるし、弓取りで有名な大岩山は羽衣と名乗っていた）、寛保にはこれと反対にすこぶる男性的な雷、轟、宝暦には甲、この三名の四股名は明治の番付にも見える。この中で雷は初代梅ヶ谷が継いだ年寄名の雷権太夫で明治における名門だが今はその名を見ない。なお一字名の下に捨ガナをつけて読ませたのは棧シの次に鉞リ、殿リ等がある。文政の頃に頂キと並んで璞それに錦がある。頂キは小錦時代の明治三十二、三年頃にもいた。大阪に、い峰三郎という力士がいた。「い」が、「いろは」の仮名の頭（一番の初め）だからつけたそうで、コジツケもここまでくると笑話になる。嘉永の頃、イ久女蔵がおり、同じように読ませたにちがいない。また九九之助というのがあり「九」を「いちじく」と読ませたが、これは「一字で九」だからこのように読めるというわけでコジツケもはなはだしい例で、こうなると判じ物であるが、直ぐに一軸と改字した。これは先代出羽ノ海梶之助（元両国）の初四股名だとの話である。

文化に繯長次郎という読めない名があり、学者に聞いて廻り「おだまき」と読むことが解った。文政の鉱は、「たがやさん」と読むのが本当だという一説がある。宝暦と文化、嘉永に漣、享和に梁、階があり、寛政に鯱、楠が見え、文化に魁、鋸がいる。このほか勢はわかるが、宝暦の窟、文政の磊しなどはルビツキでないと読めない。これは一字でないが、享保の拮石は難解の随一であろう。この初場所（昭和三十年）の番付で、高砂部屋の序二段に筏慧という名が見えるが、これは本名。昭和に大筏川右衛門というのがいた。一字名の代表は二十四代横綱鳳谷五郎で、文化時代に同名の四股名が見える。大正五年五月に明が入幕している。同六年十両に隼。大正、昭和にいたって、フザケたシコ名は全く跡をたったが、これは近代相撲が、スポーツとして社会的に重要な位置をしめていることの証左である。それにしても、昔の人は、今の人よりユーモアを楽しんでいたものとみえる。

三田村鳶魚の『江戸ばなし』（昭和十七年刊）を読んでいたら、次のようなくだりに出くわした。「慶安四年七月に、『しこ名の異名を付候もの有之候はゞ早々可申上候いにしへより角力取候もの異名付候とも向後は其名堅く無用なるべく事』。との法令が出された」。

これは、辻相撲や勧進相撲が喧嘩騒動の原因になるので、三年前に相撲禁令が発せられたあと、追いうちをかけるように四股名を名乗ることを禁じて徹底的に弾圧した。当時力士の四股名は異様な感じを、一般庶民に与えたためである。

ところが、それから六十年ほどした正徳の頃になると、家の外を通りかかって呼び名を聞いて遊女のいる家かと思って入ったら、なんと遊女ならぬ、むくつけき大男がごろごろしていたのでキモをつぶして逃げ出したという話も出ていた。つまり、浮舟だとか有明だとか十五夜だとかいう四股名を今度は競ってつけていたのであった。それとは知らず、呼び声だけを聞いて入ってみたら、力士のトヤだったのでびっくりしてしまったのである。なるほど、浮舟だとか有明だとか十五夜ときては、てっきり遊び女と思うのも無理はない。

優し気にするのが、たまたま流行していたのだろう。それにしても浮舟と十五夜の一番なんてのは力が入らない。が、それはともかく、流行というものに対する日本人の性癖を、そんな話からふと思わずにいられなかった。

誰がどこで火をつけるのか知らないが、これが流行だとなると、どっとばかりに殺到する。気のそろうことと言ったらこれほどの人種は、おそらく他にはいないだろう。右向けとの号令が出れば、一糸乱れずサッと右を向いて何とも思わないのだから、みごとと言いたいくらいのものである。

名前の命名にしてもご多分にもれない。かの『君の名は』が一世を風靡したときは、ヒロインの真知子なる名が日本中の戸籍に氾濫したものだ。美智子さま（現・上皇后）が皇太子妃になられれば、途端に美智子さんという女の子が増える、と言ったぐあい。

そして、いかんながら、相撲界もこの風潮の埒外ではないらしい。相撲は日本古来のものだから日本人の性癖が濃厚なのも異とするに足らぬ、と言ってしまっては話にならない。たとえば、山田とか鈴木とか佐藤などという姓の上に、ただ「大」という字をくっつけているなんていうのは、あやかりたいと願う気持はわからなくはないにしても、風情のないこと夥しい。何とも味気ない気持におそわれる。相撲がプロ化した元禄には、宝井其角に、

〝上手ほど名も優美なりすまい取り〟

の一句があるが、むろんこの優美は、有明さんや十五夜さんではない。実力勝負の

土俵の上だ。たとえ四股名といえども、他力本願ではなく、やはりユニークにいってもらいたいものである。

相撲と芝居

力士と役者の交際は親密

江戸時代の相撲と芝居の二つは、民衆の二大娯楽として、われわれの想像以上にかなり密接な関係を持っていた。昔の芝居小屋には必ず櫓が立っていて、この櫓は相撲と兄弟のシンボルとしていた。そんなことから、力士はいつでも芝居小屋は顔で無料入場できるという木戸御免の特権を持っていた。

幕末のころ、初代高砂浦五郎がまだ東海大五郎と名乗っていた幕下のとき、市村座で木戸をつかれ、芝居の庵看板を叩きこわした事件があった。天下の力士の顔を潰したというのが、騒動の原因だった。

芝居の花道も、平安時代の節会相撲のとき、力士の出入りする道を、花で飾ったところに、その語源があるとされている。だから、今でも芝居の方では花道は相撲からもらったものとされ、その代りに、芝居から櫓をやったと言われている。相撲の花道には東西があり、芝居の花道は東西がないにも拘わらず、東の花道だとか、西の花道だと呼んでいるのは、その名残りだと言われている。

櫓については、歌舞伎発祥の慶長時代の古い屛風絵を見ると、今の櫓と形は違うが、歌舞伎も相撲も同様の櫓を組んであり、その後先ははっきりしない。拍子木は芝居につきもので、相撲は芝居の方からもらったというのが、定説になっている。

相撲というと、大変蛮カラな力の世界であり、一方芝居は、非常になまめかしいお色気の世界であるが、この両極端のものが、封建時代に対立して、繁栄を競ったにも拘わらず、どちらもその当時の芸能人として、仲が良かった。しかし相撲は主として大名の庇護のもとに生活していたが、芝居同様に町人の贔屓にもてはやされていた。当時役者は河原乞食とさげすまれる一面もあって、大名から召抱えられている士分格の力士から一段下に見られていたのはやむを得ないが、力士と役者の交際は親密で、そうした逸話はかなりある。

天保時代に、四代目中村歌右衛門は六代横綱阿武松緑之助と親交があって、この二人が連れ立って外出するときは、歌右衛門は必ず雪駄をはいていた。これは阿武松が力士であるのに背が低く、役者である歌右衛門の方がのっぽであったため、阿武松が見劣りしては悪いとの、細かい心くばりであるという美談が伝わっている。しかし阿武松は五尺七寸（一七三センチ）もあって、当時の日本人としてはけっして背が低い方ではなく、これは二代阿武松（大関・小柳常吉）の誤りである。小柳は錦絵で見てもわかる通り、アンコ型の短軀であった。しかし力士と役者の仲が良かった逸話としていただける話である。

天明時代の巨人釈迦ヶ嶽雲右衛門と、初代尾上松助とは昵懇の間柄で、あるとき松助が当時の人気者釈迦ヶ嶽に扮することになった。一五二センチそこそこの松助が、二二七センチもあるという釈迦ヶ嶽を演ずることは、竹馬にでも乗る以外方法がない。どうするかと見物人が固唾をのんで見ていると幕が開き、花道の両側と本舞台の一面に低い土塀をしつらえて、その上から上半身だけをのぞかせ、いかにも大男の釈迦ヶ嶽らしく大扇子を使いながら悠々と闊歩したので、大評判をとったという。このように、人気力士が劇中の主演者として舞台へ上ったことは数多い。といっても、どだい細身でキャシャにできている役者が、力士のような大兵肥満の者になることは困難で、ほかの職業の者に比べて、甚だ少ないのは当然である。

近年でも、映画で雷電を演じた宇津井健は五尺七寸（一七三センチ）の十九貫（七十二キロ）くらいある役者だが六尺五寸（一九五センチ）の雷電としては、見劣りするのも仕方がないことである。

明治になって、役者を贔屓にした常陸山、梅ヶ谷、太刀山などがいる。中でも梅ヶ谷は芝居狂で『鎌倉三代記』の時姫を自分がつとめ、大砲に三浦をやらせて、芝居をやってみたいというほどののぼせ方。実現したら、いまの文士劇より珍な大人国の舞台が見られたであろう。反対に五代目、六代目菊五郎が、力士を贔屓にしたことは有名で、六代目と横綱常ノ花（七代出羽海）との親交は、前相撲を二人並んで見る仲よさだった。六代目は台湾で客死した小結真砂石を下っ端のころからよく面倒をみていた。後に長谷川伸の『一本刀土俵入』の取的茂兵衛を演ずるとき、真砂石の姿をうつして、ずいぶん役にたったという。それに相模川ファンであり、双葉山の贔屓でもあった。

相撲を主題にした三大芝居

相撲を主題にした古い芝居では、『双蝶々曲輪日記』の濡髪に放駒、『関取千両幟』の稲川に鉄ケ嶽、『関取二代勝負附』の秋津島に鬼ケ嶽というように力士が主人公で、この三つが昔から一番多く上演され花川戸身替の段、通称「身代りお俊」は、いま踊りに残っているが、その中の主人公白藤源太は、当時天明、寛政の人気力士小野川喜三郎をモデルにしたといわれ、天明のころ、全盛をきわめた浄瑠璃富本節〽深き想いは小野川の……とその名を伝えている。『伊達競阿国戯場』には伊達騒動に怪異を織り込み絹川谷蔵という抱え力士が顔を見せるが仙台出身の谷風梶之助があまりにも有名なので、力士を一人でも出場させないと収まりがつかなかったとみえる。『実録先代萩』の方では、荒波梶之助という名になっている。

『双蝶々』は今でも毎年のように上演されているが、竹田出雲、三好松洛、並木千柳の脚色合作で、双蝶々とは、主人公の濡髪長五郎と放駒長吉を二人の名「長（ちょう）」から由来していて、七段目の道行に「汝も長、我も長、二人合わせて蝶々止まれ……」という科白がある。寛延二年（一七四九）大坂竹本座で初演され、現今も「引窓」の場は、よく演じられ、たまに高台橋相撲場が行なわれる。『千両幟』と共に相撲芝居、浄瑠璃の二大横綱であろう。

それよりあとの宝暦、明和年間、大坂で好敵手としてたいした人気を集めた千田川吉五郎と稲川治郎吉の両力士に材をとり、〽相撲取を夫にもてば江戸、長崎や国々へ……という触りで有名な『関取千両幟』ができたものである。稲川（浄瑠璃では岩川）は有名な猪名川（稲川）であるが、千羽川の千田川はその相手で、敵役鉄ヶ嶽という架空の人物をあしらった作である。落語の「稲川」は人情話で、これを昭和の初めに脚色して、曾我廼家五郎が演じたことがある。

『関取千両幟』の粗筋はこうだ。大坂の商人の子礼三郎が、なじみの遊女を身請することになったが、その金を悪浪人に奪われ、礼三郎贔屓の岩川（稲川）が金の調達に苦心する。そうしたとき、岩川の相手鉄ヶ嶽が八百長を申し込む。大恩ある贔屓のためその相撲を振ってやる悔しさに、岩川が男泣きに泣いたがひそかに覚悟して土俵に上る。いよいよ悪玉の鉄ヶ嶽と立ち合うとき「進上金子二百両、岩川様贔屓より」と声が掛かる。急に力を得た岩川は鉄ヶ嶽を思い切り土俵の砂に埋める。その金子は女房おとわが身を売っての調達である。

『関取二代鑑』は、人気力士の勝負と御家騒動を結びつけたもので、殺された秋津島の子が、亡父の生血を飲んで怪力を現わし、悪玉の鬼ヶ嶽をやっつけるというこしらえで、父子二代の力士から題目が付けられた。

名力士を主人公にしたものに、谷風梶之助、雷電為右衛門、四ッ車大八という力士が実名で登場してくるのは、いずれも申し合わせたように、幕末も明治に近いころか明治以後である。やはり芝居道の方では、力士を一段上に見て、江戸時代には実名のままでは憚ったものと見えるし、また二、三の例を除いては、全部善玉の立役でまず敵役はない。そのころには芝居の慣習である「書き替え」をよくやったもので、雷電を登場させるときは、名前を濡髪にしたり、小野川を白藤にしたようなものであるが、白藤源太の名は元禄のころの地方大関だったという説もある。『双蝶々』の

一世を風靡した六代目菊五郎の濡髪長五郎（新富座）

書き替えはこのほか三十種類もあると聞いている。江戸八百八町を騒がした「め組の喧嘩」は、機を見るに敏な興行師は、さっそく歌舞伎の舞台にのせているが、四ッ車大八の変名に濡髪長五郎が登場してきて暴れるという段取りで、すべて実名は伏せ、客もそれを約束事に万事承知、喜んで見にくるわけだ。

四ッ車が実名で登場人物になったのはそれからずっとあと、文化二年（一八〇五）から数えて八十五年目の明治二十三（一八九〇）年三月、新富座で初演された『神明恵和合取組』の四幕もので、竹柴其水の作品中白眉といわれている。三幕目は師匠の河竹黙阿弥が助筆しているので、まことに素晴しいできばえである。

江戸時代の書き替えと違い、だいたい実説をもとにしてある。筋は関取四ッ車と、水引清五郎（九龍山扉平）の二人が主役で、かねて品川遊廓で羽振りをきかせていたが、鳶の頭新門辰五郎と争い、辰五郎は、その仕返しに八ッ山下に力士側を襲撃して失敗に終り、神明の芝居小屋で再び争闘を巻き起こす。辰五郎は命を棄てても報復するつもりで、ひそかに妻子に別れを告げる。この場は、六代目菊五郎の当たり芸で、大詰めには芝神明境内で喧嘩の花を咲かせ、両者乱闘となり、梯子や酒樽を振り回すというハデな立回り、そのため役者にもケガ人が絶えなかったという、悲壮なものだった。最後に町役人が出て、顔役の焚出しの喜三郎が仲裁に入り、鉄火の争いも円満に収まるというしだい。相撲と鳶の者、いずれも男をみがく商売同士、江戸っ子気質と心意気がよく出ていて、喧嘩っ早い勇ましさが人気を博した。六代目、十五代目市村羽左衛門も辰五郎役を当たり芸としていた。

なお新派の舞台には、相撲はあまり現われないが、大正六年（一九一七）に松居松翁が二十六代横綱大錦卯一郎をモデルにして書いた『三組盃』が初めてである。このとき早稲田大学の校歌を作曲したことで有名な東儀鉄笛が力士役をやって好評だった。また昭和四年ごろ『お絹物語』に、女形の喜多村緑郎が荒岩亀之助に扮したが、これはどうも弱そうな力士で評判が悪かった。

昭和になって『錦島三太夫』が演じられている。この力士は大豪常陸山を破って勇名をとどろかした大蛇潟粂蔵の後身年寄錦島の半生を劇化したもので、戦前戦後に上演されている。彼の贔屓であり友人でもある俳人菅裸馬が、大正十二年の三河島事件、昭和七年の天龍事件の際にとった錦島親方の師弟愛を扱った一文を、昭和八年錦島歿後発表した。これを読んで感激した新派の大矢市次郎が、金子洋文に脚色を頼み昭和十年に主演伊志井寛で上演して絶讃を浴びた。菅裸馬とは元東京電力会長の菅礼之助氏で錦島部屋の後援会長であり、相撲協会の運営審議会会長でもあった。そののち、新国劇で、池波正太郎作の『名寄岩』を島田正吾が演じた。病いに倒れて大関の地位から落ち、贔屓からも見離されてなお、土俵に執念を燃やす名寄岩静男（年寄春日山）が、病いを押して関脇に返り咲くという、土俵人生をドラマ化したもので、昭和三十一年一月場所中に上演されて好評を博した。

名寄岩は全盛期一三九キロ近いアンコ型、病気のため九〇キロにやせたドン底時代の芝居だから、島田正吾も口の中に含み物を入れたり、体に肉を入れて、どうやら力士らしい押し出しで見られた。明治の市川左団次が谷風の土俵入りをやったとき、常陸山の実見談には、これは非常に立派だったとほめていた。

昭和五十年『呼出し一代〝男は太郎〟』を三木のり平、中村梅之助らが演じて好評を博した。

現代物は立志伝的なもので、どうしても荒唐無稽な作りごとにはならないが、土俵上のかけ贔屓を、修羅場の読物風にやったらもっと面白いだろう。

なお蛇足ではあるが、相撲の要素には、多分に歌舞伎と共通したものがあることを、心にとめていただきたい。水もしたたる大銀杏髷、華麗な横綱土俵入りといい、土俵を中心に、色調の道具立てがそろっていて、古き大江戸の匂いを、いまだにそのあとを引いている。

相撲を詠んだ和歌、狂歌

平安・鎌倉期の歌

寛政の谷風は、武骨一点張りでなく、和歌をよくした風流人であると古書に見えたので、長いこと気をつけて探していたが、とうとう一首も見当たらず、俳句を一句拾い出したにすぎなかった。ことほどさように、相撲の持つ素朴でユーモアな味は、和歌のような、やまと歌の定型より、ぐっと砕けた庶民的な味わいのある俳句、川柳に向いている。そのためか、古代歌謡、平安朝文学の和歌にも相撲はほとんど現われず、江戸時代に入ってわずかに目にとめるにすぎない。いわんや力士がものした和歌は求めることができず、たまにあっても狂歌の類で、この時代に発達した俳句、川柳にお株を奪われている。

古くは『万葉集』雑歌、平安朝の相撲節会にともなう宴会の歌などあるが、直接に相撲を詠んだものではない。試みに『日本古典文学大系索引』（岩波書店刊）を調べても、和歌、歌謡の部にはまるっきり相撲の項は記載されていない。

平安朝の藤原通俊撰の勅撰集『後拾遺和歌集』は応徳三年（一〇八六）に成立したものであるが、この中に一首拾える。

秋風に折れじとすまふ女郎花
いくたび野辺に起き伏しぬらむ

これは、秋風にさからう女郎花の姿を詠んだのであるが、当時「すまふ」の意味は争う、抵抗するなど広い意味にも使われていて、転じて相撲の語源になったところから、参考のために掲げておく。

また鎌倉末期、北朝の柱石として著名な二条良基(よしもと)の手になる「年中行事歌合」に、節会相撲に関連の歌がのっている。

かた分て　ことりづかいの　いそぎしは
今日の抜出(ぬきで)の　為(ため)と成りけり

これは王朝相撲の華やかなりしころ、毎年勅命により、全国各地から相撲人(すまいびと)をスカウトしてくるために派遣される部領使(ことりつかい)を詠んだもので、今日の選抜(抜出)大会のために、部領使が急いで連れてきたという意味。

また節会相撲に出場する相撲人の勝負を案ずる情景を歌ったものもある。

夕がほに葵(あおい)の花をさし合ひて
いづれか色のうてとすらん

紫宸殿のお庭にしつらえた相撲場に、左近衛（今の東方）に属する相撲人は、髪に棉で作った葵の造花をさし、右近衛の相撲人（西方）は、夕がおの花（今の瓢箪といわれる）をつけて、出場するのがしきたりで、負けた相撲人の花は、次に出場する者が「肖物」といって縁起を担いでつけなかったことは、いま負け力士が次の力士に水をつけない風習に伝えていて面白い。

なお節会相撲のあと余興の臨時相撲があり、そのとき相撲人たちによって布引きの競技が行なわれる。天覧のもと、相撲に伴う力競べの余興であるが、二人で一端（反）の布をそれぞれ持ってなえ合わせて綱として、互いに綱引きの上、勝者がこの布二端をせしめるという仕組になっていた。永久四年（一一一六）の百首和歌に、源朝臣忠房が滝と題して詠進している。

かちまけを誰かは見けむ年をへて
　同じ程なる布引の滝

奈良朝末期から平安朝三百年にわたって盛大をきわめた節会相撲が、大宮人や王朝文学少女によって詠われなかったことは、よほど相撲は和歌向きでなかったに違いない。

鎌倉時代の頼朝のころ、文治五年（一一八九）五月、鎌倉鶴岡八幡宮の相撲に「鶴岡放生会職人歌合」九番、左　相撲と題して一首

日は入て月こそ空にねり出れ
　独すまひの心地のみして

「七十一番職人歌合」六十三番に

影法師みぐるしければ辻ずまふ
　月をうしろになしてねるかな

当時辻相撲が盛んでよく禁令が出た。武家政権の確立した鎌倉の町の一点描である。

江戸は狂歌が全盛

江戸時代に下ると、風流は専ら狂歌に集中して、相撲の和歌もまた少ないが、寛政三年（一七九一）六月十一日の将軍家斉上覧相撲のとき『すまゐ御覧の記』を儒者成島峰雄が詳しく書いている中に出てくる。勝者谷風が弓をうけて四方に振り回した光

景をうたっている。

　かちかたにけふたまはれるあつさ弓
　　ふるきむかしのためしをやひく

相撲とも禄の白かねおほく賜りしとぞ——

　君が代にあふひの花も夕かほも
　　めくみの露のひかりそふらし

佐野肥前守義行ぬしのかくよめる——

　めしあはせかちしすまゐの心をも
　　思ひとりつゝ見るはいさまし

この相撲の市井雑記に狂歌落首がある。

博奕(ばくえき)のやうな勝負を御上覧
　はだかになって是(これ)ですまふか
雷電が水火になってかかれども
　弓鉄砲もうけぬ陣幕

上覧相撲で強豪雷電が陣幕島之助の喉輪(のどわ)攻めに敗れた大番狂わせは、江戸市民を騒がしたが、なお吉田追風即興の一首と伝えられる戯歌(ざれうた)もある。

陣幕になんの苦もなくはね出され
　けふは負けてもらいでん（来年）は勝つ

これは後年講談師の張扇(はりおうぎ)の産物らしい。

上覧相撲より九年前の天明二年（一七八二）三月の春場所七日目、東幕下三枚目（いまの十両）の小野川が、西大関谷風を小股掬(こまたすく)いで倒した。八場所土つかずの強豪を初めて破った大金星に、江戸中はわきかえった。

手練せし手をとうろうが小野川や

かっと車のわっといふ声　（菅江）
谷風は負けた負けたと小野川が
かつをよりねの高いとり沙汰　（赤良）

これまで谷風に三回対戦して完敗の小野川は蟷螂（かまきり）にたとえられ「蟷螂当車轍」つまり、かまきりが肘を張って車の通路をくい止めるおもむきだったが、それがこの勝負に実現したというわけである。

朱楽菅江（一七四〇〜一八〇〇）は、アッケラカン江の洒落名で、当時江戸狂歌界の雄。四方赤良はいうまでもなく蜀山人の大田南畝のこと。蜀山人は菅江より十歳下で三十代の血気盛り。初鰹は女房を質屋へ入れても買って食うという江戸っ子気質をからまして、高価な初鰹を値切って負けろというよりも高声でいうほどの評判だったという意味。別本に谷風にかったかった……とあるが、これでは意味が単純化して、ひねりが効かない。

谷風や雷電と親交のあった四方赤良こと蜀山人は「谷風梶之助につかわす」と題し

片やぐら巌石おとしさかおとし
関は日本一の谷風

雷電の手形の賛に有名な

百里をもおどろかすべき雷電の
　手形をもって通る関とり　（蜀山人）

ほかのもので〝百里をもとどろかすべき……〟の賛を見たことがある。こちらの方が雷電の四股名にひっかけて面白い。

秋の野の錦まはしの相撲草
　所せきはき（関脇）小結の露　（赤良）

相撲草はイネ科の野草で、茎（くき）をからまし、引っぱり合って勝負する子供の遊び。

君が代にすまひのせきもせきの戸は
　いずれ左も右もささせず　（菅江）

「寄角力祝」と題しているが、勧進元の元方に対して寄方に出た関ノ戸八郎次は天明、寛政の土俵に力とともに技のすぐれた力士と聞こえ、その技能ぶりが窺えて面白い。同時代の名関脇宮城野大八（岩手県江刺市出身）は、天明八年（一七八八）京へ上ったおり、お公家さんの近衛公から、錦之助の名を賜り改名したそのときの添え歌。

　立ち残す錦おりむら　おり萩の
　　花に色ある宮城野の原

彼は仙台藩の抱え力士であり、萩の名所で聞こえている仙台宮城野をかけたもの。

狂歌で番付評判記

寛政七年春に刊行された『男自満大力狂歌』は、前年の六年三月春場所の番付により、東西幕内幕下三段目まで、百三人をそれぞれ歌い上げているのには驚く。当時の三段目は今の幕下上位くらいの待遇だった。その人気、相撲ぶり、風貌などを窺い知るに貴重な文献である。この珍本は中尾方一氏の秘蔵であるが、とても幕下三段目まで紹介するわけにはいかぬので、幕内二十人限りにとどめた（註・困難な読みは漢字に改めた）。

〔東方〕
小野川の水もたまらぬ河津がけ
　大手をあげてよいや才助
関脇でその名をあげる軍ばいは
　源氏のくが（陸）へ張りし陣幕
いつよりもかはらぬ色の千歳川
　力のほどはかぎりしられず
力量もすぐれて登る九紋龍
　ここん無双の高い清吉
是ぞ一二とはさがらぬ三ヶの津
　名も日の本にひかる玉垣
引しめてはなすや弓の勢見山
　まとまとなしにはやい取口
真さきにかけた和田が、原やぐら
　投てぞ土へうめのかついろ
勢も猛もある態の手柄山

〔西方〕
目の下に見おろす鯛の鰭ヶ嶽
　あらみどころのおほい尾頭
雷電とその名もひゞき鳴渡る
　一トつかみにもすべき大力
おふやうにあゆむ土俵の大鳥は
　名も千歳の鶴渡りかな
あかねさす日の東方にかくれなき
　名は錦木とひかりかがやく
愛嬌もこぼるる萩の宮城野は
　花に名高きひとのうは風
甲斐嶽きついほまれはた葉こにて
　まづ一ぷくとひねる手もと
関取の名に風流な花頂山
　かつたび花のふるもことはり
つきたての餅をさまして沖津風

矢はづにかけてむ手を月の輪
あづまにてよしとほめれば難波でも
あしくはないぞ伊勢の浜萩
相槌(あいづち)を打手(うって)もつよき梶ヶ原
あら身作りの太刀(たち)はわざもの
やれ勝ったそりゃ勝ったはとほめる声
大空までもひびきわたりぬ

取手もひじと腰のつよさよ
出羽の海ふかいめぐみは御(ご)ひいきの
たまはる花のひらく運右衛門

後は幕下以下になるが、さてどんじりに控えたのは庄之助で、次いでめでたく結びの一首。

たて板に水と魚との中にたつ
行司を庄之助が弁ぜつ
豊年のあたり角力や評判の
俵の入りもよきまわしかな

水魚の交わりならぬ、龍虎(りゅうこ)の争いの触れ書きを、立て板に水を流す音吐朗々の呼び上げ。

ここで気になるのは、番付で西五枚目の常山が狂歌では花頂山で登場する。彼はこの寛政六年春限り備前池田侯の抱えから、故郷庄内酒井侯のもとに戻り改名したのが、同年七月の大坂場所からで、この狂歌集が板行されたのは翌七年春のことになる。なおこの七年一月谷風急死により、版元では急遽改板して、六年冬付け出しの大空源太夫と谷風の後に入れて穴埋めしている。

翌寛政八年十月冬場所、幕へ付け出された八十島嘉六は、もと大坂力士で十七歳から五十歳の老齢まで三十四年間土俵生活を送った名物男。力士としてはさほどではないが、むしろ風流人として名高く、茶道の表千家の不白の門人として知られていた。

力士としては珍しい化粧廻し姿で、茶の湯をしている錦絵が残されている。相撲博物館に所蔵されている扇子面に、達筆で次のような狂歌が書かれている。

「ある人のもとへ行てあやまちて茶わんのはしをかきし時」
たてる茶は、四十八手の外なれば
ついにちゃわんのはじをかくらん
東西庵八十島（茶碗の素画）

不知火諸右衛門が横綱を張って間もなく、天保十四年（一八四三）九月、江戸城吹上御殿で、将軍家慶の相撲上覧があった。このとき、不知火は将軍より次の一首を添えて、白真弓を賜ったという。

横綱をしめし力やまさりけん
西の最手こそ弓は取りけれ

この和歌を記した短冊は、今なお郷里熊本県宇土郡宇土町（現・宇土市栗崎町）の生家に秘蔵されているという。しかし果たして将軍の自詠であったか、未見だけになんともいえない。

百花咲く詩歌

明治維新後は文明開化の潮に流され、相撲の人気は下火になり、相撲を主題にした和歌狂歌もまた影をひそめたが、日清・日露の戦いの勝ち、相撲熱の復興とともに、詩歌は百花繚乱の趣をみせてきた。なかでも、当時の相撲評論家の徒然坊こと阪井久良岐（一八六九〜一九四五、本名は坂井辨）は、おびただしい相撲和歌を力強くうたいあげている。

当時はまだ江戸時代の傾向を踏襲して、いわゆる宮内省派が歌壇の実権を握っていた。そのひとり子爵歌人の黒田清綱（きよつな）がその歌風をよく伝えている。野見宿禰と題し

世の守（まもり）　国の守と角力草
栄えん種や　蒔（まき）初めけん

久良岐も同じ高崎正風（まさかぜ）の流れをくみ、明治二十七、八年日清戦後の復興を喜び

梓弓（あずさゆみ）　櫓（やぐら）太鼓の音聞けば
心猛（たけ）りて腕ふるはるゝ

明治三十年、相撲界改革の功高き一世の風雲児、初代高砂浦五郎が取締を辞任すると聞いて詠む。

高砂の浦の松風きこゆなり
君が千年の春のはじめに
天の将（ま）さに大任を降さんとして

此人(このひと)を力士の道に心尽さしむ

また初代梅ヶ谷の雷権太夫の功をたたえ

筑紫なる梅が谷村君により
　天が下にも匂(にお)ひぬるかな

畏(かしこ)くも　すめらみことの大前に
　角力(すまい)し手振り今に明(さや)けし

（これは十七年芝離宮天覧相撲の回顧）

また二十九年五月、史上初の若き横綱（二十八歳）小錦八十吉。誕生をほめあげて

自(おの)づから威あり猛からぬ様(さま)みれば
　うべ横綱と人も云(い)ふなり

狂歌師は同年三月横綱免許を聞くや

横綱を春の場所より小錦は
朝日の昇る東での関（丹頂斎）
門をかけて動かぬ大戸平
妙手はつきぬ西の大関（瓢の屋）

久良岐の国文に通じたるは次の一首に

石の上ふるや男児の打角力
雄々しきを見む年の始めに

『続日本紀』（桓武紀）に帰化人高麗の王族の子福信は、奈良の石上（天理市）の町中で同年輩の少年たちと相撲をとって遊び、相撲がうまいことが宮廷にきこえ、これが出世の糸口となり、のちに従三位の公卿に列して高倉朝臣と名乗った故事による。

三十三年一月、すでに天下を二分した人気力士常陸山は東筆頭、梅ヶ谷は西小結、両力士に与えたる十五首のうちより

衣手の常陸の山の朝風に

なびかぬ草はあらじとぞ思ふ
泉川まだ浅かるをひたすらに
徒歩(かち)渡らんと袖(そで)ぬらしつる

二首目は、泉川に極めて出んとするを、海山にはたかれた不覚の一敗の戦評。

うら若き梅の谷風かをるなり
都大路の人のたもとに
双差(もろざ)しに君が釣りなば天(あま)が下
君に敵(たぐ)はんますらをもあらず

新国技館と狂歌

天田愚庵(ぐあん)（一八五四～一九〇四）は山岡鉄舟の門下で、清水次郎長の養子にもなった異色の人であるが、新聞社に奉職して時事諷詠(ふうえい)を得意とし、彼の代表作に回向院観戦を詠んだ歌が多くある。また正岡子規に影響を与えた本格的歌人。五十一歳で永眠。前年の三十六年五月の歌に

東は梅ヶ谷かと西は誰（たれ）ぞ
　常陸山とぞ名乗あげたる
梅とよび常陸とさけび百千人（ももちびと）
　声をかぎりにきほいどよもす
大相撲日には九日見てあれど
　常陸山には勝つものはなし
突く手さす手見る目もあやに分（わか）ねども
　組みてはほぐれほぐれてはくみ
虎とうち竜と躍りて壮夫（ますらお）が
　すまふを見れば汗握るなり
東（ひんがし）の関もなげたり常陸山
　天（あま）が下にはたゞひとりなり

このとき西大関の常陸山は東大関梅ヶ谷を、大相撲の末、突き落としで勝って全勝。

この相撲たゞ一つがひ見むためと
　西の都ゆはろばろに来つ

当時愚庵は出家して伏見桃山に閉居し、この一番を見るために上京したという意。この場所後、両大関は同時横綱免許となる。
明治四十二年（一九〇九）に相撲常設館（国技館）が完成して、大相撲はまったく庶民のものとなったので、たちまち落首狂歌でにぎわった。

入れかけの心配もなく見物も
　どんどん向ふ両国技館
みんな見にきた西かけて客人の
　くるは東の両国技館

国技館の所在地は東両国にあり、西両国から両国橋を渡って押しかける洒落。

力瘤入れて建てたる国技館
　四股で土台を踏みかためたり
万国にたぐひすくなき国技館
　さじきに蒲団しきしまの風

当時は市中トップクラスの大建築で、東京名所案内にその威容を誇っていた。

四股を踏みならす太鼓に土俵際
　客押し詰めて来る国技館
力士見る桟敷も二階三階と
　四階にひゞく強国技館
しめなわの横綱はりてすまい男(お)の
　土俵入る見る神国技館
五月場所はれの勝負の角力とて
　大刀(たち)も甲(かぶと)も出づる両国（四十一年）

新鋭太刀山に甲吾郎をひっかけた狂歌。

当るもはっけ相撲の大入で
　勧進元もよいやのこった（四十一年）

このころの年寄は輪番で二名ずつ勧進元を勤め、その純利益から大金が転げ込んだもので、十数年も待ちこがれたものである。

常陸山びいきの牧水

佐佐木信綱の門下石榑千亦（一八六九～一九四二）は、穏健な歌風で知られているが相撲歌歴は古く、贔屓力士の名を歌い込まぬ謙虚さはさすが。

にらみあひし目と目光を帯び来り
　今ぞ相搏つ肉のひびくは
戦の前満を持して静けき土俵の上
　睨みあいたれ手は未だおりず
頭を高く獅子の如きと頭を低き
　豹の如きとしきりの久しき

腰高仕切りは明治末の碇潟か、それより先輩の尼ヶ崎か、豹の如きは平ぐも仕切りの名人玉椿か、仕切りの体勢を歌って妙。

危ふかりしひいき相撲に入れし水を
　吾飲みし如胸なで下す

両手おりて立たむの刹那気合はず
　しづかに笑いあい相分れゆく

立ちたりと誘はれ立りたちそこ立たば
　勝味はあらず立つなと思ふに

正岡子規の旧根岸短歌会系の花田比露思（一八八二〜一九六七）に

しはしはも図る気合のかからぬか
　離れては吐く息の大きさ

口に啣む水を狭霧と双腕に
　吹きかけてつつやゝ疲れ見ゆ

相組みて土俵のなかに立ちすくみ
　ただ息つける腰の大きさ

分けられし相撲にほっと心落ち
　我に返れば汗握りいし

この四首は大正十二年（一九二三）春八日目、大関常ノ花（先代出羽海）と小結清瀬川（先代伊勢ヶ浜）の水入り大相撲ついに引き分け。

若山牧水が早大を出て間もなく明治四十三年『創作』誌を出したころ、常陸山びいきの彼は、同年二月春場所に横綱の五勝四敗三分の不成績を嘆いた三首がある。

常陸山負くるなかれとこゝろのうち
　いのるゆふべは居る所なし
常陸山ついに負けたる消息は
　聞くにしのびずわれ歌詠まむ
山の抜く君がちからの衰へか
　なぎさに落ちゆく汐のひびきか

牧水若き日のロマン的な声調が偲ばれる。牧水亡き後、喜志子夫人が『創作』を主宰しているが、その門下の歌人に秀歌があるので紹介させていただく。

関取とまた親方と呼びなれて

　夫と暮しぬ二十五年を
旅相撲の幟に包みし荷物着き
　夫の帰りの近きを思ふ
東京場所終れば夫は旅まはり
　くりかへしつつ老いし吾らか
大鵬の手形彫りしと云ふ文箱
　我れの点字の物入れにせん
（愛　子）

祇園歌人といわれる吉井勇（一八八六～一九六〇）も、若き日は相撲好きで、国技館に姿を見せていた。

すまはんと東ゆ西ゆ揺ぎ出し
　阿修羅のすがた見るが楽しさ
あなや起ちあなや相搏ちあなや組み
　いづれ勝つとも思ほえなくに
土俵には行司の足袋の白さのみ

目立つ夕となりにけるかも

アララギ派の巨匠斎藤茂吉（一八八二～一九五三）の義弟が出羽ヶ嶽文治郎であるのは周知のこと。関脇から十両落ちした彼の姿を、昭和十五年刊行『暁紅』に、うら寂しい感慨を歌に託している。

番付もくだりくだりて弱くなりし
出羽ヶ嶽見に来て黙しけり

断間（たえま）なく動悸（どうき）してわれは出羽ヶ嶽の
相撲に負くる有りさまを見つ

固唾（かたず）のむいとまも何もなくなりし
負くる相撲を何とかもいふ

五とせあまりのうちにかく弱く
力士の出羽ヶ嶽はや

なお大衆歌人石川啄木（いしかわたくぼく）（一八八六～一九一二）は、相撲を見物する暇も金もなかったに違いない。

やよ柱　力角（ちからくらべ）せむやと云ひて
汗を出して推せど　動かず

明治四十一年、二十三歳の啄木が再上京して金田一京助（きんだいちきょうすけ）の下宿に転がり込んだころの、侘（わび）しいただ一首の歌である。

昭和天皇が、昭和三十年（一九五五）五月、初の蔵前国技館に来臨の折。

ひさしくも　見ざりしすまひ　人びとと
手をたたきつつ　見るがたのしさ

と詠まれて十八年ぶりの相撲ご見物の感興を仰せられ、翌九月に御製記念碑が国技館中庭に建立された（註・現在は両国国技館の敷地内に移されている）。

横綱風土記

かしましい情報化時代の渦の中に巻き込まれて生活している我々にとって、相撲はただ単に勝ち負けを決するスポーツではないということ――身を清める意味で注連縄を腰にまとい綱から下がる清浄潔白の紙幣は神前に捧げる玉串であり、土俵を鳴り響かせる力強い四股は、悪霊邪神を踏み祓い、天長地久、五穀豊穣を祈願する横綱土俵入り……。これを単に豪華なショーと見るのもよかろう。

こうした伝統の儀式は、我々日本人にとって、我々の体質の中に流れる血を感じさせる何かがある。すべてが西洋化した生活環境の中から、日本人への回帰、心のふるさとへの郷愁でもあるまいか。

人間を神格化した横綱力士。これは神がかりの時代錯誤の存在ではない、強く正しく堂々と生きる証の姿であり、人間の限界に挑む姿でもある。

【北海道】

41代　千代の山　43代　吉葉山　48代　大鵬　52代　北の富士
55代　北の湖　58代　千代の富士　61代　北勝海　62代　大乃国

北海道は維新後になって開墾の鍬を入れた新天地だけに、蝦夷と呼ばれた明治時代には、この地の出身を名乗る相撲取はいなかった。いたとしても父祖の故郷を出身地として、番付に冠していたに違いない。北海道の地名は、大正の番付で初めてお目にかかることになり、鮭の川登りのように、急激に道産子の名が番付に溢れ出し、これは今も変わりなく関取人口第一位を誇っている（註・令和二年現在、トップテンにも入らぬ程激減した）。

鮭よりイカのほうが名物である渡島国福島村（町）から千代の山雅信が、太平洋戦争の戦勝マーチに送られて、昭和十七年一月初土俵を踏んだ。以後一階級一場所の超スピードで戦局と反対に躍進、終戦直後の二十年十一月に入幕したのは皮肉。二十六年夏場所後に北海道第一号の横綱が誕生した。

二人目の横綱は、それから三年後に栄冠を摑んだ吉葉山潤之輔。石狩国は厚田村、漁協の網元の倅だったが、ニシンがとれなくなって家は没落し、青雲の志をいだいて苦学のため上京。上野駅で力士志願の青年と間違えられて高島部屋へ連れて行かれたハプニングが、開運のキッカケ。二十九年一月大雪の舞う千秋楽に、ドラマチックな全勝凱旋で横綱の大魚を網に入れた。

弟子屈出身の大鵬幸喜は、樺太の生まれで、終戦のとき五歳で北海道に引き揚げ、道内を岩内、訓子府、知床、夕張と転々、弟子屈に落ち着いたのが小学五年のとき。厳しい北海道の大自然の風雪に耐えた山奥育ちの少年に、風土が与えた〝忍〟の一字が、後年の大横綱大鵬にまで成長させた精神構造の基盤になったといえよう。

玉の海亡きあと、横綱の孤塁を必死に守っていた**北の富士勝昭**は、北見国美幌町の産。大鵬の育った弟子屈町が、美幌峠に登ると眼下に見えるのも因縁ごと。小学二年のとき山奥から日本海の要港留萌町へ転じ、さらに中学三年で石狩川上流の旭川市へ引っ越す。ここで出羽海部屋の世話人にスカウトされ、上野駅に着いた途端、みやげのアズキをホームにばらまいて、アズキ色に赤くなったとか。

道内を転々とした宿命は、出羽海部屋を脱し、師の九重（千代の山）のもとに移籍して破門騒ぎも起きたが、師匠の急逝後、九重を継承し、座右の銘の「角道一心」を貫き千代の富士、北勝海の二横綱を輩出した名伯楽である。現在はＮＨＫ大相撲中継の解説者として若い人にも人気がある。

北の湖敏満は、有珠郡壮瞥町の生まれ。「昭和新山の麓に怪童あり」と中学生で騒がれ、スカウト戦の中、小部屋だった三保ヶ関部屋（元大関増位山）の女将さんが手編みの靴下を送ってくれたことで入門。両国中学に転校し、現役中学生で土俵に上がった。怪童のまま、中学卒業前に幕下に上がり瞬く間に幕内へ昇進し、大鵬を抜く二十一歳二か月の若さで横綱になった。〝憎らしいくらい強い〟といわれて優勝二十四回を記録した。相撲ぶりの全く違う輪島と輪湖時代を築いて一代年寄となる。理事長として弟子の大麻問題の責任を取って辞任するも人望厚く、史上初の復帰を果たした。

病いを押して激務をこなしていたが平成二十七年（二〇一五）十一月場所十三日目、現役理事長のまま六十二歳で急逝した。

千代の富士貢、福島町の漁師の家に生まれ、父親の漁を船に乗りながら手伝い足腰が鍛えられたというところは名横綱双葉山になぞらえられる。十五歳の時、同町の英雄横綱千代の山の誘いで九重部屋に入門。目立つ体でもないが眼光鋭い目はウルフと綽名された。四年後に十両、五年後には入幕を果たした。幕内最軽量の九十五キロ前後。小兵だが相撲は怪力まかせの強引な投げ技を連発、ついに脱臼となって現われ、十数回も繰り返した。しかし、投げ技一本から左前みつ一気の寄りの速攻相撲に大変身。昭和五十六年新関脇で初優勝し、一気に大関から横綱に昇進した。初土俵から十一年目の二十六歳。「小さな大横綱」の誕生である。角界初の国民栄誉賞に輝いた。

北勝海信芳は広尾郡広尾町の生まれ。ポチと綽名されたが、兄弟子の千代の富士の胸を借りて猛稽古に励み、横綱を勝ち得た努力一筋の力士。横綱昇進時に本名の保志から北海道と十勝の一字を取って北勝海に改名した。千代の富士との史上初となる兄弟弟子での優勝決定戦は話題を呼んだ。優勝八回。現在の八角理事長である。

大乃国康は昭和相撲の最後の一番で千代の富士の連勝を五十三で止めたことで名前を残した。中学時代柔道部に所属し、芽室町の学年別大会で優勝したほか全十勝中体連大会・北北海道大会でも優勝するほどの強豪だった。柔道関係者の中では、一年後輩の保志（横綱北勝海）と共に名前が知られていた。

【青森県】

42代 鏡里　45代 若乃花（初代）　49代 栃ノ海
56代 若乃花（二代）　59代 隆の里　63代 旭富士

東北における相撲王国は、まず青森を筆頭に宮城、秋田とつづく。青森県は昔の陸奥、また奥州といわれた地方の北端にあって、旧津軽藩と南部藩の一部を含んでいる。奥州とは白河、勿来の関以北で、太平洋側東山道の東北隅を占めて、日本海側の出羽（羽州）に相対する広漠とした土地の総称であった。大昔は、帝都京の地から遠く隔たっているので、道の奥――みちおく、といって、のちにムツと縮めて呼ばれるようになったものである。江戸時代から津軽力士が実現し得なかった一大偉業を、青森県下の南部力士**鏡里喜代治**が横綱の先鞭をつけた。

鏡里喜代治は山深い三戸町の生まれ。隣村出身の鏡岩（粂川親方）がスカウトの手をのべ「東京見物に」と大枚三十円の旅費をおいていった。義理堅い母子は三年後に旅費を七所借りして両国の部屋をたずね、お詫びした。親方の親切なもてなしに、律義者の母と青年は、申し訳ないと入門を承知した。この南部人の義理堅さが、彼の土俵に最後までついて回った。

粂川部屋は双葉山に預けられ〝道場〟と改められ、横綱の胸を借りてスピード出世。しかし、幕下のとき左ひざを大ケガして廃業の決心したときも、第二の師匠双葉山への義理で踏みとどまり、ついに二十八年一月横綱へ推挙される幸運にめぐりあう。だがひざの痼疾は命取りになり、相撲記者に「十勝しなければやめる」が言質になって、三十三年一月九勝の白星で詰め腹。このあたりも南部人の律気さが頑固なほど表われている。昭和四十六年に話題になった立田川部屋独立も、その表われといえる。

若乃花幹士（初代）こと**花田勝治**は幕内のころまで、少年時代の成育地の「室蘭」を出身地として番付に頭書していたが、津軽の相撲ファンから強い物言いがついて、青森にしたといういきさつ。彼は津軽十万石の旧城下町から十四キロほど離れた田園地帯、中津軽郡新和村青女子（現・弘前市）に生まれた。

勝治が四歳のとき、室戸台風でリンゴ畑が全滅。家運が傾きはじめ、小学校に入ったばかりの昭和十年春、一家は北海道に渡り、父は室蘭の沖仲士の人夫。十四年父が出征したあと、小学校を出たばかりの勝治が、一家六人の生活を背負って、モッコかつぎの重労働で足腰と精神が鍛えられる。草相撲では賞金稼ぎのベテラン。二十一年の夏、巡業中の大ノ海（花籠）にスカウトされ、昭和二十一年十一月両国で初土俵。かくて、津軽の強情と道産子の足腰の強さがミックスして土俵に爆発。三十三年一月二度目の優勝とともに、津軽人初の四十五代横綱が誕生した。

若乃花の生地からほど近い南部の南津軽郡田舎館村から、〝ジョッパリの茂〟と綽名された栃ノ海晃嘉が出た。幼ないとき両親に死別、姉の手一つで育った負けず嫌いは、中学同級生の一乃矢が三段目で帰郷した姿を見て、春日野部屋へ飛び込む。師匠（栃錦）ゆずりの出し投げ、切り返しは今牛若丸の妙技で柏鵬を破ったりして、三十九年一月横綱に栄進した。だが、一〇三キロの軽量の悲しさで腰椎を痛めては、技能賞六回を獲得した飛燕の神通力を失って休場がちになり、四十一年九州場所を最後に、悲劇の横綱で終わってしまった。

旭富士正也は、青森県西津軽郡木造町（現・つがる市）。地元の中学、高校と相撲部に所属、のち名門近畿大学で相撲部に入るも二年で退学し、故郷に戻り漁業をしていた。そして大島親方（大関旭國）の目に留まってスカウトで角界に入門したという変わり種。津軽ナマコと綽名されるくらいに体が柔らかくまた相撲勘は抜きん出ていた。

若乃花幹士（二代）、大関までの四股名は「若三杉」だったが、横綱昇進を機に師匠の「若乃花」を継承した。南津軽郡大鰐町出身。小学二年から青森県下の相撲大会に出場、活躍の評判を聞いた同郷の二子山親方（初代若乃花）に見出され、浪岡町出身の高谷（横綱隆の里）と同じ夜行列車で上京、入門したという劇的な入門逸話だ。しなやかな体から放つ投げは魅力があり美男力士としても人気があったが、北の湖と千代の富士の狭間にあって印象は薄い。優勝四回。

おしん横綱といわれた**隆の里俊英**は、南津軽郡浪岡町（現・青森市）出身。二子山親方が、故郷の青森県に来て大鰐で下山（二代若乃花）をスカウトした際、タクシーの運転手が「浪岡にも大きい子がいますよ」と言われ、見出したのが高谷少年、隆の里だった。二子山が呟く「夜行のA寝台切符を取ってあるんだ。これが無駄になる」を聞き、迷惑はかけられない、と下山、高谷少年の二人は親方寝ずの監視下、夜行列車に乗って上京した。糖尿病を克服して横綱に栄進した不屈の姿が人気朝ドラ「おしん」の姿と重なり、おしん横綱と称えられた。引退後は年寄鳴戸を襲名、手塩にかけた稀勢の里の横綱姿を見ることなく急逝したことは惜しまれる。

【岩手県】

29代　宮城山

南部氏の本家盛岡は二十万石の城下町、代々相撲好きの殿様がいて、有名な南部岩井流の角芝土俵という独特の四角土俵は昭和初期まで使われていて、「南部相撲」という独立した相撲王国をつくっていた。

明治も末期の四十四年（一九一一）一月、序ノ口で全勝した岩木川が、のちに大阪で横綱を張った**宮城山福松**である。彼は西磐井郡山目村（現・一関市山目町）の生まれで、旧幕時代は仙台藩領。大関になって故郷に錦を飾ったとき、岩手県人は「宮城山なんて四股名を名乗るやつは郷土愛がない」と非難し、披露興行は散々の不入り。翌年仙台藩の旧恩を説いて諒解を求め、今度は大入りだった。

初め常陸山の出羽海部屋に入門したが三段目のとき、大阪相撲高田川部屋に入り、昭和二年一月の東西合同初の場所で優勝し、大阪組の面目をたてたのが最後の花道となった。

【宮城県】

4代 谷風　9代 秀ノ山　18代 大砲

風雲に乗じた独眼竜伊達政宗が、仙台に青葉城を築いた四百年前、六十二万石を領して奥州一の大大名として勢威を誇ってから仙台力士の名が中央にまでポッポッ聞こえてきた。林子平が仙台藩振興策として「お国がら、よろしく馬と力士とは仙台の名物として奨励あるべし」の意見書を出しているくらい、昔から良馬と力士で有名。ご存じ四代横綱**谷風梶之助**が、さんさ時雨の歌とともに仙台の名物になっている。

谷風は宮城郡霞ノ目村（現・仙台市）の農家に生まれた。先祖は旧国分家の郷士の出で、根っからの百姓ではない。幼名与四郎といい、関ノ戸億右衛門に見出され、明和六年（一七六九）四月、江戸深川八幡興行に初土俵を踏んでから、寛政七年（一七九五）一月、現役のまま四十五歳で没するまで二十六年間、江戸、大坂、京都の三都の土俵において、天下無双の大力士として盛名をほしいままにした常勝軍であった。

いずれにしても「谷風以前に谷風なく谷風以後に谷風なし」の言葉は、二代谷風（横綱）の徳望と、その強豪ぶりの評判が高かったことを雄弁に物語っている。

戦前までの人国記などに、岩手県出身と誤り伝えられていた九代目横綱**秀ノ山雷五郎**は岩手県境に近い北方最知村（現・気仙沼市最知）の産である。彼は身長が一六四センチという短軀のため入門も初め下男として許され、ひどい苦労の末に、弘化二年（一八四五）九月には二十八歳で横綱を免許された。秀ノ山は立志伝中の横綱で、小兵ながら血のにじむような努力で、そのハンデを克服した鍛錬ぶりと、また徳望のあったことは諸書が伝えている。

明治に入って、刈田郡三沢村（現・白石市大鷹沢三沢）に十六歳で六尺（一八二センチ）を超す怪童が現われ、明治二十年春初土俵を踏んだのが**大砲万右衛門**である。しかし相撲はからっきし下手で、三場所出ると負け。出世は遅かったが二十五年夏ようやく入幕し、三十二年大関、三十四年四月横綱を許された。

一九四センチ、一三一キロは当時、頭抜けた長身で、右四つに組むと強味を発揮して常陸山さえ、どうすることもできず、引き分けることが多く、四十年夏、九日間全部引き分け、「横綱じゃない、分け綱だ」といわれた。年寄待乳山になり、大正七年五月、四十八歳で病没。本名角張万次（のち万右衛門）。

宮城県は横綱中最大の巨漢谷風と、最短身の秀ノ山、最長身の大砲と、三人の異色の横綱は、馬並みにいっては失礼だが、変わった毛並みを取り揃えたものである。

【秋田県】 38代 照国

秋田県（羽後）と山形県（羽前）を総称して出羽の国。大昔、鷹の羽根を朝廷に献上、鷹の羽根の出づるところから、出羽と名付けられたという。

昭和になって「秋田男に庄内女」のたとえがあるように、五月人形のように色白で、つきたての餅みたいな体をした可愛い横綱**照国万蔵**が出た。

伊勢ケ浜の門に入り、昭和十年一月初土俵で、十四年夏場所入幕。身長一七三センチ、一六一キロの、アンコ型ながら相撲は名人で、突っ張って出て、相手が叩き込みをみせれば、つけ入って組んでは吊り出す呼吸はうまかった。「桃色の音楽」といわれたリズミカルな取り口で、十七年五月場所後、安芸ノ海と一緒に、二十三歳の若さで横綱に推挙された。優勝は二回、二十五年秋、二十六年一月の二場所連続優勝だけだが、相撲内容から言って実力十分の横綱である。

【山形県】　47代　柏戸

〝酒田山王山でエ、海老コと鰍コと相撲とった　アコバエテコバエテ〟のおばこ節が盛んに歌われているように江戸相撲の地盤を作った力士たちは多く庄内地方から出ている。

性質は純朴で律気、我慢強いのが角界に入って成功した理由であろうが、横綱は柏戸剛が初めて。彼は昭和十三年高校二年の夏休みに、「東京で相撲を見せてやる」といわれて上京したところが、入門するハメになった。

三十四年春、伊勢ノ海を代々継承する由緒深い柏戸の四股名をもらったが、二百年前の初代柏戸から数えて十一代目。三十五年一月新入幕してきた大鵬と初対戦、熱戦のすえ下手投げに倒し、ここに〝柏鵬時代〟の幕を切って落した。

柏鵬の横綱争いが毎場所の焦点になっていた三十六年秋、同点の十二勝三敗で優勝決定戦に柏戸は敗れたが、柏鵬ともに横綱に昇進、なお全盛時代が続いて〝柔〟の大鵬、〝剛〟の柏戸はファンを熱狂させた。四十二年名古屋で五回目の優勝、横綱四十七場所目の四十四年同じく名古屋で場所中引退を声明。

【栃木県】

27代　栃木山

大正になり、筈押し一本やりで二十七代横綱をしとめた栃木山守也が出た。十九歳のとき家出をして常陸山のもとに弟子入り、明治四十四年初土俵、序ノ口から大正四年春入幕まで七場所というスピード。七年春全勝して場所後横綱に推された。十四年五月の番付を最後に引退するまで優勝九回、連続優勝五回を記録、一七三センチ、一〇五キロの恵まれない体軀で、押し相撲の型を完成した。引退後は養父の春日野を相続、門下から栃錦、栃光、栃ノ海ら多くの名力士を出した。

【茨城県】

7代　稲妻　19代　常陸山　34代　男女ノ川　72代　稀勢の里

建御雷神は相撲の祖神とされているが、この神様を祭神とする鹿島神宮が鎮座しているせいか、江戸の稲妻、明治の常陸山、昭和の男女ノ川そして平成の稀勢の里と四人の大型横綱を産出している。

稲妻雷五郎は文政七年（一八二四）十月入幕、十一年冬に大関、翌十二年横綱を張った。雷電以来の強豪で、阿武松と一時代を画す熱戦を展開して一世を風靡（ふうび）した。入幕から四十二歳で引退するまで十六年間、負け越しは晩年の一回だけである。相撲道の真髄とも言うべき「相撲訓」を残した。

水戸藩に代々仕える剣道師範役の家に生まれた**常陸山谷右衛門**は破産した家を再興しようと、中学三年で上京、水戸出身の出羽海運右衛門に紹介されたのが明治二十四年、十八歳。幕下時代に脱走したが帰参してからめきめき強くなり、三十二年春入幕、三十四年夏に大関に上げられ、三十六年六月、梅ケ谷と同時に横綱免許になった。一七四センチ、一四六キロの均整のとれた体軀と堂々とした攻守は堅実で、梅ケ谷を好敵手として〝梅・常陸時代〟といわれる黄金期を築き、国技館建設の原動力になった功績は大きい。大正三年六月限り引退、出羽海をついで取締になり、十一年六月、四十九歳で没するまで相撲道の向上に尽した。

現役時代から弟子を養成、一代で横綱は大錦、栃木山、常ノ花の三人、大関は四人など多くの名力士を育て、角界随一の大部屋に発展した。

男女ノ川登三（みなのがわとうぞう）は大正十三年一月名古屋で初土俵を踏んだのが二十二歳。一九三センチ、一五四キロの仁王のような怪力巨人で、三代朝潮を名乗ったが、昭和七年一月の春秋園事件で脱走して、帰参した八年一月別席格で男女ノ川に戻り全勝優勝した後、十年五月大関、十一年一月準優勝して横綱に推挙された。その後は双葉山全盛時代に入って、在位中負け越しが二回もあり、十七年一月限り引退、男女ノ川のまま年寄になって終戦の直前二十年六月廃業。衆院選に立候補して落選。そこから〝転落の詩集〟が始まり、職業を転々として四十六年一月、玄関番をしていた料亭を、〝終の棲家〟として寂しく死んだ。

稀勢の里寛、兵庫県芦屋で産声を上げたが二歳のときに一家は茨城県へ移住。子供のころから相撲が好きで、相撲大会では上級生五人を相手に勝ち抜いて優勝。中学卒業後、自ら鳴戸部屋に入門した。十両、入幕昇進は貴乃花に次ぐ記録。本名萩原から稀勢の里に改名した入幕後は期待されるも伸び悩み、白鵬の連勝を六十三で止めた一番が光るが、ここ一番で負ける弱さもあって大関昇進まで入幕から四十二場所もかかった。平成二十九年（二〇一七）、貴乃花引退後から十四年間途絶え、国民が熱望していた日本人横綱になった。新横綱の場所は優勝したものの、千秋楽に日馬富士の頭からの強烈な当たりをまともに受け、これが致命的な怪我となって最後まで尾を引き、七場所連続休場するなど回復ならぬまま無念の引退となった。

【千葉県】 14代 境川 17代 小錦 21代 若島 24代 鳳

東京都人口一千万のベッドタウン千葉県は、江戸時代から海岸続きに食糧と人手の供給をしていたから、四人の横綱を両国の土俵に送りこんだ。

境川浪右衛門。江戸日本橋の酒問屋小西屋の小僧から相撲取に転向し、慶応三年（一八六七）春に入幕した増位山は、明治三年春大関に上り、師の境川浪右衛門を継いで改名。九年十二月に京都五條家の横綱免許になり、次いで吉田司家の免許を受けようとしたが、当主の追風は少年の身で西南戦争の西郷軍に参加して捕虜になっていたため、五條家横綱で歴代の中に数えられている珍しい存在。〝明治の谷風〟といわれた強豪。

小錦八十吉。父が相撲狂のため十四歳のとき横芝町から高砂部屋へおいてこられた少年が、やがて明治二十九年三月には横綱を許されたが、小錦以前の免許は、将軍上覧、天覧相撲、あるいは功労などが理由で、直接には前場所の成績によって免許ということはなかった。小錦は好成績を続けたことによって免許され、新例の道が開かれた。

一六八センチ、一二〇キロのあまり大きいほうではないが、俊敏な出足で勝負を一瞬にきめる取り口は、近代相撲のハシリであった。三十四年一月限り引退し年寄二十山重五郎になり、大正三年十月巡業中四十八歳で亡くなった。

境川の隣村、市川市原木に生まれた**若島権四郎**は、幼年時に東京深川の加藤家に養子にいき、そのため戦前までは長いこと江戸っ子横綱といわれた。十五歳のとき楯山部屋へ入門、明治二十九年春、松若から楯甲と改めて入幕、翌年夏若島大五郎と改名したが大阪相撲へ脱走、若島と名乗り、真剣に稽古に励んでたちまち大関に昇進、三十八年四月正式に吉田家から免許を得て、歴代の中に数えられる大阪横綱の第一号となった。

一七九センチ、一四三キロの筋肉質の偉丈夫で人気が高かったが、流行の自転車に乗り転落、その後遺症で四十年夏引退、鳥取県米子市に住み、昭和十八年十月、東京へ向かう旅行の途次、神戸で客死。六十八歳。

鳳谷五郎は印旛郡六軒（現・印西市大森）の出身、父は元三段目力士で、明治三十五年十五歳のとき同郷の鳳凰（のち宮城野）のもとに入門、大正二年春大関に昇進して優勝、四年春再び全勝優勝して横綱に推された。弾力に富んだ柔らかな体に、端整な美貌は人気が高かったのも道理、当時の力士はゴツイ顔をした者が多かった。九年五月を最後に引退、宮城野を継いで理事を務め、昭和三十一年十一月、年寄株を吉葉山に譲り、六十九歳で没した。

【東京都】　40代 東富士　44代 栃錦　65代 貴乃花　66代 若乃花（三代）

〝江戸っ子は五月の鯉の吹き流し〟どうもカラッとして粘り強さがないため、〝忍〟の一字で辛抱するのは嫌いとみえ、昔から大力士は出ていない。昭和の御代になってから、変わり種が出てきた。初めての江戸っ子力士**東富士謹一**は、下谷二長町（現・台東区）の鉄工場の息子で、七十貫の鋳物をリヤカーで運んだ怪童。十五歳で富士ヶ根部屋へ入門、（すでに一六七センチ、一〇五キロあった。二十年秋には一七九センチ、一五七キロの大関が出現した。

左四つから怒濤の寄り身と、目のさめるような上手投げを武器に、二十四年一月、ついに横綱の栄位についた。東富士は優勝六回で終わったが、記録にまさる相撲内容からみれば、戦後もっともすぐれた大横綱の風格ある力士ということができる。二十九年九月限り引退、錦戸を襲名したが、富士ヶ根から移籍した高砂部屋との間に事情があって、その年の十二月に廃業。のちプロレスに転向、TBSの解説者、評論家として活躍していたが、晩年はサラ金の金融会社の社長に転じた。

栃錦清隆は江戸川区小岩の蛇の目傘製造業の家に生まれ、幼児のとき母の郷里千葉県行徳に預けられて小学校の低学年のころまでここに育った。昭和十三年九月満十三歳のとき春日野部屋に入門、規定に足りない小兵だが目こぼしで合格。

二十二年夏入幕してから、技能力士として多彩な土俵をみせ、二十七年九月は初関脇で初優勝をとげ技能賞九回を獲得した。二十八年一月大関に進み、吉葉山の好敵手として人気を集め、二十九年五月、九月と二連覇して待望の横綱に推挙された。一七八センチ、一二七キロと増量し、若乃花と毎場所雌雄を争い、十回の優勝をとげて、三十五年五月、初日から三連敗するや土俵を退き春日野を襲名。理事長職を十四年務め、蔵前国技館を両国の地へ移し、新国技館建設の偉業を成した。

兄、**若乃花（三代）勝**は昭和四十六年中野区に生まれた。父は元大関貴ノ花（二子山）、弟は貴乃花、伯父は元横綱若乃花（初代）という相撲一家。弟と共に昭和六十三年春場所、父の藤島（のち二子山）部屋に入門。弟、**貴乃花光司**は昭和四十七年八月生まれで兄とは年子になる。兄弟は入門したときからマスコミに追いかけられ、空前の大相撲（若貴）ブームを巻き起こした。

兄（若花田＝若乃花）は〝相撲の上手さ〟、弟（貴花田＝貴乃花）は〝馬力〟、と伯父の二子山（初代若乃花）が評し、人気に応えるように兄弟共に順調に昇進を重ね、平成二年には四月（弟）、九月（兄）と揃って入幕を果たした。四年一月には貴花田が平幕で史上初となる十代優勝を遂げ、スピード出世で大関へ進み、六年連続優勝を成して十一月場所後に横綱となった。若花田も後を追うように大関に上り、十年三、五月場所連覇を果たして横綱となり、ここに大相撲史上初となる兄弟横綱が誕生した。兄は引退後、藤島を襲名したが退職。弟は一代年寄となって部屋を継ぎ、平成二十二年理事に当選以来、審判部長、巡業部長を歴任したが、三十年十月に弟子にまつわる不祥事もあって相撲協会を退職した。

【神奈川県】

33代　武蔵山

相模の神奈川は隣りの静岡と同様温暖地のせいか、足柄山（あしがらやま）の金時（きんとき）が相撲を取った昔話以外は、あまり相撲に縁がなく大力士は不作の土地だったが、昭和になって**武蔵山武**（たけし）という天才児が出現した。

橘樹（たちばな）郡の日吉（ひよし）村（横浜市港北区日吉本町）は、東京に近い武蔵国の内で、幼年のころから女手一つで育ち、青年になると村相撲の大関を取るほどの怪力ぶりをみせ、その評判で出羽海部屋にスカウトされた。大正十五年一月初土俵を踏んでから出世はものすごく、序ノ口、序二段、三段目幕下二場所、十両と五度も優勝して、昭和四年五月入幕したときは「武蔵山の飛行機昇進」といわれた。六年五月小結で初優勝、関脇を飛び越え天龍を追い抜いて大関に昇進した七年一月、春秋園事件が勃発、渦中から逃れて、十年五月場所後横綱に推された。時に二十七歳。

一八六センチ、一二〇キロの筋骨たくましく破竹の進撃も、沖ツ海の一戦で傷ついた右腕のケガのため、上手投げの冴えがみられず、ついに悲劇の横綱として全休が続き引退。年寄出来山から不知火になったが、二十年十一月角界を去り、四十四年三月、日吉の自宅で没した。享年満五十九歳四ヵ月。

【新潟県】

36代 羽黒山

「頼まれれば越後から米つきに……」とことわざでいわれるほど、力業にすぐれ根気よく生真面目に辛抱する越後人は、相撲取にうってつけなのに、志望者がワリに少ないのは、派手な人気稼業に尻込みする風土のせいかもしれない。

クイズで、「双葉山の弟子で、横綱在位三十場所、序ノ口から入幕まで各段一場所で突破の大記録の持ち主」、といえば、すぐ答えが出るだろう。大正生まれで新潟（西蒲原郡出身）最初の横綱羽黒山政司だ。

両国国技館近くの銭湯朝日湯で働いていた青年が立浪親方に日参でくどかれ昭和九

年一月十九歳のとき初土俵、十二年一月入幕、十五年一月大関、十七年一月三十六代横綱として登場。一七九センチ、一三九キロの堂々たる仁王のような筋肉美で演ずる太刀山以来の豪快な不知火型（正しくは太刀山型）土俵入りは、ファンの喝采を博した。

二十八年九月引退、立浪を相続し、協会取締をつとめていたが、四十四年の十月五十四歳で亡くなり、協会葬で送られた。

【富山県】　20代 梅ヶ谷（二代）　22代 太刀山

越中富山は江戸時代から土地相撲が盛んで、また盤持ちという力自慢の競技があり、大関を二人中央に送っているが、明治に入って、**梅ヶ谷藤太郎（二代）**、**太刀山峰右衛門**（みねえもん）という大横綱を二人産出している。

梅ヶ谷は、明治二十四年夏巡業にきた大関剣山（徳島県出身）に見出され、初代梅ヶ谷の雷親方の養子になり、初め梅ノ谷と名乗って初土俵を踏み、三十一年春入幕した。上背こそ一六八センチだが、一五八キロの堂々たる太鼓腹と臼（うす）のような腰はみごとで、アンコ型に似合わず相撲は技能派。左を差しての寄りは天下一品の型で、三十三年夏大関に進み、好敵手常陸山と人気を二分し、三十六年夏ともに横綱免許を受けた。明治後期の黄金時代を招いて、常陸山引退に続き大正四年五月土俵を下りた。義父から雷権太夫の名跡を譲られて年寄専務になり、大正十一年取締に就任したが、義父の先代雷に先立つこと一年、昭和二年九月巡業中に急死した。享年五十歳。

太刀山の入門騒ぎほど世を驚かしたことはない。太刀山の老本弥次郎青年に角界入りをすすめて断わられた友綱親方は帰京して自由党総裁板垣伯爵に懇願すると、伯は内務大臣西郷従道（さいごうつぐみち）に「国家の一大事だ」と面会を求め、富山県に長電を打たせて、ついに老本一家を陥落させるという手のこんだスカウトがまんまと成功したのであった。

明治三十二年上京した弥次郎が幕下付け出しで初土俵を踏んだのが三十三年夏、好成績をつづけて入幕が三十六年春。体重一三九キロ、身長一八五センチの筋骨隆々としたたくましい体軀で、一突き（ひとつ）半と呼ばれた突っ張り一本で、負け越しを知らなかった。

四十四年二月横綱を許されてから、大正七年春引退まで、黒星はわずか三個という天下無敵の強さをみせ、相手からは鬼神のように恐怖された。

【石川県】

6代　阿武松　54代　輪島

加賀百万石の殿様は江戸中期まで多くの力士を抱えて長屋に住まわせていたが、〝金持ち喧嘩せず〟で、他の大名と、抱え力士のことで競うことを好まず足軽役につかせておいた。そのためか中央に進出した大力士の話はきかない。むしろ奥能登方面から江戸へ出稼ぎに行って、スカウトされた例が多い。

阿武松緑之助も、能登の七見から江戸柳橋の蒟蒻屋へ奉公しているときに見出され、文政十一年二月横綱免許になったのが三十八歳。一七三センチ、一三五キロ、色白の中アンコで慎重な相撲ぶりであったといわれる。出世してからも郷里に尽すことが多く、同地方に記念碑や分骨墓などがあり、その徳望が高かったことが推察できる。天保六年四十五歳で引退、阿武松の四股名で年寄になり部屋を創立した。

輪島大士は、二年連続の学生横綱ほか、数々のタイトルを引っ提げて角界に身を投じたのは昭和四十二年、幕下付け出しでデビューした。〝蔵前の星〟と呼ばれ、二場所連続優勝で十両に躍進。貴ノ花と競って大関昇進し、貴輪時代到来かと騒がれた。しかし輪島は水をあけて横綱に昇進した。黄金の左と呼ばれた左腕からの下手投げは一世を風靡。最後まで四股名は本名で通した。優勝十四回を記録。北の湖と共に輪湖時代を築いた。土俵外の話題に事欠かなかったが、引退後に名門花籠を継ぐも、年寄名跡に関わる問題を引き起こし廃業に追い込まれた。

【愛知県】　28代 大錦　51代 玉の海

〝尾張名古屋は金の鯱で持つ。名古屋場所は玉の海で持つ〟と、県人の一ファンから手紙が送られてきたが、その玉の海がわずか三ヵ月後に東京虎の門病院で突然死んでしまった。横綱玉の海正洋は、大阪で生まれたが、蒲郡市で育った。中学時代柔道二段で卒業と同時に二所ノ関部屋に入門、昭和三十四年初土俵、三十九年春入幕、四十一年秋場所後大関に推され、四十五年初場所後北の富士と共に横綱に推挙された。四十六年名古屋で通算六度目の優勝を全勝で飾り、これからというときに二十七歳の半開きの蕾を散らしてしまった。右四つの型は安定していて、双葉山に似てきたといわれていた折だけに、協会にとってもファンにも大損失だった。

愛知県から三人目の大阪横綱（二十八代）**大錦大五郎**が大正七年に吉田司家から免許を得ている。海部郡弥富町（現・弥富市）の漁師の倅で、後に京都へ出て車大工の伯父の家に奉公していたが相撲取になり、さらに大阪の朝日山部屋に入門した。四つ相撲の名人で左四つに組みと強かったが十一年一月を最後に引退、一時、朝日山を継いだが、昭和二年大阪相撲が東京相撲へ合流する際に廃業した。

【三重県】　57代 三重ノ海　60代 双羽黒

三重ノ海剛司は松阪市の出身。中学一年で父を亡くし母子家庭に育った。子供のころから新聞、牛乳配達等をやって家計を助けるなど苦労した。一度は集団就職をするも帰郷、しかし、好きな相撲への思いは捨てきれず出羽海部屋に入門。注目される力士ではなかったが地道な稽古努力で番付を上げ、昭和五十年に初優勝を飾り大関に昇進した。琴櫻同様、万年大関と思われていたが、三十一歳五ヵ月の遅咲きながら横綱へ昇進した。大関から関脇へ陥落、大関復帰を果たしての横綱昇進は彼一人である。横綱在位八場所だが、皆勤した四場所の内二回優勝したのは見事。武蔵川部屋を起こし、横綱武蔵丸、大関武双山・出島・雅山を育てた手腕は名人クラスだ。

津市生まれの**双羽黒光司**は中学三年にして一九〇センチを超え、高校進学を蹴って立浪部屋に入門。昭和三十八年生まれであることから花の三八と呼ばれ、逸材の呼び声高く入幕以降ケガの休場以外はすべて勝越して一気に大関に昇進、在位四場所にして横綱になった。横審（横綱審議委員会）のご意見番稲葉修元法務大臣は天皇賜盃を受けてもいない力士の横綱に反対を唱えたが、春日野理事長の一声で昇進した。大関まで北尾の本名で通していたが、立浪部屋の大横綱双葉山と羽黒山の四股名から双羽黒と名乗った。まさに素質だけで横綱まで登りつめ、千代の富士の後継者とも目されていたが、優勝決定戦を含め、ここぞという時にことごとく敗れている。自らの原因から師匠、付人との間に軋轢が生じ、昭和六十二年も押し迫った師走二十七日に部屋を脱走、そのまま破門同然に、横綱実働八場所で賜盃を抱くことなく廃業した。

【岐阜県】

13代　鬼面山

明治維新後の最初の横綱で、貧しい農家に生まれ、少年のとき石屋につとめて大石を軽々と運ぶのを京都相撲にスカウトされ、のち江戸に出て武隈部屋に入門。二段目に付け出され、浜碇、弥高山と名乗り、安政四年（一八五八）春、鬼面山谷五郎と改めて入幕。明治二年二月、長年の功労で横綱を張ったときは四十四歳の老齢だったが、四つに組むと若手には負けなかった。しかし病気のため翌三年十一月に引退、四年七月、四十六歳で亡くなった。

【滋賀県】 5代 小野川

近江は相撲にまつわる話が多く、横綱起源のハジカミ、行司志賀清林などの伝説もあるが、江戸時代は京坂相撲の供給地で、大坂から江戸へ上って大剛谷風を破って一躍英雄になった小野川喜三郎は大津市境川の出身。寛政元年（一七八九）谷風とともに初の横綱免許を受け、黄金時代を築いた立役者だが、晩年の消息は不明な点が多く、最近になって大坂に戻らず、芝金杉（かなすぎ）の有馬侯の屋敷で亡くなったことと生地も一説に膳所（ぜぜ）といわれたのが誤りと判明した。谷風に比べ全ての点で大分損をしている。

【大阪府】 26代 大錦

江戸中期までの大坂相撲は全国の中心地で檜（ひのき）舞台、浪花の豪商がケチな大名より気前よく力士を贔屓していたが、寛政以後、繁栄が江戸相撲に移ってしまってからは大力士があまり出ていない。

大正になって浪花っ子の人気を一身に集めた大錦卯一郎が出た。当時としては珍しい天王寺中学三年のとき、陸軍幼年学校を受験したが太りすぎで不合格。一転して常陸山のもとに入門した変わり種。大正四年春入幕、夏小結、五年春大関という入幕三場所目の大関はめざましい。六年夏無敵の太刀山を破り横綱を射止めたが、十二年一月の三河島事件の責任をとって、髷を切るという衝撃的な引退をした。

【兵庫県】　23代　大木戸

兵庫は昔の播磨、但馬、淡路の全部と丹波、摂津の一部を含み京阪と隣接しているので、大正時代までの力士志望者は京阪相撲に加入して名をあげた者が多く、大木戸森右衛門もその一人で、大阪相撲第二号の横綱。明治三十六年に入幕したが、抜群の強さで、東京相撲との合併相撲に駒ケ嶽や太刀山を投げ飛ばし「大阪に大木戸あり」と、その名は全国に鳴り響いた。四十一年から翌年にかけ三場所全勝優勝し、吉田家に横綱を申請したが却下されてしまった。待ち切れなくなって住吉神社で横綱免許を受けて大もめとなった。三年後に改めて司家から免許を受けたが、間もなく脳溢血で倒れ、昭和五年五十四歳で寂しく没した。

【岡山県】

31代 常ノ花

江戸時代の備前、備中、美作(みまさか)の地からは地理的に京坂相撲に加入するため、江戸力士で名をあげたのは一人もいないという不毛の県だが、大正末期になって横綱常ノ花寛市が出たのが、本県唯一の誇りといえよう。体も恵まれてはいなかったが、常陸山の指導と本人の努力で、やぐら投げの多彩な取り口で優勝十回は立派である。土俵歴より春秋園事件、終戦後の不況と度重なる協会建て直しに、そして出羽海理事長として手腕を発揮した大きな功績がある。三十五年九州場所後同地で亡くなり協会葬をもってその労に報いた。

【広島県】

37代 安芸ノ海

広島も隣りの岡山同様力士不毛の地で、芸州(げいしゅう)四十二万石の浅野(あさの)の殿様は力士を多く抱えて、番付に芸州の藩名を賑わせていたが、ほとんど他国出身の力士である。昭和になって一代の幸運児安芸ノ海節男が、十四年春常勝軍双葉山の六十九連勝にピリオドを打って一躍脚光を浴び、実力以上の技量をみせ、十七年夏場所後照国と共に横綱に推挙された。その後マラリヤにかかりパッとしないまま二十一年に引退、年寄藤島になったが三十年に角界を去ってしまった。

【鳥取県】

53代　琴櫻

昭和十五年（一九四〇）年生まれの琴櫻傑将は、二所ノ関一門の総帥大鵬と同学年。昔から相撲の盛んな鳥取県は倉吉が生んだ唯一の横綱。警察官の子に生まれ、中学生から柔道の手ほどきを受け、陸上の砲丸投げで中学記録を出すなどスポーツ万能、三十四年、高校三年の時、全国高校相撲大会で個人三位になったことから、佐渡ヶ嶽に入門。体が硬い上、柔道癖の技が治らず、再三ケガにも泣いたが、猛牛と異名を取ったぶちかましとノド輪を武器に四十二年九月、大関に昇進。その後は低迷し、姥桜などと言われたが、玉の海亡き後、四十七年十一月に突如開花し優勝、翌年一月場所も十四勝一敗の連続優勝を飾って見事横綱の栄誉に輝いた。四十九年五月引退。年寄佐渡ヶ嶽を継いでからは数々の名力士を育成した。

【島根県】　12代　陣幕

出雲は国譲りの神様同士の相撲や、野見宿禰に関する伝説が多く、また大名随一の好角家松平不昧公（まつだいらふまい）の土地柄だけに、抱え力士の墳墓はどの寺にいってもお目にかかる。土地の好角家は「相撲の聖地」と胸を張って自慢している。

幕末に出現した**陣幕久五郎**は〝負けずや〟と言われた強豪であり、慶応三年に三十九歳で横綱を許され、二場所務めて大坂相撲に転じ、総長にまでなった行動派でもある。力士時代より建碑狂とまでいわれ、深川八幡（富岡八幡宮）境内に三千貫の「横綱力士碑」を建立したことで名高い。

【愛媛県】　39代　前田山

当県出身力士は数は少ないが、二人の大関朝汐などの大物に異色力士がいる。中でも名大関のままにしておきたかった**前田山英五郎**（えいごろう）が、大関十八場所をつとめ昭和二十二年夏場所後横綱に推挙された。二十四年十月の大阪場所を途中休場して帰京。翌日、東京後楽園球場に現われ、米メジャーリーグ、サンフランシスコ・シールズ（3A）の第一戦を観戦、オドール監督とグラウンドで握手している写真が新聞に一斉に出て、かくて引退勧告の詰め腹を切らされた。三十九年に開催された東京五輪のハワイ巡業でスカウトしたジェシーこと高見山を育てあげた。外国人に力士への門戸を開いたことで年寄・四代目高砂浦五郎の名が残る。

【高知県】 32代 玉錦

土佐人の気質は闘犬に代表されているというが、「真面目で素直である」というのが人国記の見解。土佐ッポといえばきかんぼうの武骨の意だが、こっちを代表しているのが、「ケンカ玉」と呼ばれた玉錦三右衛門。激しすぎる闘志は土佐人の気質をよく発揮していたが、大関で三連勝しても横綱空位の番付に昇進させなかったのは、日頃の横紙破りがたたっての見送り。春秋園事件で孤城落日の土俵を守り三十一歳で横綱。昭和十三年の師走、巡業中盲腸にかかり、手荒な自己療法のため大阪日本生命病院で目を閉じた。

【福岡県】　10代 雲龍　15代 梅ケ谷（初代）

同じ県内でも筑前と筑後では大分気質が違う。筑前は飾りっ気があって成功しないというが、筑後山門郡大和村（現・柳川市大和町）出身の**雲龍久吉**は、大坂相撲から江戸へ出て二枚目に付け出され毎場所好成績を上げたが昇進は遅く冷遇された。しかし、くさらず猛稽古に励み、六年目の嘉永五年（一八五二）春入幕したのが三十歳。安政五年（一八五七）春大関、文久元年（一八六一）九月横綱免許をうけたときが三十九歳。師匠追手風の娘を妻にして養子になり元治二年（一八六五）引退して跡目を継いだ。今に雲龍型にその芳名を伝えているが、実際にどんな型で土俵入りしたかは錦絵では不明で、解明のしようがない。

雲龍の追手風が明治十七年の浜離宮における天覧相撲に、相撲副長をつとめたとき、横綱土俵入りを演じたのが、後上座郡志波村字梅ヶ谷（現・朝倉市杷木志波）出身の**初代梅ヶ谷藤太郎**。初め大坂相撲で大関に上り、明治三年上京して玉垣部屋に入ったが、同年冬場所、こともあろうに本中で取らされた。この冷酷な仕打ちは、昭和三年八十四歳で死去するまで忘れなかった。

梅ヶ谷の横綱免許は明治天皇が、急に相撲天覧を仰せ出され、梅ヶ谷の贔屓である伊藤博文が、急遽吉田追風と五條為榮に命じ同時に与えた。当時相撲熱は下火で貧乏していた梅ヶ谷が、化粧廻し一揃えをととのえる金がなく、免許を断わろうとしたのだが、博文が多額の費用を出してくれたので間に合ったといういきさつがある。

【長崎県】

50代　佐田の山

「相撲取を夫にもてば、江戸長崎や国へ行かしゃんしたそのあとは……」と『関取千両幟』の科白にある通り、江戸、京の巡業一行は、毎年長崎で興行するのがしきたりで、昔から名力士が多く出ているが、横綱は昭和になって**佐田の山晋松**が出た。長崎といっても五島列島有川町（現・南松浦郡新上五島町）生まれ。三十六年一月入幕、翌場所はケガのため休場。これが幸いして夏場所十三枚目にして優勝。「平幕優勝した力士は大関、横綱になれない」というジンクスを見事破って四十年一月、横綱に栄進した。大鵬が佐田の山の横綱昇進を阻止しようと闘志を燃やし、これを撥ね除けた佐田の山の意志の強さには敬服する。引退後は出羽海部屋を継承し、一門の指導に力を傾け、二子山理事長（初代若乃花）の後任として理事長職を全うした。

【大分県】

35代　双葉山

当県は九州で宮崎県を除くと、相撲取の一番少ない県ということになるが、ピカ一の名力士稀代の大横綱双葉山定次一人だけで他県を圧倒している。

宇佐郡天津村布津部（現・宇佐市下庄）という中津藩の一小漁村に、船頭の子として生まれ、持ち舟の運送船が台風で沈没、親子は九死に一生を得たが、そのため借金がかさみ、家を再興するために角界に身を投じたという孝行者。だが十両時代まで〝打棄りの双葉〟と呼ばれ、パッとしないので一時は廃業しようとさえ考えていたが、折からの春秋園事件で特進入幕のチャンスをきっかけに頭角を現わし、十一年五月に関脇で登場したときは、鬼神が乗り移ったように、取り口は全く一変し破竹の勢いで快進撃、そのまま大関、横綱へ一気に驀進を続け、六十九連勝の大記録を樹立。

今では神話的な存在として語り継がれているが、万言を費やしても語り尽くせないのは、相撲に対して熱心な求道者であったということ。この人格は、果たして誰によって継承されるであろうか……。

【熊本県】

8代 不知火諾　11代 不知火光

代官所の小役人が妻子を捨てて二十三歳で角界入り、十一年目に大関に栄進し、不知火諾右衛門と改名。初めて郷里の妻子を呼び寄せたという変わり種。そして熊本細川侯五十四万石のお抱えとなり、横綱免許を得たのが四十一歳。その後最初の師匠大坂の湊由良右衛門の跡目を継ぎ、その弟子から、不知火光右衛門が出て、江戸へ出て修業し、文久三年（一八六三）十月に横綱を張った。

彼は美男の上にその土俵入りの華麗な姿は評判になり、今いう不知火型にその名をとどめている。明治二年大坂に戻り、不知火部屋を創立、この年寄名を同県人の八方山が襲名していた。

【鹿児島県】

16代 西ノ海（初代）　25代 西ノ海（二代）
30代 西ノ海（三代）　46代 朝潮

薩摩・大隅隼人の相撲は奈良朝のころすでに宮中において天覧されていたことが『日本書紀』に記されている。県人は結束が固く、明治に入って初代西ノ海が井筒部屋を再興するや、鹿児島健児が門をたたき、同郷の師弟があいついで三人、西ノ海の四股名で横綱を張ったのは、ただの偶然からではなかろう。

初代西ノ海嘉治郎は京都相撲から高砂の招きで明治十四年上京、幕内付け出しという破格の待遇で回向院の土俵を踏み十八年一月早くも大関、一時後退したが二十三年一月再び大関に返り咲いて、三月に横綱免許を受けた。相撲は不器用で泉川という技一本の豪放な横綱相撲をみせた。

門下の錦洋与三郎は関脇で師の**西ノ海嘉治郎（二代）**を継ぎ、大正五年二月、横綱を射止め、七年五月引退して井筒を襲名、協会の重責をにないきれず昭和六年一月自殺した。

弟子の源氏山は種子島の産で、大正十二年一月優勝した栃木山と同点で運よく横綱に推薦されたときが三十四歳、**西ノ海嘉治郎（三代）**と改名して一度優勝したが、以後休場が多く昭和四年引退、浅香山を継いだ。平年寄の不遇の内に昭和八年病歿。三人の西ノ海はあとになるほどスケールが小さくなってきたが、薩摩隼人の気概も時代とともに薄れてきたようだ。

朝潮太郎は、鹿児島といっても、奄美諸島は徳之島の産で神戸市で働いているとき前田山にスカウトされた。大昔、大島に流された鎮西八郎為朝の血を引いているのではないかと噂されるほど、眉太く彫の深い容貌と巨軀をもち、二十六年春入幕した次の夏には、高砂部屋の出世名朝潮太郎の四股名をもらい、三十四年一月場所後横綱に推された。しかし、その後脊椎がずれる難病にとりつかれ、大成せずに終ったが、その豪快な勝ちっぷりは人気が高く少年ファンが多かった。振分親方から高砂部屋を相続して五代目高砂を襲名した。

【アメリカ合衆国】　64代 曙　67代 武蔵丸

初の外国人出身横綱となった**曙太郎**はハワイ州オアフ島出身。同郷のジェシーこと高見山で初の外国人力士であった東関親方にスカウトされ入門。学生時代はバスケットボール選手で鳴らしていた。二〇四センチ、二三〇キロを超える体（身長・体重いずれも古今横綱ナンバーワン）で昭和六十三年（一九八八）三月同期入門の貴乃花と曙貴時代を現出した。優勝十一回。

武蔵丸光洋は曙と同郷、アメリカ出身力士二人目の横綱である。武蔵川部屋に入門。平成十一年（一九九九）三、五月に連続優勝を飾って横綱に栄進、十二回の優勝を成し遂げた。通算連続五十五場所勝ち越しの記録は立派である。マルちゃんの愛称と上野の西郷さんに似た風貌で親しまれた。武蔵川部屋を継承し若手育成に励んでいる。

【モンゴル人民共和国】

68代 朝青龍　69代 白鵬
70代 日馬富士　71代 鶴竜

朝青龍明徳、首都ウランバートルに生まれ、十五歳でモンゴル相撲（ブフ）を始め、少年の部で優勝。平成九年（一九九七）に日本の明徳義塾高校に相撲留学。中途退学して角界に入門。十四年十一月場所に幕内初優勝を達成。十五年一、三月と連続優勝を達成し、モンゴル出身初の横綱となった。身体能力は抜群で、初土俵から二十五場所での横綱昇進は年六場所制では最速。七場所連続優勝などを記録したが、土俵外でマスコミを騒がせたことも横綱級。結局、一般人への暴行事件を起こし、引退勧告同然で廃業した。

白鵬翔はモンゴル出身力士の草分け旭鷲山を伝手に十二年十月、同胞六人と共に来日したが、体重六十キロの体では彼を引き受ける部屋はなかった。しかし、帰国する前日に宮城野（元竹葉山）が金を掘り当てた。

モンゴル相撲の元チャンピオンでメキシコ五輪のレスリング重量級銀メダリストという国民的英雄である父の血を引き、瞬く間に才能が開花、十八年五月新大関で初優勝。五歳年長の先輩朝青龍を追うように昇進。優勝四十四回は空前絶後。その他、数々の記録を塗り替えたことはすでにご承知のとおり。令和元年（二〇一九）、日本国籍を取得、晴れて日本人「白鵬翔（はくほうしょう）」となった。

日馬富士公平（こうへい）は平成十三年、元旭富士の安治川に見出され入門。安馬（あま）の名で初土俵。序の口、三段目、十両と優勝を重ね、十六年十一月場所新入幕。幕内では一、二を争う軽量だったが、頭から突き刺さるような気迫あふれる立ち合いが身上。二十年九州場所後に大関昇進、四股名を安馬から日馬富士（はるま）と改名。その後三年余り足踏みをしたが、二十四年七、九月場所と二場所連続全勝優勝の快挙を成し遂げてモンゴル出身力士三人目の横綱になった。優勝は九回。モンゴル人の現役横綱三人が主催した会食の席上で起きた貴ノ岩（たかのいわ）暴行事件によって廃業の詰め腹を切らされた。

鶴竜力三郎（りきさぶろう）。大学教授の家庭に生まれ何不自由なく育ったが、相撲が好きで自ら決意の気持ちを手紙に託し、井筒親方（元逆鉾（さかほこ））に入門。六十五キロしかなかった体重も不屈の努力と稽古で鍛えて大きくし、十七年十一月場所に十両、翌年十一月場所に新入幕を果たした。六年後の三月場所後に大関昇進。二十六年三月場所後、モンゴル人としては史上四人目、それも四人連続での横綱誕生となった。

解説

谷口 公逸（大相撲史研究者）

池田雅雄は大相撲の聖地、東京両国に生まれ、幼少の頃より相撲は身近にあった。昭和十二年、博文館の『野球界』（「相撲号」）編集に携わり、『国技の日本』への寄稿から相撲との関わりがスタートした。そしてこの頃、相撲研究家として健筆を振るっていた増島信吉や相撲浮世絵蒐集家中尾方一の知遇を得ている。戦中は鈴木龍二の奨めで「東亜新報」の記者として中国を転々とし、終戦後の二十一年五月に帰国。ほどなく兄池田恒雄が創業したベースボール・マガジン社の『相撲』誌編集を担当し、昭和三十年一月、蔵前国技館開館とともに併設された相撲博物館へ出向。初代館長酒井忠正の『日本相撲史』の編纂委員として昭和四十一年まで十一年間従事した。以後、『相撲』の編集に復帰し、同誌を通じて相撲に関する多岐にわたる論考を昭和六十三年十一月に亡くなる間際まで書き続けた。本書はそのごく一部を収録している。

池田の相撲史研究に対する姿勢に多大な影響を与えたのは『江戸時代之角力』を著した相撲史家三木愛花である。明治四十二年相撲常設館（国技館）開館記念に刊行した『相撲史伝』が改題増補されて『日本角力史』、さらに再版して『江戸時代之角力』となったもので、相撲史を正面から取り上げた初めての書籍になる。愛花が自ら「総合的にして伝説の誤れるものを指摘し、後人の参考となるべきことを信ず」と述べている。

酒井『日本相撲史』の上巻（昭和三十一年刊）は神代から江戸時代、中巻（昭和三十九年刊）は明治維新から大正末までにわたる大著である（下巻は未刊）。この二巻は池田曰く「相撲史の門が拓かれたといっても過言ではない」とし、著者の酒井忠正の功績は大きいとしている。相撲博物館の母体となった酒井の膨大なコレクションである浮世絵、番付、古文献などの図版を豊富に掲載した同書は戦後の大相撲人気に並行して相撲史を研究する全国の好角家のバイブルともいえるものだった。もちろん、時代の経過とともに研究も進み、新たな発見も含めてさまざまな角度から検証された結果、事実の誤り、誤認などがあるのは当然のことである。

相撲博物館で『日本相撲史』編纂に取り組んだ池田は晩年に発表した「私家版日本相撲史」（『相撲』昭和五十七年七月～五十八年九月）の中で、それまで何ひとつ疑うことなく信用していた相撲の故実がいかに作り事が多く、いい加減なものであったかを思い知らされたと述懐している。本人も嘆いていたように、そもそも相撲に関する文献・資料（史料）が少ない上に、江戸中期以後の文献として確認できる吉田家等の行司家によって書かれた相撲故実（昔の儀式、作法等）の文献は自家の系図を修飾して古い時代に置くため、ほとんどが史実に依らない創作である。また幕末明治の書物も多くが講談調に書かれたもので、これも信用できない。池田はその現状に直面して、「批判なく鵜呑みにしていた『相撲』と頭書した文献を投げ捨て、類書の文中から一、二行の相撲に関する文献を掘り起こすことに専念した」という。

また一方で、力士の生家や史跡調査にも全国各地の現場を訪れ貴重な遺品・資料の収集に尽力、新たな事実の発見など、草創期の博物館事業に多大な貢献をした。これらの成果は「力士の史跡を訪ねて」（『大相撲画報』昭和三十三年二月～三十七年一月の二十四回・朝日新聞社）に発表している。

酒井相撲史と同様に、こうした成果報告を公表したことによって、筆者も含め全国各地の相撲愛好家、郷土史家に刺激を与え、相撲史の研究を志す人が全国に広がっていった。今では篤実な在野の研究者や史学系の学者による地道な取り組みによって新たな相撲史の解明がなされていることは素晴らしいことであり、池田も満足しているに違いない。

本書は、大相撲史を通観した「歴史」、大相撲の象徴である「横綱」、相撲の家「家元」、力士の序列を表す「番付」、相撲場である「土俵」、力士のブロマイドでもあった「相撲と浮世絵」、相撲史に名を遺す紛擾列伝「事件・騒動」そして「こぼれ話」

の八つのテーマで構成している（出典は「編集付記」参照）。

今でこそ横綱は大相撲の最高位（地位）をさし、大相撲の象徴であり、看板（顔）である。寛政三年の上覧相撲の機会に吉田司家が横綱免許を最強者（力士）に親授し、地踏式を進化させた一人土俵入を行う儀式を考案・演出したことに嚆矢する。その事始めを検証している。

昭和五、六年あたりから四十年代まで横綱土俵入りを手数入りと呼び、土俵入りの型と称する雲龍型と不知火型の論争が激しく行われたその顚末記を紹介。そもそも型などなかったものを、彦山光三という一人の評論家が相撲専門誌に記したことが発端であった。

池田は土俵入りの目的は邪気を払う地固め、すなわち四股踏みにあると言い、横綱自身が体格に合った独自のスタイル（型）でやればよいとしている。今日、はっきりと映像に残る見地から、雲龍型は「梅ヶ谷（二代目）型」、不知火型は「太刀山型」と呼ぶことを提唱する見識ある研究家も多い。後年発見された映像に残る歴代の横綱（最古は小錦八十吉）の動画を見ても皆それぞれ似て非なりである。また四股踏み一つとっても現代力士のそれとは趣が違う。（II 横綱）

横綱の在りようも、時代と共に変遷を重ねてきた。司家が与える横綱免許から協会独自に決定することになった。儀式作法を伝授（横綱免許）する家元も、五條家から吉田家に移る経緯は面白い。そして吉田家を担ぎ出して幕府（奉行）への興行願出を粘り強く行なった伊勢ノ海五太夫と式守家の創家の謎について触れた論考は興味深い。初代伊勢ノ海五太夫と式守五太夫の関係に触れた「謎の式守五太夫」は、今も確証の得られない問題である。江戸の相撲渡世集団がまだ京坂の下風にあったころに吉田追風に近づき、故実門人を許された（寛延二年）という伊勢ノ海の先見性と知恵者ぶりが窺える。だが、寛延二年の故実門人説を年代考証から否定する研究家もいる。吉田家、伊勢ノ海家も当時の習いで家系や年代を修飾することは常道で、現存する数少ない史料の信憑性（しんぴょう）が乏しいことも実情であり、まさに「藪の中」である。しかし、そのことを承知の上、池田は敢えて問題提起の意味で紹介した論考と筆者は捉えている。吉田家が上覧相撲に於（お）ける「横綱土俵入」の演出で見事に成功し、やがて幕府から半ば公認され、全国に散在する相撲渡世集団の力士と行司を統制する〝権威〟と身分の保証になる格式を付与されるに至った。この権威と格式は、素人相撲（土相撲）などと称された〝土地相撲〟と相撲渡世集団による〝職業相撲〟に一線を画することとなり、明確に差別化することになったのである。（Ⅲ　家元）

相撲会所（協会）と力士の間で起きた五大紛擾事件は、力士の待遇と身分の保証に起因したものだった。「越後国地蔵堂力士殺し」の一件は、組織が整う前の相撲渡世集団と土地相撲との間で起きた興行権に関わる諍（いさか）いで、当時の時代背景が垣間見える。

奉行が下した処罰の裁決（安永二年）までしか池田は言及していないが、この事件は、同年十月全国に触れ（「御触書天明集成〈五十一〉雑之部　通番三二八六」に記載。『御触書天明集成』岩波書店刊）が出る引き金になり、相撲興行の木戸銭は相撲渡世集団に限られ、土地（素人）相撲で入場料を徴収することは御法度となった画期的な事件でもあった。（Ⅶ　事件・騒動）

番付も時代が生んだ産物で、京坂の横二枚、江戸の縦一枚から始まる変遷も複雑で今の番付の見方では誤解が生じる。池田は「番付裏がえ史」と題して、昭和四十五年二月から十二月まで十一回にわたって『相撲』に発表しているが、本書では紙幅の都合で収録できず要点に絞った出典にとどめている。（Ⅳ　番付）

土俵の起源は最も悩ましいテーマで、今もって確証は得られていない。丸土俵に四角土俵の存在を古文献と古画にあたって考察している。（Ⅴ　土俵）

浮世絵は美人画、役者絵、風景画が主流で、相撲絵は二級品と見做（みな）され、値段も手ごろだった。浮世絵研究家も相撲絵には手を付けず、研究論文も殆ど見ない。書いたものだが、写楽が描いた大童山の下絵や板木が発見された折には、研究家諸氏も評論を書いたものだが、相撲史に於ける番付や勝負付の読み方を知らずに、的はずれな論文を発表する人もいた。これは相撲史研究に限ったことではないのだが、的はずれな論文だが、写楽が描いた大童山の下絵や板木が発見された折には、研究家諸氏も評論をは、やはり外国人によるもので、大阪万博（昭和四十五年）あたりからという。今や春英、春好、春亭が描く、寛政の谷風、雷電ともなると手の届かない値がついている。

錦絵に纏（まつ）わる話として、文化年間に突如現れた奇怪な力士の浮世絵が、同じ版木、同じ絵柄で四股名のみ挿（す）げ替えられた話。明治期の力士で、その来歴も写真も残る若島と司天龍が横綱を締めた錦絵の謎に迫った二話を取り上げた。（VI　相撲と浮世絵）

本書に収録した池田論考をたたき台として、次代の人による研究が進展し、近い将来、日本の文化史の一ページに相撲が書き加えられることを願ってやまない。

生前「本を残すは恥を残すこと」と筆者に自戒ともいえる言葉を残してくれたが、本書は太平洋戦争を挟んだ昭和の時代に相撲史研究に真摯（しんし）に取り組んだ池田雅雄の足跡でもある。奇（く）しくも三十三回忌にあたる今年、本書が刊行されることは感慨深いものがある。

（敬称は略させていただいた）

令和二年九月一日

編集付記

本書は、以下の書籍・雑誌から著者執筆と確認できる文章を選んで新編集した。

- 『相撲の歴史』（池田雅雄著、一九七七年三月、平凡社）
- 『ジャポニカ大日本百科事典』（改訂新版・一九八〇年三月、小学館）「百科問答」より／「年寄の起源と変遷」
- 『相撲』五月号増刊「日下開山横綱のすべて」（編集・執筆　池田雅雄〈国立浪史〉、一九七二年五月）より／「相撲錦絵―版画に見る江戸横綱」「横綱の歴史　その謎」「横綱風土記」
- 別冊『相撲』夏季号「相撲浮世絵」（一九七五年六月）より／「相撲の浮世絵」「横綱のはなし」「江戸相撲ミニ物知り帖」「相撲と芝居」「幕内番付総覧」
- 別冊『相撲』秋季号「国技相撲の歴史」（一九七七年十月）より／「国技相撲のルーツ」「節会相撲のすべて」「柏峠の大相撲」「勧進相撲の禁止令」「幻の初代横綱・明石志賀之助」「相撲と芝居」「文明開化と相撲の危機」「明治の大功労者・雷権太夫」「五大紛擾事件」
- 『相撲』より／「古今珍名奇名四股名比べ」（一九五五年三月）「相撲界の歩んだ道」「四大事件の真相」（一九六八年一月）
- 『相撲』連載「物知り帖」より／「『関取』は『大関』の意味だった」（一九八二年三月）、「吉田追風家とは何か」（同年六月～八三年一月）、「『相撲の家』京都五條家」（同年五月～七月）、

「謎の式守五太夫」（同年八月〜十月）、「謎の南部四角相撲」（同年十二月〜八四年二月）、「土地相撲と大相撲」（一九八五年九月〜十一月）、「セミプロの巡業相撲」（一九八六年三月）

・『相撲』連載「相撲意外史」より／「鳴門市の二人の相生松五郎」（一九六六年六月）、「奇怪な錦絵の謎とき」（同年七月）、「関脇に落ちた横綱」（同年八月）、「おかしなおかしな横綱」（同年九月）「土俵はいつできたか」（一九六七年一月〜三月）、「相撲を取った雲上人」（同年十月）「次郎長相撲三国志」（一九六九年十一、十二月）

・『相撲』連載「相撲ゲバゲバ騒動記」より／「本中力士のストライキ第1号」（一九七〇年七月）、「越後国地蔵堂力士殺し」（同年十月）

以上ベースボール・マガジン社

・『大相撲』（讀賣新聞社）より／「相撲を詠んだ和歌・狂歌」（一九五六年八、九月号）

各文章の選定・編纂、本書の構成・校閲・加筆にあたっては大相撲史研究者・谷口公逸氏の助力を賜り、著作権継承者の了解のもと、明らかな誤字や誤植を正したほか、文章間の重複や不統一等を調整のうえ再構成し、読解の便を考慮して適宜に加除・修正をほどこした。また、著者没後の相撲史等についていて追記が必要な部分は、〈編集付記〉あるいは（註・　）として補った。

大相撲史入門

池田雅雄

令和2年 9月25日　初版発行
令和6年 9月20日　再版発行

発行者●山下直久

発行●株式会社KADOKAWA
〒102-8177　東京都千代田区富士見2-13-3
電話　0570-002-301（ナビダイヤル）

角川文庫 22307

印刷所●株式会社KADOKAWA
製本所●株式会社KADOKAWA

表紙画●和田三造

●お問い合わせ
https://www.kadokawa.co.jp/（「お問い合わせ」へお進みください）
※内容によっては、お答えできない場合があります。
※サポートは日本国内のみとさせていただきます。
※Japanese text only

ISBN 978-4-04-400593-1　C0121

◆◇◇

角川文庫発刊に際して

角川源義

第二次世界大戦の敗北は、軍事力の敗北であった以上に、私たちの若い文化力の敗退であった。私たちの文化が戦争に対して如何に無力であり、単なるあだ花に過ぎなかったかを、私たちは身を以て体験し痛感した。西洋近代文化の摂取にとって、明治以後八十年の歳月は決して短かすぎたとは言えない。にもかかわらず、近代文化の伝統を確立し、自由な批判と柔軟な良識に富む文化層として自らを形成することに私たちは失敗して来た。そしてこれは、各層への文化の普及滲透を任務とする出版人の責任でもあった。

一九四五年以来、私たちは再び振出しに戻り、第一歩から踏み出すことを余儀なくされた。これは大きな不幸ではあるが、反面、これまでの混沌・未熟・歪曲の中にあった我が国の文化に秩序と確たる基礎を齎らすためには絶好の機会でもある。角川書店は、このような祖国の文化的危機にあたり、微力をも顧みず再建の礎石たるべき抱負と決意とをもって出発したが、ここに創立以来の念願を果すべく角川文庫を発刊する。これまで刊行されたあらゆる全集叢書文庫類の長所と短所とを検討し、古今東西の不朽の典籍を、良心的編集のもとに、廉価に、そして書架にふさわしい美本として、多くのひとびとに提供しようとする。しかし私たちは徒らに百科全書的な知識のジレッタントを作ることを目的とせず、あくまで祖国の文化に秩序と再建への道を示し、この文庫を角川書店の栄ある事業として、今後永久に継続発展せしめ、学芸と教養との殿堂として大成せんことを期したい。多くの読書子の愛情ある忠言と支持とによって、この希望と抱負とを完遂せしめられんことを願う。

一九四九年五月三日

角川ソフィア文庫ベストセラー

太平記の群像
南北朝を駆け抜けた人々

森　茂暁

南北朝の動乱の時代を活写した『太平記』。その叙述を確かな史料に基づいて読み解きながら、後醍醐天皇をはじめ、足利尊氏、新田義貞、楠木正成などの個性豊かな人物たちの埋もれていた史実を明らかにする。

室町幕府崩壊

森　茂暁

室町幕府の4代義持、6代義教の時代に焦点を当て、室町殿と有力守護層との複雑で重層的な関係から政治史を読み直す。幕府崩壊の一大転換点となった義教謀殺＝嘉吉の乱にいたる道筋を実証的に跡付ける。

買い物の日本史

本郷恵子

米や魚などの日常品はもとより、朝廷の官位までも買っていた中世人。政情不安の時代、彼らはどのような経済感覚を持っていたのか。その購買行動から、当時の実情や価値観、道徳意識や信仰心のあり方に迫る。

日本人とキリスト教

井上章一

近世から近代にかけて、日本ではキリスト教にまつわる多くの説が生まれ、流布した。奇想天外な妄説・珍説を、人々はなぜ紡ぎ出したのか。キリスト教受容をめぐる諸説をたどり、歴史が作られる謎を解明する。

八幡神とはなにか

飯沼賢司

辺境の名も知れぬ神であった八幡神は、なぜ神と仏をつなぐ最高神となったのか。道鏡事件、承平・天慶の乱ほか、その誕生と発展の足どりを辿り、神仏習合の形成という視点から謎多き実像に迫る新八幡神論！

角川ソフィア文庫ベストセラー

京都の三大祭
所　功

古式ゆかしい王朝絵巻のような葵祭、壮麗な山鉾・花傘が巡行する祇園祭、各時代の装束が鮮やかな時代祭。三祭三様の由来と見どころをふまえ、京都千二百年の歴史をたどり、日本の祭文化の本質を探り出す。

廃藩置県
近代国家誕生の舞台裏
勝田政治

王政復古で成立した維新政権は、当初から藩体制を廃絶しようとしていたのか。廃藩置県はスムーズに行われたのか。「県」制度を生み、日本の西洋化のスタートとなった明治の中央集権国家誕生の瞬間に迫る。

大政事家　大久保利通
近代日本の設計者
勝田政治

王政復古のクーデター、廃藩置県の断行、征韓論での西郷隆盛との確執……。「意志の政治家」と呼ばれた、明治政府最高の政治家が描いた国家構想とは何か。激動の明治維新期をたどりつつ、その真相を捉え直す。

増補　『徒然草』の歴史学
五味文彦

無常観の文学として読まれてきた『徒然草』を歴史学の立場から探る。兼好が見、聞き、感じたことの背景にある事実と記憶を周辺史料で跡づけ、中世人の心性や時代と社会の輪郭を描き出す。増補改訂版。

武士の絵日記
幕末の暮らしと住まいの風景
大岡敏昭

幕末の暮らしを忍藩の武士が描いた『石城日記』。思わず吹き出す滑稽味に溢れた日記は、封建的で厳格な武士社会のイメージを覆す。貧しくも心豊かな人生を謳歌した武士たちの日常生活がわかる貴重な記録。

角川ソフィア文庫ベストセラー

角川ソフィア文庫ベストセラー

小さな藩の奇跡
伊予小松藩会所日記を読む

増川宏一
原典解読／北村六合光

城もなく武士は僅か数十人。人口一万人余りの伊予小松藩には、一五〇年以上も続いた日記があり、領民の命が優先された善政が綴られている。天災、幕府の圧政を乗り越えたもう一つの江戸がわかる貴重な記録。

芸者と遊び
日本的サロン文化の盛衰

田中優子

江戸の志士や明治の文豪たちを魅了した芸者。そこには、日本固有のサロン文化と、今や失われつつある日本の美の本質があった。芸者の文化と歴史から、日本独特の「人間関係の洗練」を浮き彫りにする傑作。

関東戦国史
北条VS上杉55年戦争の真実

黒田基樹

天下取りの舞台は西日本にあったといわれてきたが、戦乱の始まりも終わりも、実際は関東の動きが基準になっていた！ 北条氏、山内上杉氏・扇谷上杉氏の関東支配権をかけた争いから戦国史の真相に迫る。

忍者の兵法
三大秘伝書を読む

中島篤巳

いまだ多くの謎を残す忍者。真の姿を伝える『万川集海』『正忍記』『忍秘伝』という三冊の秘伝書を読み解きながら、歴史や概念、術や武具、禅との関わりまで、忍者のすべてを明らかにする。新史料も紹介！

日本中世に何が起きたか
都市と宗教と「資本主義」

網野善彦

「無縁」論から「資本主義」論へ――対極に考えられてきた、宗教と経済活動との関わりを解明。中世社会の輪郭を鮮明に描くと共に、現代歴史学の課題を提言する、後期網野史学の代表作。解説・呉座勇一。

角川ソフィア文庫ベストセラー

歴史としての戦後史学
ある歴史家の証言
網野善彦

「一つ一つの仕事、一通一通の文書を大切にするような姿勢だけは崩すまい」——戦後史学の当事者でもあった著者の苦悩と挫折、知られざる学問形成の足跡に肉薄。今後の歴史学に対する危惧を抱きつつも、その新たな展開へ強い願いを込めた自伝的名著。

日本の地霊（ゲニウス・ロキ）
鈴木博之

近現代史を「場所」という視点から探るためのキーワード「地霊（ゲニウス・ロキ）」。東京、広島、神戸の街並みを歩き、土地に隠された声に耳を傾けるとき、失われた記憶や物語が浮かび上がる。解説・隈研吾

越境の古代史
田中史生

歴史を動かしてきた古代アジアの「人の交流」を、倭国の時代から律令国家成立まで、実証的に再現！　国家間の関係とされてきた古代日本とアジアの、越境的なネットワークの歴史を明らかにする。

戦国の軍隊
西股総生

封建制の枠組みを壊すことなく戦国大名が劇的な軍事改革を成し遂げられたのはなぜか。その答えは軍隊の「二重構造」にあった！　作戦と戦術・部隊編成など、軍事の視点から戦国史研究の欠落を埋める意欲作。

「城取り」の軍事学
西股総生

縄張り分析の手法を用い、戦国の城にまつわる5つの疑問を徹底論証。なぜ、多数の山城が築かれたのか。鉄炮の普及は城の構造にどのような影響を与えたのか。個性あふれる戦国のリアルに迫る画期的城郭論。

角川ソフィア文庫ベストセラー

皇室事典 制度と歴史

編著／皇室事典編集委員会

「天皇」の成立と、それを支えてきた制度や財政、また皇位継承や皇室をゆるがす事件など、天皇と皇室を理解するための基本的な知識を、68のテーマで詳しく解説した「読む事典」。天皇系図など資料編も充実。

皇室事典 文化と生活

編著／皇室事典編集委員会

形を変えながら現代まで受け継がれる宮中祭祀や、天皇・皇族が人生の節目に迎える諸儀式、宗教や文化との関わりなど、62のテーマで解説した「読む事典」。資料編には皇居や宮殿、宮中三殿の図などを収録。

新版 古代天皇の誕生

吉村武彦

邪馬台国以降、ヤマト王権はどのように確立されたか。王位を群臣推挙により継承しながら王権を強化。やがて「天皇」を名乗り、律令制国家として確立していったその姿を東アジア諸関係のなかで考察する。

ペリー提督日本遠征記 (上)(下)

M・C・ペリー
編纂／F・L・ホークス
監訳／宮崎壽子

喜望峰をめぐる大航海の末ペリー艦隊が日本に到着、幕府に国書を手渡すまでの克明な記録。当時の琉球王朝や庶民の姿、小笠原をめぐる各国のせめぎあいを描く。美しい図版も多数収録、読みやすい完全翻訳版！

現代語縮訳 特命全権大使 米欧回覧実記

編著／久米邦武

明治日本のリーダー達は、世界に何を見たのか——。第一級の比較文明論ともいえる大ルポルタージュのエッセンスを抜粋、圧縮して現代語訳。美麗な銅版画108点を収録する、文庫オリジナルの縮訳版。

角川ソフィア文庫ベストセラー